国家出版基金项目
NATIONAL PUBLICATION FOUNDATION
"十四五"国家重点图书
出 版 规 划 项 目

中国语言资源保护工程

中国濒危语言志　编委会

总主编

曹志耘

主　编

李大勤

委　员（音序）

丁石庆　刘　宾　冉启斌

本书执行编委　李大勤

中国濒危语言志
少数民族语言系列

总主编 曹志耘
主编 李大勤

新疆伊宁撒拉语

米娜瓦尔·艾比布拉 著

创于1897
商务印书馆
The Commercial Press

图书在版编目（CIP）数据

新疆伊宁撒拉语/米娜瓦尔·艾比布拉著.—北京：商务印书馆，2024
（中国濒危语言志）
ISBN 978-7-100-23292-0

Ⅰ.①新…　Ⅱ.①米…　Ⅲ.①撒拉语—研究　Ⅳ.①H232

中国国家版本馆CIP数据核字（2024）第014574号

新疆伊宁撒拉语

米娜瓦尔·艾比布拉　著

出版发行：商务印书馆
地　　址：北京王府井大街36号
邮政编码：100710

印　　刷：北京雅昌艺术印刷有限公司

开　　本：787×1092　1/16　　印　　张：19
版　　次：2024年11月第1版　　印　　次：2024年11月北京第1次印刷
书　　号：ISBN 978-7-100-23292-0

定　　价：228.00元

俯瞰撒拉村　撒拉村 /2023.7.24/ 王伟 摄

撒拉村村景　撒拉村 /2023.7.22/ 陈春荣 摄

骆驼泉　撒拉村 /2014.8.6/ 撒拉村居民 摄

调查工作现场——摄录前准备　撒拉村 /2015.8.7/ 撒拉村居民 摄

语法标注缩略语对照表

缩略语	英语	汉义
1pl	1st person plural	第一人称复数
1sg	1st person singular	第一人称单数
2pl	1st person plural	第二人称复数
2sg	2nd person singular	第二人称单数
3pl	3rd person plural	第三人称复数
3sg	3rd person singular	第三人称单数
ABIL	ability marker	能动标记
ACC	accusative case	宾格
ADJL	adjectivalizer	形动词
ADVL	adverbializer marker	副动词标记
ALL	allative case	向格
ASP	aspect (marker)	体（标记）
AUX	auxiliary verb	助动词
CAUS	causative (marker)	使动（标记）
COND	conditional marker	条件-假设式标记
CONJ	conjunction	连词
CONT	continuative aspect (marker)	持续体（标记）
COP	copula	系动词
DEF	definite (marker)	定指（标记）

缩略语	英语	汉义
DES	desiderative marker	愿望式标记
DIM	diminutive marker	指小、减弱标志
ELA	elative case	从格
EQUI	equivalence case	量似格
FUT	future tense	将来时
GEN	genitive case	领格
IMP	imperative marker	祈使式标记
INDF	indefinite marker	不定指标记
INF	informed	知情
INSTR	instrumental case	工具格
LAT	later learned	后知
LMT	limitative case	界限格
LOC	locative (marker)	位格（标记）
LQ	locative-qualitative case	地点标志格
MOOD	mood marker	语气标记
NEG	negative	否定
NOM	nominative case	主格
NOML	nominalizer marker	名物化标记
NPST	non-past	非过去时
PASS	passive voice	被动态
PERF	perfective aspect (marker)	完成体（标记）
PL	plural (marker)	复数（标记）
POS	possessee	从属性人称
POST	postposition	后置词
PRES	present tense	现在时
PROG	progressive	进行时
PST	past tense	过去时

续 表

缩略语	英语	汉义
Q	question marker	疑问标记
RECIP	reciprocal	交互-共同态
REFL	reflexive	反身
SPL	superlative (marker)	最高级（标记）
STR	strengthening (marker)	加强级（标记）
SUFF	suffix	后缀
TOP	topic (marker)	话题（标记）
VBN	verbal noun	动名词

序

2022年2月16日，智利火地岛上最后一位会说Yagán语的老人，93岁的Cristina Calderón去世了。她的女儿Lidia González Calderón说："随着她的离去，我们民族文化记忆的重要组成部分也消失了。"近几十年来，在全球范围内，语言濒危现象正日趋普遍和严重，语言保护也已成为世界性的课题。

中国是一个语言资源大国，在现代化的进程中，也同样面临少数民族语言和汉语方言逐渐衰亡、传统语言文化快速流失的问题。根据我们对《中国的语言》（孙宏开、胡增益、黄行主编，商务印书馆，2007年）一书的统计，在该书收录的129种语言当中，有64种使用人口在10000人以下，有24种使用人口在1000人以下，有11种使用人口不足百人。而根据"语保工程"的调查，近几年中至少又有3种语言降入使用人口不足百人语言之列。汉语方言尽管使用人数众多，但许多小方言、方言岛也在迅速衰亡。即使是那些还在使用的大方言，其语言结构和表达功能也已大大萎缩，或多或少都变成"残缺"的语言了。

冥冥之中，我们成了见证历史的人。

然而，作为语言学工作者，绝不应该坐观潮起潮落。事实上，联合国教科文组织早在1993年就确定当年为"抢救濒危语言年"，同时启动"世界濒危语言计划"，连续发布"全球濒危语言地图"。联合国则把2019年定为"国际土著语言年"，接着又把2022—2032年确定为"国际土著语言十年"，持续倡导开展语言保护全球行动。三十多年来，国际上先后成立了上百个抢救濒危语言的机构和基金会，各种规模和形式的濒危语言抢救保护项目在世界各地以及网络上展开。我国学者在20世纪90年代已开始关注濒危语言问题，自21世纪初以来，开展了多项濒危语言方言调查研究课题，出版了一系列重要成果，例如孙宏开先生主持的"中国新发现语言研究丛书"、张振兴先生等主持的"汉语濒危方言调查研究丛书"、鲍厚星先生主持的"濒危汉语方言研究丛书（湖南卷）"等。

自2011年以来，党和政府在多个重要文件中先后做出了"科学保护各民族语言文字"、

“保护传承方言文化”、“加强少数民族语言文字和经典文献的保护和传播”、“科学保护方言和少数民族语言文字”等指示。为了全面、及时抢救保存中国语言方言资源，教育部、国家语委于2015年启动了规模宏大的“中国语言资源保护工程”，专门设立了濒危语言方言调查项目，迄今已调查106个濒危语言点和138个濒危汉语方言点。对于濒危语言方言点，除了一般调查点的基本调查内容以外，还要求对该语言或方言进行全面系统的调查，并编写濒危语言志书稿。随着工程的实施，语保工作者奔赴全国各地，帕米尔高原、喜马拉雅山区、藏彝走廊、滇缅边境、黑龙江畔、海南丛林等地都留下了他们的足迹和身影。一批批鲜活的田野调查语料、音视频数据和口头文化资源汇聚到中国语言资源库，一些从未被记录过的语言、方言在即将消亡前留下了它们的声音。

为了更好地利用这些珍贵的语言文化遗产，在教育部语言文字信息管理司的领导下，商务印书馆和中国语言资源保护研究中心组织申报了国家出版基金项目“中国濒危语言志”，并有幸获得批准。该项目计划按统一规格、以EP同步的方式编写出版50卷志书，其中少数民族语言30卷，汉语方言20卷（第一批30卷已于2019年出版，并荣获第五届中国出版政府奖图书奖提名奖）。自项目启动以来，教育部语言文字信息管理司领导高度重视，亲自指导志书的编写出版工作，各位主编、执行编委以及北京语言大学、中国传媒大学的工作人员认真负责，严格把关，付出了大量心血，商务印书馆则配备了精兵强将以确保出版水准。这套丛书可以说是政府、学术界和出版社三方紧密合作的结果。在投入这么多资源、付出这么大努力之后，我们有理由期待一套传世精品的出现。

当然，艰辛和困难一言难尽，不足和遗憾也在所难免。让我们感到欣慰的是，在这些语言方言即将隐入历史深处的时候，我们赶到了它们身边，倾听它们的声音，记录它们的风采。我们已经尽了最大的努力，让时间去检验吧。

曹志耘

2024年3月11日

目录

第一章　导论　1

第一节　调查点概况　2

一　人文地域概况　2

二　历史沿革　3

三　民族风俗　3

第二节　主要特点与系属　5

一　语音特点　5

二　词汇特点　7

三　语法特点　8

第三节　撒拉语濒危状况　10

第四节　撒拉语研究概况　18

一　国外的撒拉语研究　18

二　国内的撒拉语研究　19

第五节　调查说明　22

一　调查过程　22

二　发音人简况　23

第二章　语音　25

第一节　元辅音系统　26

一　元音音位系统　26

二　辅音音位系统　29

三　音节结构　34

第二节　音变　36

一　元音和谐　36

二　语音变读　40

三　语音同化　41

四　语音弱化　42

五　增音　43

六　语音脱落　43

第三节　拼写符号　45

第三章　词汇　51

第一节　词汇特点　52

第二节　构词法　55

一　词的内部结构类别　55

二　构词法　57

第三节　词汇的构成　63

一　固有词　63

二　借词　66

第四节　民俗文化词　73

一　饮食文化　73

二 礼仪文化 76

三 服饰文化 77

四 居住文化 80

五 婚礼习俗 81

六 亲属称谓 83

七 节庆习俗 83

第四章 分类词表 87

第一节 《中国语言资源调查手册·民族语言（突厥语族）》通用词 89

一 天文地理 89

二 时间方位 90

三 植物 91

四 动物 92

五 房舍器具 93

六 服饰饮食 94

七 身体医疗 95

八 婚丧信仰 97

九 人品称谓 97

十 农工商文 99

十一 动作行为 100

十二 性质状态 103

十三 数量 105

十四 代副介连词 106

第二节 《中国语言资源调查手册·民族语言（突厥语族）》扩展词 108

一 天文地理 108

二 时间方位 109

三 植物 110

四 动物 111

五 房舍器具 113

六 服饰饮食 116

七 身体医疗 118

八　婚丧信仰　119
九　人品称谓　120
十　农工商文　122
十一　动作行为　125
十二　性质状态　135
十三　数量　137
十四　代副介连词　138
第三节　其他词　140
一　天文地理　140
二　时间方位　140
三　植物　140
四　动物　141
五　房舍器具　141
六　服饰饮食　142
七　身体医疗　143
八　婚丧信仰　143
九　人品称谓　144
十　农工商文　144
十一　动作行为　144
十二　性质状态　145
十三　数量　145
十四　代副介连等　145
第五章　语法　147
第一节　词类　148
一　名词　148
二　形容词　159
三　数词　161
四　量词　165
五　副词　166
六　代词　168
七　动词　172
八　后置词　196
九　连接词　197
十　语气助词　199

十一　感叹词　201
十二　模拟词　201
第二节　短语　203
一　联合短语　203
二　偏正短语　203
三　宾动短语　204
四　主谓短语　205
第三节　句子　206
一　句子成分　206
二　句子的类别　209
三　复句　211
第六章　语料　217
第一节　语法例句　218
第二节　话语材料　228
一　谚语　228
二　歌谣　231
三　故事　243
四　讲述　247
参考文献　276
调查手记　281
后　记　284

第一章 导论

第一节

调查点概况

撒拉族是我国55个少数民族之一。根据2020年第七次全国人口普查统计，撒拉族人口数为165159人，主要分布在青海省和新疆维吾尔自治区。青海省的撒拉人主要聚居在循化撒拉族自治县，还有一部分居住在青海省化隆回族自治县甘都镇，其余的则散居在青海省黄南、海南、海西、海北等州及西宁市。新疆维吾尔自治区的撒拉族有4300多人，主要聚居地是伊宁县萨木于孜镇，其余散居在乌鲁木齐市等地。另有部分居住在甘肃省积石山保安族东乡族撒拉族自治县。

本书的语料主要来自于笔者对伊宁县萨木于孜镇撒拉村撒拉语的多次实地考察，因此“调查点概况”就以介绍萨木于孜镇撒拉村的情况为主。

一　人文地域概况

伊宁县位于伊犁河谷中部，辖区地处扇形冲积平原，北部阿布热勒山区为夏、冬天然牧场，东西走向的博孜渠以北的山前倾斜坡地平原为春、秋草场，伊犁河及喀什河滩次生林带亦可放牧。萨木于孜镇位于县境东部，下辖8个行政村，即萨木于孜村、下萨木于孜村、撒拉村、十三户村、下十三户村、英阿瓦提村、艾西热普村、克其克布拉克村。其中撒拉村以撒拉族为主，克其克布拉克村以哈萨克族为主，十三户村、下十三户村以回族为主。萨木于孜村及其他村子则是维吾尔族、汉族等多民族聚居的村落。

撒拉村位于伊宁县东部78公里处，坐落在伊犁河和喀什河交界之处的三角洲地带，阿布热勒山山前洪积平原的西南角，地势北高南低。全村总面积12平方公里，可耕地面积7315亩，土地非常肥沃。村南的伊犁河畔有广阔的原始次森林和平坦的草原，还有丰富的泉水、河滩资源。撒拉村是全疆唯一的以撒拉族为主要构成民族的村庄，自然条件甚佳。

撒拉村辖五个村民小组，据村委会统计，该村总人口2950多人，主要有撒拉族、维吾尔族、哈萨克族、回族、乌孜别克族、保安族、东乡族、汉族；其中撒拉族人口2100多人，占全村总人口的70%。

撒拉村群众的生产以农业为主，牧业为辅。种植的农作物品种较多，有玉米、小麦、黄豆、胡麻、菜籽、甜菜等。该村家家都喂养牛羊，牛少则一头，多则十几头，所养之羊则从十几到百多只不等。此外，村里还有一部分人做一些小生意，也有人外出打工增加一些收入。

走进撒拉村，村庄中央就是撒拉大寺。大寺对面是2007年修建的新疆撒拉族民俗文化展厅，同时也是撒拉族的文化活动中心。展厅里展示了撒拉族的民族历史、生产工具、饮食、服饰等，还有新疆和青海文化名人为这里书写的各种条幅。展厅大院里有一头白驼雕塑，白驼脚下展示着“骆驼泉”题字。在青海省循化撒拉族自治县街子镇撒拉人的祖寺——街子清真大寺的后院里，一汪碧澄清澈的泉水边，有跪卧在花丛之中的一峰白骆驼雕塑。这里就是传说中撒拉人起源的骆驼泉。即便远到新疆，这里的撒拉族仍然念念不忘他们心中的这一峰白驼，将它“牵”到这里，让子子孙孙都缅怀和感念它。

二　历史沿革

撒拉族自称“撒拉尔”（salar）。在我国古代汉文史籍中，撒拉族有十几种称谓，基本上都是对“撒拉尔”（salar）或简称“撒拉”的音译。据考证，“撒拉”（salar）这一名称最早可追溯至公元7世纪西突厥时期乌古斯部的撒鲁尔部落。出自撒鲁尔部落的撒拉族先民，是经由中亚撒马尔罕一带，于14世纪先后分批来到中国的，并以循化为中心定居下来，而后通过吸收当地藏、回、汉等民族成分得以逐步融合为如今的撒拉族。新疆的撒拉族其前辈是在乾隆四十六年（公元1781年）的反清斗争失败后，受起义牵连者及其家眷被流放到伊犁、乌鲁木齐等地。此后，青海的撒拉族又因战争等原因不断地迁徙到伊犁。尤其是二十世纪六七十年代，更多的撒拉族举家迁徙到伊犁投靠亲戚。这样，新疆撒拉族经过二百多年的历史发展，现已成为人口4300多人的新疆少数民族群体，而且大多数聚居于伊宁县萨木于孜镇撒拉村。“萨木于孜”系维吾尔语“萨玛洪百户”之音变，因首任屯田百户长萨玛洪而得名，沿用至今。

三　民族风俗

伊宁县撒拉族除保持本民族的文化传统外，多受维吾尔族等周边民族的影响，生活习俗现已发生了很大的变化，族群文化已呈兼收并蓄之势。例如，撒拉人婚礼就可能用多种语言吟唱不同民族的歌。撒拉族的饮食文化也具有多样性，除了富有撒拉族特色的食品，我们还可在撒拉族食谱中看到回族、维吾尔族、汉族、乌孜别克族、哈萨克族等民族的特色菜肴。

撒拉族原聚居于青海的农业区，饮食结构以面食为主。现在，新疆风味的抓饭、馕、羊肉等，也已经逐渐成为新疆撒拉族人食谱中最普通的食物，家家有馕坑和制作抓饭用的锅。该村撒拉族喜欢饮用奶茶和清茶，奶茶和一些食品的做法与青海撒拉族迥异。待客或节日期间一般先上各种干果和点心，然后再上主食和其他菜肴。

撒拉村的撒拉族妇女们平时很少戴盖头，大部分喜欢穿有维吾尔族风格的裙子，头上戴头巾。男士们一般穿现代大众化服饰，除了重大节日和正式场合外，现在的年轻人已很少戴白帽子。撒拉村撒拉族住所也具有浓郁的伊犁维吾尔族风格。

第二节

主要特点与系属

撒拉语属于阿尔泰语系突厥语族西匈语支乌古斯语组。然而，自撒拉族先人由中亚撒马尔罕东迁至今已经七百多年，期间撒拉语一直处于同亲属语言隔离的状态。这就使得撒拉语留存了较多古代突厥语族语言的痕迹，如非常古老、原始的形态等，甚至体现出了与土库曼语、土耳其语等乌古斯语组语言的一系列共同特点。撒拉族祖先撒鲁尔人在中亚撒马尔罕时就已经开始信仰伊斯兰教，东迁以后伊斯兰教信仰在撒拉族中继续得以保持。由于长期的宗教生活，许多阿拉伯-波斯语借词逐渐渗入到撒拉语中。与此同时，由于长期与突厥语族语言环境隔离，加之与多种非亲属语言接触，撒拉语现已吸收了汉语、藏语、蒙古语的一些成分，形成了一些有别于其他亲属语言的特点。

在新疆撒拉族聚居的伊宁县萨木于孜镇，撒拉语只在家庭、亲朋范围内使用。由于撒拉族与维吾尔族、哈萨克族等其他少数民族在经济、文化和生活方面多有接触和交往，伊宁撒拉语在语音、语法方面，尤其在词汇方面受到了上述民族语言较大的影响，吸收了较多的维吾尔语、汉语、俄语借词及少量的哈萨克语借词，形成了与青海撒拉语大体相一致，又有诸多差异的方言特点。

一　语音特点

（一）元音音位

伊宁撒拉语有9个元音音位：ɑ、ə、ɛ、e、i、o、u、ø、y。除与青海撒拉语相同的8个元音，还增加了源自维吾尔语的ɛ元音。例如：

伊宁撒拉语	青海撒拉语	汉义
ɛmex	emex	馒头，饼

ɛm	em	药
sɛn	sen	你
mɛn	men	我
vɛr-	ver-	给
jɛl	jel	风

（二）复元音

复元音是撒拉语主要语音特点之一，也是近现代才随着汉语借词而出现在撒拉语语音系统之中的，一般多用来拼写汉语借词。青海撒拉语的一些复元音在伊宁撒拉语中逐渐转化为单元音，或者复元音和单元音相互变读。例如：

伊宁撒拉语	青海撒拉语	汉义
gylylyk	guliuliuk	圆的
ʃøʃo	ʃyeʃo	学校
dɛnʃi/diɛnʃi	dienʂi	电视

（三）圆唇元音的不稳定性

撒拉语中的圆唇元音u、o、ø、y具有不稳定性，有多种自由变体。同一词中的ø或y可以读作不同的音而不影响词义。例如：kop/kup/køp“多”、yleʃ/uliʃ“分配”。这是方言土语差别及个人言语习惯所致。撒拉语圆唇元音的不稳定性可能也与没有文字及语言得不到规范有关。伊宁撒拉语中后元音u、o现已逐渐转化为前元音ø、y，且相互变读情况较少。

（四）带擦元音

撒拉语有些词中的短元音在位于一些塞音、塞擦音之前时，喉部紧张并伴随短促的清擦音，我们称这种元音为“带擦元音”，如$ɑ^{h}t$“马”、$o^{h}t$“火”、$e^{h}t$“肉”等。伊宁撒拉语中的带擦元音目前已开始弱化。

（五）清辅音和浊辅音

一般认为，青海撒拉语和西部裕固语中的塞音和塞擦音都是清音，没有清浊对立，而是分为送气和不送气相互对立的两套。但在青海撒拉语中，不送气清音在伊宁撒拉语中转变为浊音，塞音和塞擦音出现b、d、g、ɢ、dʒ、dʐ与p、t、k、q、tʃ、tʂ清浊对立。其中g和其变体ɣ、k和变体x在词中互补分布：g、k多出现在词首或音节首，ɣ、x不出现在词首，只出现在词腰的两个元音之间或音节末，如gøzgy“玻璃”、diɣiʂ-“冲突”、kurə“斗（量词）”、ixin ex-“播种”、tyx“毛”等。

（六）卷舌辅音与舌叶音

青海撒拉语中的辅音dʐ、tʂ、ʂ出现在汉语借词里。例如：dʐəŋnɑ-“蒸”、dʐədʒie“直接”、tʃitʂhe“汽车”、ʂyini“水泥”等。伊宁撒拉语中的上述辅音在有些词中可与舌叶音dʒ、tʃ、 ʃ相互变读而不影响词义。例如：

伊宁撒拉语	青海撒拉语	汉义
dʒuŋgo	dʐunguo	中国
dʒumɑ	dʐumɑ	主麻日（周五）
tʃezi/tʂezi	tʂezi	车子
ʃykyn/ʂugun	ʂugun	毛巾

二 词汇特点

在词汇的特点上撒拉语首先表现为保留了较多的古代突厥语族语言的词汇。11世纪著名突厥语族语言学家麻赫穆德·喀什噶里经过长期的调查研究，收集了分布在各地的突厥语族诸部落语言材料而编著了《突厥语大词典》。该词典是以喀什噶尔一带的哈喀尼亚语为基础编成的，但同时也就哈喀尼亚语与乌古斯语等其他突厥语族语言进行了对比分析，并收录了突厥语族语言各部落特有的一些词和语法形态。笔者曾将撒拉语与《突厥语大词典》的词语加以对比，发现《突厥语大词典》中的许多古老词语仍然保留在撒拉语中，而这些成分是现代维吾尔语等亲属语言中已经消失或有所改变的。例如：

古代突厥语族语言	撒拉语	汉义
myren	morən	河
syrmɛ	ʃormɑ	酒
jɑʁɑr	jɑʁrɑ	肩
sitir	sədər	两（重量单位）
tʃɛriɣ	tʃiriɣ	兵
jɑsəmuq	jɑsmuχ	扁豆
ɑrtutʃ	ɑrətʃyt	柏树

其次，伊宁撒拉语保留了较多的与乌古斯语组土库曼语同源的词汇。笔者将5000多个撒拉语词汇与土库曼语词汇加以比较，结果发现与土库曼语同源词有约1400个，占28%。这些词不仅和土库曼语同源，也和维吾尔语等亲属语言同源。这一类词包括突厥语族语言的固有词和共同的借词。其中还有约500个词与土库曼语相同，但有别于维吾尔语等我国国内的其他突厥语族语言。这些词约占撒拉语、土库曼语共同词中的三分之一多。例如：

撒拉语	土库曼语	维吾尔语	汉义
ɑʃɑχ	ɑʃɑq	tøwɛn	下面
bele	bejle	bundɑq	这样
biz	biːz	bigiz	锥子

boʁ	buʁ	hor	蒸汽
tʃix	tʃiɣ	χɑm	生的
tʃïχ	tʃəʁ	nɛm	潮湿

最后，撒拉语中还有不少汉语、藏语和蒙古语族各语言（包括东乡语、保安语、土族语）的借词，以及为数不多的阿拉伯-波斯语借词。撒拉语中汉语借词多达20%以上，藏语、蒙古语族各语言的借词也相当多。有些藏语借词甚至排挤了撒拉语基本词汇中的核心词，如poŋ“身体”（藏语）、ɑrɑŋ“舅舅”（藏语）等。

虽然撒拉族和维吾尔族、乌孜别克族都信仰伊斯兰教，但维吾尔族、乌孜别克族的书面语自14世纪开始因受阿拉伯-波斯语的强烈影响，吸收了大量借词，其内容涉及政治、经济、历史、文学、日常生活的各个方面，同时，还吸收了nɑ-、bi-、bɛd-等前加构词词缀。例如：

维吾尔语

nɑ-＋-insɑp良心→nɑinsɑp没良心的

bi-＋ɛdɛp教养→biɛdɛp没教养的

bɛd-＋bɛχt福气→bɛdbɛχt苦命的

而撒拉语中的阿拉伯-波斯语借词就少得多，基本局限于宗教及文化习俗等方面。这是因为，撒拉族东迁以后汉语文替代了撒拉族原有的土尔克文，汉语也逐渐成为撒拉族的学校教学语言和工作语言。阿拉伯-波斯语的影响也随之中断，而汉语的影响则日趋增大。

伊宁撒拉语除了基本保留了青海撒拉语的上述词汇特点以外，还从维吾尔语中吸收了一些词，从而有别于青海撒拉语。例如，qɑlɑjmiqɑn qil-“扰乱”、χɛlq“人民”、wɛkil“代表”这些词在青海撒拉语中依次为dʒoʁlɑ-、rənmin、dejbio。此外，伊宁撒拉语还吸收了一些俄语借词和少量的哈萨克语借词。

三　语法特点

撒拉语和其他突厥语族语言一样属黏着语类型。构词和构形的主要方法是在词干上加各种不同的词缀。这些词缀都有固定的意义，并且按照一定的顺序结合起来表达意义。例如，在balalarini“把他（他们）的孩子们”这个词中，bala“孩子”是词根，-lar是复数词缀，-i是领属第三人称词缀，-ni是宾格词缀。

撒拉语既有与维吾尔语等国内其他突厥语族语言相同的特点，又有与土库曼语、土耳其语等同属乌古斯语组语言相同的语法特点。例如，撒拉语名词的向格既有属乌古斯语组类型的-ɑ/e，又有具有噶逻禄语组、克普恰克语组类型的-ʁɑ/-qɑ/-gɛ/-kɛ两套构形词缀。再如，撒拉语的从格词缀-dɑn/-den/-tɑn/-ten、后知过去时-miʃ也属乌古斯语组类型。此外，撒拉语的语法特点还有动词的人称范畴缺失、名词各领属人称没有单复数的区别等。

除了保持本族语言特点，多年来因受维吾尔、哈萨克等亲属语言的影响，伊宁撒拉语已经和青海撒拉语有了一些差异。例如，伊宁撒拉语中吸收了维吾尔语中的-p副动词附加成分，因此“你拿来吧”在伊宁撒拉语那里就说sen ɑləp gel，但青海撒拉语用de表示连动意义，因此说成ɑl de gel-。

第三节

撒拉语濒危状况

新疆伊宁县萨木于孜镇撒拉村内居民除撒拉族外，还有人口数量不多的维吾尔族、哈萨克族、回族、东乡族、乌孜别克族、保安族等民族。此外，需要特别提及的是，目前维吾尔语和汉语已经成为撒拉村邻近维吾尔族聚居的喀什乡及其周边地区的社交语言。在这种语言环境影响下，撒拉村的撒拉族人都已经成为撒拉语和维吾尔语双语者。然而，即使是在这种多语环境中，撒拉村96%的村民从小就自然习得本族语。目前，在与本民族人交往的过程中，撒拉语的使用比例均超过60%。

因受所处语言环境的影响，撒拉村撒拉语的最大特点就是从当地维吾尔语中吸收了大量的维吾尔语词语。这与青海循化县的撒拉语有着明显的不同。青海循化撒拉语中吸收较多的是汉语、藏语借词。从这个意义上说，新疆伊宁撒拉语和青海循化撒拉语之间既有相同之处，也有不同之处。当然，两种方言在语音、语法上也都有自己的特点。因而，全面、系统地描写研究伊宁撒拉语具有十分重要的学术价值。

青海民族大学撒拉族学者马伟在他的《语言接触与撒拉语的变化》（2009）一文中讨论撒拉语的发展趋势时就已经指出该语言业已显现出了濒危语言的某些特点。同时，他在《撒拉语的濒危状况及原因分析》（2009）一文中进一步明确指出，考虑到撒拉语自身的变化及功能的衰退，撒拉语确实已经处于濒危状态。

由于本民族在该村的人口逐渐减少，又与其他众多民族杂居，加之生活、升学以及工作原因，汉语和维吾尔语在新疆伊宁县撒拉村的撒拉人中被使用的频率日益增长。综合考虑这些情况，我们认为伊宁撒拉语的濒危情况可能比以往认识到的情况更为严重一些。下面，笔者将根据联合国教科文组织设计的评估语言濒危九项指标（2003）来评估伊宁撒拉语的濒危程度。

指标1：代际间的语言传承

撒拉村的撒拉语整体保持较好，96%的村民从小就自然习得本族语，有良好的家庭语言环境。这具体表现在：一是家庭成员构成以撒拉族为主，二是家庭成员之间60%～70%的交流也以撒拉语为主，三是父母有意识地把本族语传播给下一代。因此，撒拉村的撒拉族熟悉和掌握的第一种语言就是撒拉语。这为撒拉语的发展和传播奠定了良好的基础。同时，在对子女配偶的民族选择、儿女常用语言、聊天时对方所用语言、自身常用语言等方面，撒拉村的撒拉人也有着明显的倾向性，体现出了该村撒拉族对本族语的保护和肯定。在日常谈话中，他们尽可能地坚持使用母语，这在无形中为更好地保持和发展母语做出了应有的贡献。即使如此，目前也还是存在一些其他的因素会影响到撒拉语的发展和保持，如族际通婚越来越普遍，外出务工或接受中高等教育的年轻人也越来越多等。同时，越来越多的家长也认识到教育的重要作用。他们认为撒拉语的掌握对学习无益，甚至会刻意减少在家庭内部说撒拉语的机会，而鼓励孩子熟练掌握汉语。目前撒拉族的青少年听说汉语的水平普遍都较高，甚至出现了汉语单语人的情况。根据这些情况，我们基本可以确定伊宁撒拉语代际间的语言传承指标为4级。具体情况见下表1-1所示。

表1-1　语言传承情况

濒危程度	级别	代与代之间的语言传承情况
安全	5	包括儿童在内所有年龄人都使用该语言。
不安全	**4**	**部分儿童使用该语言。**
确实濒危	3	该语言由父母辈及以上的人使用。
严重濒危	2	爷爷、奶奶辈及以上的人使用该语言。
极度濒危	1	曾祖辈一代人使用该语言。
消亡	0	没有人会说该语言。

指标2：语言使用者的总人数

联合国教科文组织没有给出一个具体数字来确定到底多少人使用的语言或方言算是处在濒危状态。但下面的数据能说明撒拉语的一些问题。

学者许伊娜、吴宏伟1998年在新疆伊宁县萨木于孜镇撒拉村的调查数据显示：当时该村撒拉族共1035人，全部人都会说伊宁撒拉语；而到了2020年第七次全国人口普查统计，该村人口增至2950多人，能说伊宁撒拉语的约占96%。从这些数据中可以发现，22年间撒拉族人口增长了一倍多，但会说伊宁撒拉语的人数却减少了4%。

此外，撒拉村是以撒拉族聚居为主，高达75%的人口是撒拉族，但撒拉语却是弱势语言。尽管撒拉村内只有十几户维吾尔族，但周边环境以维吾尔族聚居为主，当地还有部分的回族、哈萨克族和东乡族等，要和其他的民族交流就要使用其他民族的语言。在公众场合，如集市、学校、政府办公所在地等处，这些场合自然主要以维吾尔语和汉语作为社区交际用语，撒拉语能发挥作用的机会当然就极为有限了。在这种开放的环境中，语言之间频繁的接触和交流会使撒拉语这种本身交际能力不强的语言进一步弱化。与此同时，随着走出去的撒拉族越来越多，他们更多地意识到了会说汉语的重要性，相应地对撒拉语的重视程度就会逐步降低。总之，今后会说伊宁撒拉语的人数会减少得更快。

指标3：语言使用者在总人口中的比例

据调查，撒拉村的撒拉语使用情况良好。但由于近年来人口流动加快、族际通婚情况增多、汉语成为主要教学用语等原因，年轻人中会说撒拉语的人数逐年减少。按联合国教科文组织（UNESCO）的指标，伊宁撒拉语使用者占总人口的比例应定为3级。具体情况见下表1–2所示：

表1–2　语言使用者比例

濒危程度	级别	语言使用者在总人口的比例
安全	5	所有人使用该语言。
不安全	4	基本上所有人使用该语言。
确实濒危	**3**	**大部分人使用该语言。**
严重濒危	2	少部分人使用该语言。
极度濒危	1	极少数人使用该语言。
消亡	0	没有人会说该语言。

指标4：语言使用领域的转变

伊宁撒拉语的使用多发生在家庭以及与本民族人交往的过程中。但随着汉语作为主要教学语言，并且有更多的家长认识到科学文化知识教育的重要作用，部分撒拉族家长就会刻意减少在家庭内部说撒拉语的机会，反而鼓励孩子学说汉语，期望他们或她们尽可能熟练地掌握汉语。根据我们的初步统计，目前68%的撒拉人认为汉语是孩子今后发展的第一重要语言。这与汉语在升学和就业等方面的优势是密不可分的。由此，按UNESCO的指标，伊宁撒拉语在本项指标上可评估为3级。具体情况见下表1–3所示。

表1–3　语言使用领域情况

濒危程度	级别	语言使用领域的转变情况
安全	5	该语言使用于所有领域。
不安全	4	在大部分领域使用该语言。
确实濒危	**3**	**该语言使用于家庭，但强势语言也开始进入家庭。**
严重濒危	2	在有限的社会领域使用该语言，功能有限。
极度濒危	1	极有限的家庭与极少的社会领域使用该语言。
消亡	0	在任何社会领域都不使用该语言，该语言没有任何社会功能。

指标5：语言对新领域与媒体的反应

随着社会的发展、人口流动的增加以及电视网络等新媒体的普及，当地村民获得了更多的信息渠道。这对当地社会的发展、人们的思想都产生了较大影响。不过，虽然新疆有一些维吾尔语、哈萨克语等民族语言播出的电视、广播节目及以这些语言为载体的报纸杂志、自媒体公众号等，但是伊宁撒拉语却都没能被用于这些新领域。人们只能从维吾尔语、哈萨克语等少数民族语言和普通话中吸收新词。按UNESCO的指标可将伊宁撒拉语评估为1级。具体情况见下表1–4所示。

表1–4　语言对新领域与媒体的反应情况

濒危程度	级别	语言对新领域与媒体的反应情况
安全	5	所有领域都使用该语言。
不安全	4	大部分领域使用该语言。
确实濒危	3	许多新领域使用该语言。
严重濒危	2	某些新领域使用该语言。
极度濒危	**1**	**极少的新领域使用该语言。**
消亡	0	该语言不被使用在任何新领域。

指标6：教育和读写语言材料

在访谈中我们发现，只有少数人听过用撒拉语讲的故事，同时也只有极为少数的人能用撒拉语讲故事。文字的缺失反过来制约了民间文学的再创造和再发展。可以说，文字的缺失造成了撒拉语使用范围的缩小，加速了撒拉族语言文化功能的衰退。目前，没有任何适用于伊宁撒拉语的文字系统在生活中使用，也没有任何书写的课本读物。由此，我们按UNESCO的指标把伊宁撒拉语评估为1级。具体情况见下表1–5所示。

表1–5　书面材料的可用度

濒危程度	级别	书面材料的可用度
安全	5	有创制的文字系统，有合乎语法的读写习惯，有词典、课本、文学作品、日常媒体；在管理和教育方面使用书面语。
不安全	4	有书面材料，能在学校培养儿童的读写能力；在管理方面不使用该书面语言。
确实濒危	3	有书面材料，儿童在学校能接触到这些材料；没有出版物用来提高读写能力。
严重濒危	2	有书面材料，但只对族群的部分人有用，对其他人只有象征意义；使用该语言的读写教育没被列入学校课程。
极度濒危	**1**	**有可用的拼写符号为族群成员所了解，一些材料在编写当中。**
消亡	0	该族群中没有可用的拼写符号。

指标7：政府机构的语言态度与政策

我国宪法总纲第四条规定，各民族都有使用和发展自己的语言文字的自由。同时，总纲第一百三十四条也规定，在法律诉讼中各民族公民都有用本民族语言文字进行诉讼的权利，人民法院和人民检察院在需要时也可使用民族语言和文字。但除此之外，关于伊宁撒拉语的实际使用并没有具体的明确政策支持。综上，根据UNESCO的指标可把伊宁撒拉语评估为4级。具体情况见下表1–6所示。

表1–6　政府机构的语言态度与政策

濒危程度	级别	政府机构的语言态度与采取的保护政策
安全	5	所有语言都受到保护。
不安全	**4**	**作为私人场合使用的语言得到保护。**
确实濒危	3	没有明确的保护政策，强势语言在各种场合占优势。
严重濒危	2	政府鼓励强势语言与通用语言的普及，不保护民族语言。
极度濒危	1	民族语言不被承认，也得不到保护。
消亡	0	禁止使用民族语言。

指标8：社区成员的语言态度与认识

语言会凝聚为特殊的民族感情，具体表现为对母语传承的热情。撒拉族长期以来依靠本族语交流思想、组织生产。因而，撒拉村村民对母语有着很强的民族情感，对母语的忠诚度很高，大部分人对使用母语持肯定态度，普遍认为母语是本民族的一个重要标志，是撒拉族文化的重要因素。接受访谈的撒拉族村民都认为传承母语是撒拉族应尽的义务和责任。撒拉村的撒拉族对自己孩子学习和使用撒拉语寄予了很高的期望，约98%的受访者都希望自己的孩子学习撒拉语。对母语的强烈认同感激发出了他们保护自己母语的热情。即使是不会撒拉语的汉语单语人，也希望能有机会学习母语，并且将之传授给下一代，从而促进母语的长久发展。但是，除了肯定母语的重要地位及怀有强烈的民族感情，超半数的人又认为普通话是孩子今后发展的第一重要语言。因此，一方面要学习汉语和汉字，以期为孩子将来的发展前途着想；另一方面，也希望把母语撒拉语学好、传承好。这就导致对母语的认同与汉语的刚需之间的矛盾，以至于多数人都感到无所适从。这就进一步给撒拉村的撒拉人带来了心理与行为方面的困境：一方面强调母语的重要性，但又不得不鼓励自己的后代学习汉语。综上，根据UNESCO的指标可把伊宁撒拉语评估为4级，即“不安全”。具体情况见下表1-7所示。

表1-7 社区成员的语言态度

濒危程度	级别	社区成员对自己语言的态度与认识
安全	5	所有成员都重视该语言，希望看到它得到进一步发展。
不安全	**4**	**大多数成员支持使用该语言。**
确实濒危	3	许多人支持使用该语言，但部分人持无所谓的态度，并放弃。
严重濒危	2	部分人支持使用该语言，但部分人持无所谓的态度，并放弃。
极度濒危	1	极少数人支持使用该语言，但部分人持无所谓的态度，并放弃。
消亡	0	无人支持使用该语言，所有成员都向往强势语言。

指标9：文献的数量与质量

2005年，在许伊娜、吴宏伟编写的《新疆撒拉语》正式出版后，包括词典、期刊论文等在内的伊宁撒拉语的相关文献资料逐渐增多。但总体来说该语言的文献的数量仍处于严重不足状态。据此，按UNESCO的指标来评估可把伊宁撒拉语定为3级。具体情况见下表1-8所示。

表1-8 文献的数量与质量

濒危程度	级别	文献的数量与质量情况
安全	5	有全面的语法、词汇、语音等方面的文献及文学作品，高质量的视听录制材料。
不安全	4	有一部分较完整的语法、词汇、语音等方面的文献，有文学作品、质量好的视听录制材料。

续 表

濒危程度	级别	文献的数量与质量情况
确实濒危	3	也许有一部较完整的语法、词汇、语音等方面的文献，有文学作品，可能有不同质量的视听录制材料。
严重濒危	2	有一些语法、词汇、语音等方面的文献及文学作品，可能有极少的不同质量的视听录制材料。
极度濒危	1	极少语法、词汇、语音等方面的文献，有文学作品，无视听录制材料。
消亡	0	没有任何文献。

通过以上对指标的评估，我们可把伊宁撒拉语的濒危程度判断如下表1–9所示。

表1–9　伊宁撒拉语的濒危程度

指标	级别
1. 代际间的语言传承	4
2. 语言使用者在总人口中的比例	3
3. 语言使用领域的转变	3
4. 语言对新领域与媒体的反应	1
5. 教育和读写语言材料	1
6. 政府机构的语言态度与政策	4
7. 社区成员的语言态度与认识	4
8. 文献的数量与质量	3

虽然在以上指标中伊宁撒拉语有三个都是级别为4，但是根据综合情况来看，我们仍认为该语言是一种濒危语言。具体原因如下：

一是人口流动和族际通婚。随着社会、经济的发展，新疆伊宁县撒拉族外出打工、经商、求学的人越来越多。他们在外大多使用汉语进行沟通交流，有的在外地与其他民族通婚后，其子女就几乎失去了学习伊宁撒拉语的语言环境，部分人甚至最终会成为汉语单语人。此外，近年来新疆伊宁县萨木于孜镇撒拉村撒拉族同外民族通婚的比例逐年攀升；进而由于家庭用语不统一，撒拉语的代际传承失去了空间，孩子们在母语学习阶段也失去了学习、巩固和提高撒拉语的机会。同时，学校实行以汉语为主的单语教学，加之学校里学生民族众多，孩子们在课余时间多以汉语为交际语，几乎不使用撒拉语交流。这就使孩子的撒拉语口语表达能力慢慢地变得越来越差。

二是没有文字。撒拉族在长期的历史发展中，积累了大量民间传统故事、诗歌和歌曲等，这些文化瑰宝是撒拉语保持生命力的重要力量。而文字的缺失将影响民间文学的代代相传，造成撒拉语接触途径的单一，从而限制了本族人的撒拉语水平。我们在访谈中发现，只有少数人听过撒拉语讲的故事，极少数人能用撒拉语讲故事。文字的缺失反过来制约了民间文学的再创造和再发展。可以说，文字的缺失造成了撒拉语使用范围的缩小，加速了撒拉族语言文化功能的衰退。

三是持续不断的语言接触和社会生活方式的变化对撒拉语的传承带来了较大的冲击。不管是新疆伊宁撒拉语，还是青海循化撒拉语，都在语言接触影响下发生着显著变化，并逐渐渗透到语言的各个层面。加之如今人人都有手机，家家都有电脑、电视，这种情况愈加严重。通过调查，我们发现，有一些撒拉村的撒拉族在外地买了房子，媒体也大多以普通话来传播类似消息，这使得撒拉人在外交际时几乎都是以汉语为主，撒拉族民众对汉语的需求日益增强。其结果是，不仅使用伊宁撒拉语进行交流的人数减少了，还使该语言的使用范围也相应地缩小了。

大多数撒拉族民众对自己的母语持积极的态度，他们对母语传承怀有热情。现在越来越多的学者开始积极关注撒拉语的变化，讨论创制撒拉语文字的可能，期望至少能在进行较为系统、全面的调查研究后为撒拉语制定一套拼写符号系统。

第四节

撒拉语研究概况

一　国外的撒拉语研究

国外撒拉语研究由来已久。韩建业先生曾经在他的文章中提到，1892年俄国地理考察家、亚洲民族学研究者波达宁（G.N.Potanin）到过循化草滩坝，调查过撒拉族的语言和历史。1910年俄国著名突厥语族语言学家C.E.马洛夫到循化撒拉族居住地展开调查，并撰写了《裕固族和撒拉族地区旅行总结》（1912）一文。在随后的几十年中，撒拉语研究逐渐引起了国际社会的注意，研究成果也开始趋向系统、规范。1953年美国华盛顿大学语言学家尼古拉斯·鲍培发表了Remarks on the Salar Language一文。文章讨论了撒拉语的基本特征和语源归类，并通过语音方面的对比研究提出：撒拉语仅仅是当代维吾尔语的一种方言，而不是一种独立的语言。

1956年，苏联科学院语言研究所著名突厥语族语言学家埃·捷尼舍夫来我国调查突厥语族语言，并帮助培训突厥语族语言科研干部。其后，埃·捷尼舍夫在循化街子一带的撒拉语语料基础上，完成了博士论文并于1969年通过了论文答辩，1976年以《撒拉语结构》为题的博士论文正式出版。这是第一部较为全面描写撒拉语的著作。在该书中，埃·捷尼舍夫提出了撒拉语有西部、中部和东部的方言变异，而中部方言变异是东西部方言变化的转折点或重叠点。1981年，中国社会科学出版社出版了《突厥语言研究导论》一书，该书是在捷尼舍夫50年代在我国讲学时所编写讲义的基础上整理而成的，书中也简要介绍了撒拉语的主要特点。

20世纪80年代开始，美国学者莱茵哈德·F.韩伦（Reinhard F.Hɑhn）和堪萨斯大学语言学家杜安霓（Arienne M.Dwyer）在撒拉族研究方面做了不少工作，他们的研究范围主要集中在撒拉族民俗和语言两个方面。1988年韩伦发表了《论撒拉语的由来和发展》，1998年为L. Johanson和E. Csato主编的*The Turkic Languages*撰写了“维吾尔语与撒拉语”章节。韩伦认为，撒拉语中有一些方言变化，但主要是语音上的变化。杜安霓则从90年代起多次到青海、甘肃、新疆等地实地考察撒拉语的情况，并发表了大量关于撒拉语的研究论文及著作，如2000年她为Lars Johanson和Bo Utas主编的*Evidentials: Turkic, Iranic, and Neighbouring Languages*一书撰写了《撒拉语中的直接体验和间接体验》一文。她的最新研究成果是2007年发表的著作《撒拉语：亚洲内陆地区的接触过程，第一部分：语音》。这部著作是基于她1991—1993年、1999年、2006年间到我国新疆、甘肃、青海等地实地考察的数据编写而成的。同时，杜安霓也认为，撒拉语分为青海撒拉语和伊宁撒拉语两大方言，其中青海方言又下分孟达土语、甘都土语等。

除此之外，值得一提的是1993年马万翔、马全林和马志成等学者在宾夕法尼亚大学出版的*Salar Language Materials*（《撒拉族语言材料》）一书，该书用《英语900句》的形式写成，一句撒拉语对一句英文译文；书后附有撒拉-英语词汇表。全书共76页，主要反映了循化孟达地区撒拉语的特点。

二　国内的撒拉语研究

国内关于撒拉语的系统性研究是从新中国成立后才开始的，是随着我国开展的少数民族语言大调查而兴起的。1956年中国科学院、中央民族学院和青海民族学院有关专家共同组成了语言调查小组，赴青海省循化县开始调查撒拉语，并确立了撒拉语两个主要的田野调查地，即青海循化县和新疆伊宁县。

截至目前，国内关于撒拉语的研究半数以上都是以青海循化县撒拉语为研究对象的。1962年参与语言大调查的林莲云、韩建业在所收集语料的基础上发表了《撒拉语概况》一文。这是我国发表的第一篇较为系统的描写撒拉语全貌的文章，为以后的研究奠定了基础。1985年正式出版的《撒拉语简志》是由林莲云主笔、韩建业协助，几经修改、审定，并与青海学者合作完成的。该书根据青海省循化撒拉族自治县街子镇的撒拉语材料扼要介绍了撒拉语的语音、词汇、语法概况，是我国出版的第一部具有重要学术价值的撒拉语专著。林莲云还发表了一系列有关撒拉语的论著，如《撒拉语裕固语分类问题质疑》（1979）、《保安语和撒拉语里的确定与非确定语气》（1980）、《撒拉语话语材料》（1986a）、《撒拉汉-汉撒拉词汇》（1992）、《撒拉语语音特点》（1986b）等。与此同时，韩建业也发表了一系列有关撒拉语的论著，如《谈撒拉语的新词术语》（1982）、《撒拉语句子分类及成分》（1983）、《从文献资料看撒拉语的发展变化》（1989a）、《撒拉语词法概述》（1989b）、《撒拉语动词简述》（1990b）、《撒拉语与汉语语法结构特点之比较》（1990c）、《撒拉语词组和句子的结构方式》（1990a）等，以及《撒拉族语言文化论》（2004）、《韩建业民族语言文化研究文集》（2010）等。此外，韩建业、马成俊还编纂了一部《撒维汉词典》（2010）。

在此期间，马成俊发表的《撒拉族谚语》（1986）和《试谈撒拉语谐音词》（1990）也是以青海循化县撒拉语为主要语料来源，对撒拉语的谚语和谐音词进行了描写研究。马伟也在其对青海省循化撒拉族自治县撒拉语实地调查的基础上发表了一系列研究成果，如《循化汉语的“是”与撒拉语［sa/se］语法功能比较》（1994）、《撒拉语的主语宾语问题》（1995）、《撒拉语的濒危状况及原因分析》（2009a）、《语言接触与撒拉语的变化》（2009b）、《撒拉语和土耳其语语音对比研究》（2012）、《撒拉语形态研究》（2013b）等。米娜瓦尔·艾比布拉曾多次赴青海循化县对撒拉语进行实地考察，并亲自赴土库曼斯坦调查土库曼语，进而在此基础上发表了系列论著，如《撒拉语研究》（1998）、《撒拉语与土库曼语的关系——兼论撒拉语发展简史》（2000）、《撒拉语词汇探析》（2002）、《撒拉语元音的特点》（2005）、《撒拉语动词陈述式研究》（2008）、《撒拉语中保留的〈突厥语大词典〉古词语》（2009）、《撒拉语动词祈使式探源》（2010c）、《撒拉语数词的特点及功能》（2010d）、《撒拉语话语材料集》（2010），等等。米娜瓦尔·艾比布拉还多次论及土库曼语和撒拉语的一些相似之处，这为撒拉族族源的探讨提供了很好的语言佐证。此后，舍秀存在对青海循化撒拉语实地考察的基础上发表系列论著，主要成果是2015年发表的著作《撒拉语语音研究》。该著作从地理语言学的角度对青海循化撒拉语的语音进行了较为系统的描写，绘制了表明部分词汇和语法点分布情况的语言地图，并分析了青海循化撒拉语的演变类型和成因。

伊宁撒拉语作为撒拉语的一个重要方言也受到了学者们的重视。阿不都热西提·亚库甫于1986年、1992年间在新疆伊宁县撒拉村进行实地考察，并于1997年发表了《新疆撒拉语特点试析》一文。该文重点就伊宁撒拉语和青海撒拉语中语音、词汇、语法等方面的特点进行了对比分析。文章还简要分析了伊宁撒拉语特点的形成原因，得出伊宁撒拉语是受维吾尔语影响的撒拉语方言这一结论。2000年，许伊娜出版著作《新疆-青海撒拉语维吾尔语词汇比较》，重点从词汇比较的角度讨论了伊宁撒拉语发展演变过程中呈现出来的词汇特征。2005年，许伊娜与吴宏伟共同编写的《新疆撒拉语》正式出版，全书对伊宁撒拉语的语音、词汇和语法进行了较为系统的描写。该书首先在语音部分分析了伊宁撒拉语与相关突厥语族语言元辅音的对应关系，并列出了伊宁撒拉语与青海撒拉语和维吾尔语语音对照关系表；而后在词汇部分对伊宁撒拉语、青海撒拉语和维吾尔语的一些常用词汇进行了较为深入的分析比较。应该说，该书是我国第一部以新疆伊宁县撒拉语为研究对象的著作。

马伟基于对青海省循化撒拉族自治县街子镇、清水乡孟达地区、化隆回族自治县的阿什奴乡卡索地区以及新疆伊犁伊宁县撒拉村的田野调查材料，发表了一系列与伊宁撒拉语有关的论著。在2011年发表的《新疆撒拉语的浑沌学分析》一文中，作者在实地调查的基础上描写分析了伊宁和青海撒拉语在词汇和语法方面的不同点，提出伊宁撒拉语在维吾尔语的影响下正在获得一些青海撒拉语所没有的特点。2017年马伟发表了《撒拉语语音的内部变化》一文，文章在实地考察的基础上结合古代突厥语族语言相关文献，分析了撒拉语在语音方面显示出的时间和空间变异。文章指出，从语音角度来看，将撒拉语划分为青海撒拉语和伊宁撒拉语并不符合撒拉语的实际，因为孟达、街子、卡索和伊宁撒拉语确实都有自己的一些特点。因而，他建议在对撒拉语进行内部分类时应充分注意这一点。马伟在2019年出版的著作《濒危语言：撒拉语研究》的第八章分别列举了四个调查点的二十类词汇共计约1500个词，可供研究者作进一步的比较。此外，海媛的硕士学位论文《新疆伊宁县撒拉族语言使用现状调查研究》（2013）对新疆伊宁县撒拉族的语言使用、语言态度和语言能力等也进行了调查分析。成斌的硕士学位论文《新疆"汉考民"现象研究》（2013）依据实地考察指出了一个值得注意的现象："汉考民"中的撒拉族学生考试用语主要是维吾尔语和哈萨克语。

最后，需要强调指出的是，从国内撒拉语研究的角度来看，许伊娜、吴宏伟著《新疆撒拉语》（2005）是撒拉语细化研究的一个里程碑。在此之前的研究多从宏观上描写分析撒拉语，在此之后则开始关注其内部特点。

第五节

调查说明

一　调查过程

（一）调查背景

2015年本课题组有幸承担了“中国语言资源保护工程”专项任务“北方民族语言调查·撒拉语新疆方言”（YB1508A005A）。在完成“中国语言资源保护工程”的规范所要求的录音、拍照、录像、转写、整理语料等任务的同时，还承担了撰写濒危语言志《新疆伊宁撒拉语》的任务。

（二）调查过程

2015年、2016年课题负责人和课题组成员共7人前往新疆伊犁哈萨克自治州，选择新疆撒拉族较集中的伊宁县萨木于孜镇撒拉村设立了1个调查点。当时的语言调查大致经历了以下几个阶段：

1. 准备阶段

查阅和整理以地方志为主的相关文献资料，对调查地有一个大致的了解，并准备好各类录音录像设备、存储设备、背景板及为被调查人准备的小礼物等调查用品，并提前准备好赴调查地调研所需证明、介绍信等文件。

2. 实施阶段

首先，按照“中国语言资源保护工程”的规范与要求，本课题组在当地确定了1位撒拉族男性语言发音人阿布都（年龄：63岁，文化程度：小学），并确定了录音录像的地点，以确保最大限度降低噪音干扰，保证录音录像的质量。其次，做好每天的调查日志、语料转写、录音录像资料存储等工作，并对视频和音频材料进行了核查，针对材料中的漏洞和错误进行了补充调查。

3. 结尾、验收

第一，语音转写。在该过程中遇到了很多困难，比如在耗时耗力的录音转写工作中，一个录音需要反复听几遍甚至十几遍，以确保转写材料的准确性。

第二，语料分析。该阶段需在已转写完成的语料基础上，查阅相关文献资料，描写和分析所调查语言的语音、词汇、语法等内容。

总的来说，调查过程艰辛但充实。在当地政府的关心和发音人的积极配合下，我们最终得以圆满完成了笔录、录音及摄像等任务。

二　发音人简况

（一）阿不都卡德尔·力夫

男，撒拉族（1934年1月—2020年12月）。父亲名叫来福宝，8岁时从青海省循化来到乌鲁木齐，几年后来到了伊犁（那时伊犁已经有撒拉族）。母亲是循化细沟人，出生在乌鲁木齐。阿不都卡德尔于1934年1月出生于新疆和田地区洛浦县，两岁时和父母一起翻过天山回到了伊犁。新中国成立以后撒拉村建立了撒拉小学。从此他作为老师，给该校的撒拉族和维吾尔族学生上维吾尔语文课。阿不都卡德尔老师懂多种语言，除了母语撒拉语外还熟练地掌握了维吾尔文、哈萨克文、俄文。另外，他也会说汉语。阿不都卡德尔的撒拉族历史文化知识也非常丰富。为了保护和传承濒危的伊宁撒拉语，阿不都卡德尔老师常年奔波于青海循化与伊宁之间，自己创制了以阿拉伯字母为基础的撒拉文拼写符号，并用撒拉语创作了很多作品，在撒拉族中广为流传。因此，他深受新疆撒拉族和青海撒拉族的尊重和爱戴。

（二）阿布都·木沙

男，撒拉族，1952年2月出生，初中文化程度，农民。伊宁县萨木于孜镇撒拉村人。他和妻子的父母都来自青海省循化撒拉族自治县的清水乡，所以在撒拉村人们都叫他“清水阿布都”。阿布都·木沙的撒拉语保持得非常好，会讲民间故事、谜语、谚语。阿布都·木沙和家人基本用撒拉语交流，他们的三个女儿都会说撒拉语。除了母语以外他还会说流利的维吾尔语和汉语。

（三）朵米娜

女，撒拉族，1962年1月出生，小学文化程度，农民。她和丈夫都是撒拉村人，有三个子女都已成家。朵米娜的撒拉语保持得非常好，会讲故事，非常熟悉撒拉族的婚丧嫁娶、过节习俗。她还是村里的美食家，会做撒拉族传统风味的各种美食，她做的包子就有七八种。此外她还会做抓饭、馕等维吾尔族风味美食，并善于用流利的撒拉语详细讲述各种菜看的做法。

（四）他依儿

男，撒拉族，1986年2月出生，初中文化程度，农民，伊宁县人。他的父母是撒拉村人，他的妻子是哈萨克族。他的母语保持得很好，也会说维吾尔语和哈萨克语。从小受父母的影响，会讲述故事，掌握了很多谚语，喜爱唱撒拉语歌曲。

第二章 语音

第一节

元辅音系统

伊宁撒拉语的语音系统由元音系统和辅音系统组成。

一　元音音位系统

伊宁撒拉语有九个基本元音ɑ、ə、ɛ、e、i、o、u、ø、y。其中元音ɛ是因为受维吾尔语的影响吸收到伊宁撒拉语中的。

（一）基本元音音位

1. 根据舌位的前后，撒拉语的基本元音可分为前元音、央元音和后元音三类，即：

前元音：ɛ、e、i、ø、y

央元音：ə

后元音：ɑ、o、u

2. 根据舌位的高低，撒拉语的基本元音可分为高元音、次高元音、中元音、次低元音、低元音五类，即：

高元音：i、y、u

次高元音：e、ø、o

中元音：ə

次低元音：ɛ

低元音：ɑ

3. 根据唇状的圆展，撒拉语的基本元音可分为展唇元音和圆唇元音两类，即：

展唇元音：ɑ、ɛ、e、ə、i

圆唇元音：o、u、y、ø

这九个基本元音音位按舌位、唇状的分类如下表2-1所示。

表2-1 伊宁撒拉语九个基本元音

	前		央		后	
	展唇	圆唇	展唇	圆唇	展唇	圆唇
高	i	y				u
次高	e	ø				o
中			ə			
次低	ɛ					
低					ɑ	

（二）对基本元音音位的描写

1. ɑ 低后展唇元音。可出现在词的任何位置。例如：

词首：ɑl-拿　　　　ɑj月亮

词中：ɑsmɑn天空　　　　sɑʁɑ大坝

词末：bɑlɑ孩子　　　　ɢɑrʁɑ乌鸦

2. ɛ 次低前展唇元音。此元音源自维吾尔语，是伊宁撒拉语不同于青海撒拉语的一个元音，可与青海撒拉语的e元音对应。ɛ可以出现在词的任何位置。例如：

词首：ɛlɛk面筛子　　　　ɛr男人

词中：sɛn你　　　　ɢɛlɛm笔

词末：sɛrkɛ公山羊　　　　ɛrɛptʃɛ阿拉伯语，阿拉伯式的

3. e 次高前展唇元音。可出现在词的任何位置。例如：

词首：etʃɛk屋顶　　　　eʃgen可怜

词中：dezɛk羊粪　　　　gez次

词末：nege为什么　　　　temertke癣

4. ə 央中展唇元音。多出现在词中和词末，很少出现在词首。例如：

词首：əssə热　　　　ərχu二胡

词中：ɑʁər重　　　　jɑrəχ缝儿

词末：ɢərʁə河边　　　　jɑrə朋友

5. i 高前展唇元音。可出现在词的任何位置。例如：

词首：ini弟弟　　　　indʒi然后

词中：jilim胶　　　　bir一

词末：ɛlli 五十　　　　ili 前

6. o 次高后圆唇元音。可以出现在词的任何位置，但很少出现在撒拉语固有词的词末。例如：

词首：ot 火（固有词）　　　　odun 柴（固有词）

词中：lordoŋ 水坑（借词）　　　　jol 路（固有词）

词末：itʃo 大家（借词）

7. u 高后圆唇元音。可出现在词的任何位置，也可以单独成一个词。例如：

词首：uzun 长　　　　u 他，她，它

词中：ɢulɑχ 耳朵　　　　julduz 星星

词末：tʃyku 筷子　　　　bogu 玉米

8. ø 次高前圆唇元音。多出现在词中，词首出现得较少，但不出现在固有词的词末。例如：

词首：øl- 死　　　　øre 上面

词中：gøz 眼睛　　　　møren 江河

词末：lɑjø 腊月（借词）

9. y 高前圆唇元音。可以出现在词的任何位置，多出现在词中。例如：

词首：yryk 杏　　　　ytʃyr 凿子

词中：jyz 脸　　　　gyn 太阳

词末：ygy 猫头鹰　　　　miɛnʃy 棉絮

（三）带擦元音

撒拉语有些词中的短元音，当它们出现在一些塞音、塞擦音之前时，喉部紧张并伴随短促的清擦音，我们称这种元音为“带擦元音”。例如：ɑ^{h}t“马”、o^{h}t“火”、e^{h}t“肉”。这些例词中的ɑ^{h}、o^{h}、e^{h}是带擦元音，其中的 h 为伴随音。伴随音也叫过渡音，是在语音的组合过程中产生的。裕固语、土瓦语和维吾尔语的柯坪土语、吐鲁番土语火焰山话中也有这类元音。陈宗振（2004）在描写裕固语的元音时，称之为“带擦元音”。捷尼舍夫（1981）称之为“紧喉元音”，他认为撒拉语中这类元音产生的原因是该语言里有一组送气辅音，而辅音的这种送气成分会溶化到相邻的元音里。和青海撒拉语相比，伊宁撒拉语中的带擦元音已趋于弱化，不足以构成独立音位。例如：

伊宁撒拉语	青海撒拉语	汉义
ɢɑnɑt	ɢɑnɑ^{h}t	翅膀
øt-	ø^{h}t-	穿过
otəχ	o̥^{h}təχ	除草

atu̥χlan-　　a^h tu̥χlan-　　增加

（四）复元音

存在复元音是撒拉语主要语音特点之一，是近现代随着汉语借词增多而出现在撒拉语语音系统的，一般多用来拼写汉语借词。青海撒拉语的复元音有ie、iɑ、io、iu、əe、uɑ、uə、ye等，其中大部分保留在伊宁撒拉语中，只是个别发生了一些语音变化。例如：

伊宁撒拉语	青海撒拉语	汉义
tientaŋ	tiɛntaŋ	天堂
liaŋzi	liaŋdsi	士兵
χuasəŋ	χuasəŋ	花生

以上是汉语借词中的复元音。还有一些固有词中的复元音也继续保留在伊宁撒拉语中。例如：

伊宁撒拉语	汉义	伊宁撒拉语	汉义
lioŋɑ	袜子	goliex	牛
diugle-	悲伤	diugu	刚才那个

不过，因受全新的语言环境的影响，伊宁撒拉语有些词中的复元音变成了相应的单元音。例如：

伊宁撒拉语	青海撒拉语	汉义
døt	diot	四
gylylyk	guliuliuk	圆的
ʃøʃo	ʃyeʃo	学校

另外，伊宁撒拉语中的有些复元音不太稳定：同样的词，有些人发音为复元音，有些人发音为单元音。例如：

χuadʒɛr/χadʒɛr 花卷

ʃiaŋpi/ʃaŋpi 橡皮

daʃyesəŋ/daʃøsəŋ 大学生

二　辅音音位系统

（一）辅音音位

伊宁撒拉语有25个辅音音位，即b、p、d、t、g、k、ɢ、q、f、v、dʒ、tʃ、ʃ、j、l、m、n、ŋ、r、s、z、χ、ʁ、h、ʒ。此外还有3个借词音位dʐ、tʂ、ʂ，但只出现在汉语借词中。

伊宁撒拉语的塞音和塞擦音中浊音b、d、g、ɢ、dʒ、dʐ与清音p、t、k、q、tʃ、tʂ清浊对立，区别意义，其中浊音不送气，清音送气。为了表述简便，全文清送气塞音和塞擦音的送气符号省略。

伊宁撒拉语的辅音按发音部位和发音方法列表如下2–2所示。

表2–2　伊宁撒拉语辅音音位

发音方法＼发音部位			双唇	唇齿	舌尖	舌尖后	舌叶	舌面	舌根	小舌	喉
塞音	清	送气	p		t				k	q	
	浊	不送气	b		d				g	ɢ	
塞擦音	清	送气				tʂ	tʃ				
	浊	不送气				dʐ	dʒ				
擦音	清			f	s	ʂ	ʃ			χ	h
	浊			v	z		ʒ	j		ʁ	
鼻音			m		n				ŋ		
边音					l						
颤音					r						

（二）辅音音位描写

1. b 双唇不送气浊塞音。可以出现在词首和词中，一般不出现在词末。例如：

词首：bar有　　　　bulut云

词中：aba爸爸　　　　tʃubuʁan枣

2. p 双唇送气清塞音。可以出现在词的任何位置。例如：

词首：pisɛr我们　　　　pendʒir手镯

词中：jipɛk线　　　　aʃpɛz厨师

词末：køp多　　　　tʃøp草

3. d 舌尖不送气浊塞音。出现在词首和词中，不出现在词末。例如：

词首：daʁ山　　　　duman雾

词中：odun柴火　　　　dʒadaχ大

4. t 舌尖送气清塞音。可以出现在词的任何位置。例如：

词首：toraχ土壤　　　　taŋ at-天亮

词中：ete明天　　　　atuχ多

词末：at马　　　　ot火

5. g 舌根不送气浊塞音。一般出现在词首和词中，出现在词末和词中音节尾时有变体

ɣ。例如：

词首：gølɛk 牛　　　　gala- 愿意，高兴

词中：jogo 全部　　　　jørɣe- 卷

词末：dyɣ 愁苦　　　　beɣ 伯克

6. k 舌根送气清塞音。可以出现在词的任何位置，多出现在词的前元音音节中。k 位于词末和词中音节尾时，出现舌根清擦音变体 x。例如：

词首：kim 谁　　　　kyl 灰

词中：iʃki 二　　　　tiken 刺

词末：kijix 羚羊　　　　eʃex 驴

7. ɢ 小舌不送气浊塞音。可以出现在词首和词中，一般不出现在词末。例如：

词首：ɢaməʃ 竹子　　　　ɢara 黑

词中：maŋɢa 鼻涕　　　　χəɢərdaχ 喉咙

8. q 小舌送气清塞音。一般和后元音相拼。在撒拉语固有词里出现在词中，不出现在词首和词末。多数出现在维吾尔语、哈萨克语借词的词首。例如：

词首：qoʁun 甜瓜　　　　qəməz 马奶子

词中：doquz 九　　　　χəsqa 短

9. f 唇齿清擦音。多出现在词首、词中，一般不出现在词末。例如：

词首：fajda 好处，利润　　　　fɛsil 季度

词中：arfa 大麦　　　　syfsɛ 扫帚

10. v 唇齿浊擦音。出现在词首和词中，不出现在词末。例如：

词首：var 有　　　　vaχ 时候

词中：avu 男孩　　　　duvaχ 盖子

11. m 双唇鼻音。可以出现在词的任何位置。例如：

词首：mal 牲畜　　　　muz 冰

词中：alma 苹果　　　　duman 雾

词末：ɢum 沙子　　　　dum 阴天

12. n 舌尖鼻音。可以出现在词的任何位置。例如：

词首：nina 奶奶　　　　naŋ 什么

词中：ana 女儿　　　　inex 母牛

词末：soʁan 葱　　　　jan- 回

13. l 舌尖边音。可以出现在词的任何位置。例如：

词首：lioŋa 袜子　　　　lajø 腊月

词中：baluχ鱼　　jilan蛇

词末：bal蜂蜜　　jel风

14. r 舌尖颤音。一般出现在词中和词末，但在固有词里不出现在词首。例如：

词首：roχ楼（波斯语借词）　　rɛhmet谢谢（波斯语借词）

词中：ʃira桌子　　ardʒi后面

词末：ɛstɛr布衬　　ɢar雪

15. s 舌尖清擦音。可以出现在词的任何位置。例如：

词首：sɛn你　　su水

词中：asət田地　　hesen-hysen彩虹

词末：bas-压　　moŋəs犄角

16. z 舌尖浊擦音。可以出现在词的任何位置，多出现在词末。例如：

词首：zuʁza-坐　　zenze碗

词中：ɢaznaχ库房　　øzeŋge梯子

词末：az少　　ɢaz鹅

17. dʒ 舌叶不送气浊塞擦音。可以出现在词首、词中，不出现在词末。例如：

词首：dʒyji下面　　dʒidʒek花

词中：adʒi辣的　　bidʒin猴子

18. ʧ 舌叶送气清塞擦音。可以出现在词首、词中，在词末以变体ʃ形式出现也可。例如：

词首：tʃa茶　　tʃəχ-出来

词中：kitʃi小　　pətʃaχ豌豆

词末：saʃ头发　　iʃ-喝

19. ʃ 舌叶清擦音。可以出现在词的任何位置。例如：

词首：ʃor盐碱　　ʃabaχ扁的

词中：aʃaχ低　　enʃe下面

词末：baʃ头　　daʃ石头

20. j 舌面浊擦音。可以出现在词的任何位置。例如：

词首：jul泉　　jildirdʒaŋ雷

词中：bojun脖子　　majsə原来

词末：ɢoj羊　　aj月亮

21. ŋ 舌根鼻音。此音不出现在词首，只出现在词中和词末。例如：

词中：oŋa窝　　ɢaraŋɢu黑夜

词末：jɛŋ袖子　　tʃoldoŋ水坑

22. ʁ 小舌浊擦音。可以出现在词中和词末，出现在词首的频率较低。例如：

词首：ʁusli 沐浴　　ʁɛm 忧愁

词中：aʁrəχ 生病　　jaʁmur 雨

词末：daʁ 山　　baʁ 束（量词）

23. χ 小舌清擦音。可以出现词的任何位置。例如：

词首：χos 核桃　　χuasəŋ 花生

词中：jaχən 近　　səχsəʁən 喜鹊

词末：mamuχ 棉　　baluχ 鱼

24. h 喉清擦音。可以出现在词的任何位置。例如：

词首：hɛlli 钱　　hajat 活的

词中：johor 麝香　　oholda 从前

词末：ɛrwah 灵魂　　roh 精神

25. ʒ 舌叶浊擦音。此音在伊宁撒拉语中出现频率很低，且多出现在俄语借词里。此外，由于受维吾尔语伊犁土语的影响，ʒ 又可作为 j 的变体出现在词首。例如：

词首：ʒornal 杂志　　ʒiraχ 远

词中：inʒener 工程师

词末：baʒ 税

（三）借词的音位

1. dʐ 舌尖后不送气浊塞擦音。只出现在汉语借词里，如 vəndʐaŋ“蚊帐”、dʐəŋna-“蒸”、dʐəərzə“侄子”、dʒidʐə“记者”等。

2. tʂ 舌尖后送气清塞擦音。只出现在汉语借词里，如 tʂo“露水”、tʃitʂə“汽车”、guntʂendoŋ“共产党”、tʂuaŋ“床”、tʂəuti“抽屉”等。

3. ʂ 舌尖后清擦音。只出现在汉语借词里，如 ʂuaŋ“霜”、ʂyini“水泥”、ʂəudien“手电筒”、ʂifu“师傅”等。

突厥语族语言及现代维吾尔语、哈萨克语、柯尔克孜语都没有 dʐ、tʂ、ʂ。随着汉语借词的增多，青海撒拉语中出现了这三个舌尖后辅音。新疆撒拉族由青海迁徙到新疆伊宁的一百多年间，与当地的维吾尔族长期接触，语言也受到了影响。除上过汉语学校的一部分人以外，伊宁撒拉语中的这三个辅音在其他大部分人的话语中逐渐被 dʒ、tʃ、ʃ 代替。而在有些词里，dʐ、tʂ、ʂ 与 dʒ、tʃ、ʃ 相互变读，却不影响词义。也就因此，我们没把 dʐ、tʂ、ʂ 归入到伊宁撒拉语的音位系统中，而作为借词音位单独列出。例如：

伊宁撒拉语	青海撒拉语	汉义
ʃykyn/ʂugun	ʂugun	毛巾

dʒuŋgo	dʐuŋguo	中国
dʒuma	dʐuma	主麻日（周五）
tʃezi/tʂezi	tʂezi	车子

（四）塞音和塞擦音的清浊对立

伊宁撒拉语的塞音和塞擦音有清浊和送气与不送气之分，即送气清音p、t、k、q、tʃ、tʂ和不送气浊音b、d、g、ɢ、dʒ、dʐ构成成对的两组音，其中清浊对立有区别词义的功能。例如：

dʒaʁla解～大便	tʃaʁla-锄～地
dam墙	tam滋味
dʒadaχ大的	tʃadaχ故障，毛病
giizi油菜	kiizi火棍
dʐəzi侄儿	tʂəzi尺子
gir-进	kir污垢，藏
ad名字	at马
dada叔叔	tada-揪
doχ盖子，饱	toχ鸡
belle-办	pelle-欺骗
bo包	po炮

青海撒拉语和西部裕固语中的塞音和塞擦音都是清音，没有清浊对立，但其送气和不送气成为区分音位的区别性特征。这一特点是因汉语的长期影响而形成的。在维吾尔语、哈萨克语、柯尔克孜语等其他突厥语族语言的塞音和塞擦音中，其清音也都是送气音，浊音都是不送气音。可见，其清浊对立形成了区分音位的区别性特征，而维吾尔语的这一语音特点对伊宁撒拉语产生了强烈的影响。

三　音节结构

伊宁撒拉语的音节结构有以下几种类型：

1. 元：u“他”、iryk“杏”
2. 辅+元：su“水”、dama-“扛”
3. 元+辅：et“肉”、al-“拿”
4. 辅+元+辅：daʁ“山”，tytyn“烟”
5. 元+辅+辅：ast“田地”
6. 辅+元+辅+辅：χorχ-“怕”、χɛlq“人民”

7. 辅+元+元：lioŋɑ“袜子”、diugu“刚才那个”

8. 辅+元+元+辅：goliɑŋ“高粱”、tianʃɛn“天线”

9. 辅+辅+元+辅：trɑktor“拖拉机”

在上述音节结构类型中，第1—6种为基本的结构形式，词中元音的数目同音节数目相等，即一个词中有几个元音，就有几个音节。而第7、8种一般多出现于汉语借词中，其中的元音为复元音。第9种仅出现于少量的俄语借词中，而固有词中复辅音不出现在音节首，只有st、rχ、ʃt等少量的复辅音组合可以出现在词末。

在伊宁撒拉语词汇中，多音节词音节的划分遵循以下原则：

1. 一个音节要有一个元音。例如：iryk＞i＋ryk“杏”；

2. 元音之前的辅音归该元音所在的音节。例如：dɑmɑ-＞dɑ＋mɑ“扛”；

3. 元音之后的辅音，如果其后又出现元音，那么该辅音归后一音节。例如：el＋i＞e＋li＞eli“他的手”；

4. 多音节词中两个元音之间出现两个辅音时，前一个辅音归前一个音节，后一个辅音归后一个音节。例如：ɑlmɑ＞ɑl＋mɑ“苹果”；

5. 复辅音结尾的词加元音起首的附加成分时，原本属于前一音节的第二个辅音归后一音节。例如：ɑst＋ɑ＞ɑs-tɑ“向田地”。

第二节

音变

由于处在急剧的发展变化中，伊宁撒拉语存在着大量的音变现象。本节我们将从元音和谐、语音变读、语音同化、语音弱化、增音及语音脱落六个方面进行初步的描写分析。

一　元音和谐

在伊宁撒拉语固有词词干中，各音节的元音及词干和附加成分中的元音之间在舌位的前后和唇状的圆展方面彼此搭配，保持一致。这种语音现象被称为元音的和谐，这种模式叫作元音和谐律。元音和谐是阿尔泰语系语言的重要语音特点之一，而突厥语族语言的元音和谐在阿尔泰语系的语言中表现得最为完整。突厥语族语言在元音和谐方面的表现可分为两种情况：一是部位和谐，即元音的前后，高低和谐；二是部位和谐基础上的唇状和谐。伊宁撒拉语中部位和谐比较严整，而唇状和谐较弱。

（一）词干本身的元音和谐

伊宁撒拉语中大多数多音节固有词均有元音和谐现象，且一般以部位上的和谐为主。

1. 部位和谐

部位和谐是指词的各音节中的元音在部位上保持一致。即同是前元音ɛ、e、i、ø、y或同是后元音ɑ、o、u。例如：

（1）前元音 + 前元音型

dʒidʒek 花　　　　tyʃyx 洞

øzen 小溪　　　　jedi 七

emɛn 安静　　　　møren 河

indʒe 现在　　　　deri 皮

（2）后元音＋后元音型

jaʁmur 雨　　armut 香梨

samsa 烤包子　　tʃubuʁan 枣

putʃaχ 豌豆　　ɢonaχ 玉米

dumuluk 天窗　　dolə 充足

2. 唇状和谐

唇状和谐是指词的各音节中的元音在唇形上保持一致。即同是展唇元音 ɑ、ɛ、e、i 或同是圆唇元音 o、u、ø、y。唇状和谐是在部位和谐基础上的和谐。例如：

（1）展唇元音

ete 明天　　kitʃi 小

tʃedɛn 背篓　　ɑsmɑn 天空

dɑrɑχ 梳子　　jɑmɑ- 补

bilim 知识　　ɛmɛs 不是

（2）圆唇元音

bygyn 今天　　ømyr 寿命

gømyr 煤炭　　julduz 星星

bulut 云　　ɢurbu 同龄人

noŋor 池塘　　gymyʃ 银子

（二）词干加附加成分的元音和谐

词干加附加成分的元音和谐，是指多音节词干各音节的元音与附加成分各音节的元音在部位和唇状上相对保持一致的现象。根据附加成分有无变体，元音和谐情况随之发生变化。伊宁撒拉语词干和附加成分的元音和谐体现在词根加构词附加成分的和谐和词干加构形附加成分的和谐。

1. 词干＋无变体附加成分

有些附加成分无变体，附加成分的元音只有一种形式，当词干后加这一类附加成分时，词干和附加成分的元音不可能完全和谐。例如：

动词的后知过去时附加成分 -dʒi 无变体，可加在带各种元音的词干后。例如：

ɑl-＋-miʃ→ɑlmiʃ 拿了　　gel-＋-miʃ→gelmiʃ 来了

拿-PST　　来-PST

øʃyr-＋-miʃ→øʃyrmiʃ 看了　　oχu-＋-miʃ→oχumiʃ 读了

看-PST　　读-PST

døj-＋-dʒi→døjdʒi 打了　　bil-＋-dʒi→bildʒi 知道了

打-PST　　知道-PST

kolə- + -miʃ → koləmiʃ 嘱咐了　　vol- + -miʃ → volmiʃ 成为了

嘱咐-PST　　成为-PST

再如，名词的属格附加成分也没有变体，只有一种形式 -nigi，可加在带各种元音的词干后。例如：

ana + -nigi → ananigi 女儿的　　kiʃ + -nigi → kiʃnigi 人的

女儿-GEN　　人-GEN

lɛmɛ + -nigi → lɛmɛnigi 饭的　　ot + -nigi → otnigi 火的

饭-GEN　　火-GEN

buʁdə + -nigi → buʁdənigi 小麦的　　gøz + -nigi → gøznigi 眼睛的

小麦-GEN　　眼睛-GEN

构词附加成分中也有一些无变体附加成分，可加在带各种元音的词根后，构成新的派生词。例如：

dimur + -dʒi → dimurdʒi 铁匠　　satəχ + -dʒi → satəχdʒi 商人

铁-SUFF　　买卖-SUFF

jol + -dʒi → joldʒi 旅客　　aʁaʃ + -dʒi → aʁaʃdʒi 木匠

路-SUFF　　树-SUFF

iʃ + -dʒi → iʃdʒi 工人

事-SUFF

2. 词干 + 有变体附加成分

词干后加这一类附加成分时，词干最后音节的元音与附加成分的元音在舌位和唇状上基本保持一致。其中有些附加成分有带前元音和带后元音的两种变体，词干后加这种附加成分时，词干和附加成分的元音仅在舌位的前后上相对保持一致。例如，名词复数附加成分有 -lar/-lɛr 两种变体，其中 -lar 加在词末音节带展唇和圆唇后元音的词干后，-lɛr 加在词末音节带展唇和圆唇前元音的词干后。例如：

ana + -lar → analar 女儿们　　jaʁur + -lar → jaʁurlar 许多胡麻

女儿-PL　　胡麻-PL

ɢoj + -lar → ɢojlar 许多羊　　tʃøp + -lɛr → tʃøplɛr 许多草

羊-PL　　草-PL

yryk + -lɛr → yryklɛr 许多杏　　ɛmɛk + -lɛr → ɛmɛklɛr 许多饼

杏-PL　　薄饼-PL

sedʒe + -lɛr → sedʒelɛr 许多麻雀　　kiʃ + -lɛr → kiʃlɛr 人们

麻雀-PL 人-PL

再如，名词的从属人称附加成分有第一人称-m/-əm/-im/-um/-ym和第二人称-ŋ/-iŋ/-əŋ/-uŋ/-yŋ、第三人称-si/-sə/-i/-ə等多种变体。其中辅音开头的附加成分-m、-ŋ、-si/-sə加在元音结尾的词干后，展唇央元音开头的附加成分-əm、əŋ、-ə则加在词末音节带展唇后元音的词干后。展唇前元音开头的附加成分-im、-iŋ、-i加在词末音节带展唇前元音的词干后。圆唇后元音开头的附加成分-um、-uŋ加在带圆唇后元音的词干后。圆唇前元音开头的附加成分-ym、-yŋ加在带圆唇前元音的词干后。例如：

第一人称： ɑnɑ+-m→ɑnɑm我的女儿 ɑnɑ+-məz→ɑnɑməz我们的女儿
女儿-POS.1sg 女儿-POS.1pl

第二人称： ɑnɑ+-ŋ→ɑnɑŋ你的女儿 ɑnɑ+-ŋlar→ɑnɑŋlar你们的女儿
女儿-POS.2sg 女儿-POS.2pl

第三人称： ɑnɑ+-sə→ɑnɑsə他的女儿 ɑnɑ+-sə→ɑnɑsə他们的女儿
女儿-POS.3sg 女儿-POS.3pl

第一人称： ɢuʃ+-um→ɢuʃum我的鸟 ɢuʃ+-uməz→ɢuʃuməz我们的鸟
鸟-POS.1sg 鸟-POS.1pl

第二人称： ɢuʃ+-uŋ→ɢuʃuŋ你的鸟 ɢuʃ+-uŋlar→ɢuʃuŋlar你们的鸟
鸟-POS.2sg 鸟-POS.2pl

第三人称： ɢuʃ+-ə→ɢuʃə他的鸟 ɢuʃ+-ə→ɢuʃə他们的鸟
鸟-POS.3sg 鸟-POS.3pl

第一人称： ɢoj+-um→ɢojum我的羊 ɢoj+-uməz→ɢojuməz我们的羊
羊-POS.1sg 羊-POS.1pl

第二人称： ɢoj+-uŋ→ɢojuŋ你的羊 ɢoj+-uŋlar→ɢojuŋlar你们的羊
羊-POS.2sg 羊-POS.2pl

第三人称： ɢoj+-ə→ɢojə他的羊 ɢoj+-ə→ɢojə他们的羊
羊-POS.3sg 羊-POS.3pl

第一人称： tʃøp+-ym→tʃøpym我的草 tʃøp+-ymiz→tʃøpymiz我们的草
草-POS.1sg 草-POS.1pl

第二人称： tʃøp+-yŋ→tʃøpyŋ你的草 tʃøp+-yŋlar→tʃøpyŋlar你们的草
草-POS.2sg 草-POS.2pl

第三人称： tʃøp+-i→tʃøpi他的草 tʃøp+-i→tʃøpi他们的草
草-POS.3sg 草-POS.3pl

第一人称： yryk+-ym→yrygym我的杏 yryk+-ymiz→yrygymiz我们的杏

	杏-POS.1sg	杏-POS.1pl
第二人称：	yryk+-yŋ→yrygyŋ 你的杏	yryk+-yŋlar→yrygyŋlar 你们的杏
	杏-POS.2sg	杏-POS.2pl
第三人称：	yryk+-i→yrygi 他的杏	yryk+-i→yrygi 他们的杏
	杏-POS.3sg	杏-POS.3pl
第一人称：	ɛmɛk+-im→ɛmɛgim 我的饼	ɛmɛk+-imiz→ɛmɛgimiz 我们的饼
	薄饼-POS.1sg	薄饼-POS.1pl
第二人称：	ɛmɛk+-iŋ→ɛmɛgiŋ 你的饼	ɛmɛk+-iŋlar→ɛmɛgiŋlar 你们的饼
	薄饼-POS.2sg	薄饼-POS.2pl
第三人称：	ɛmɛk+-i→ɛmɛgi 他的饼	ɛmɛk+-i→ɛmɛgi 他们的饼
	薄饼-POS.3sg	薄饼-POS.3pl
第一人称：	sedʒe+-m→sedʒem 我的麻雀	sedʒe+-miz→sedʒemiz 我们的麻雀
	麻雀-POS.1sg	麻雀-POS.1pl
第二人称：	sedʒe+-ŋ→sedʒeŋ 你的麻雀	sedʒe+-ŋlar→sedʒeŋlar 你们的麻雀
	麻雀-POS.2sg	麻雀-POS.2pl
第三人称：	sedʒe+-si→sedʒesi 他的麻雀	sedʒe+-si→sedʒesi 他们的麻雀
	麻雀-POS.3sg	麻雀-POS.3pl
第一人称：	iʃ+-im→iʃim 我的事	iʃ+-imiz→iʃimiz 我们的事
	事-POS.1sg	事-POS.1pl
第二人称：	iʃ+-iŋ→iʃiŋ 你的事	iʃ+-iŋlar→iʃiŋlar 你们的事
	事-POS.2sg	事-POS.2pl
第三人称：	iʃ+-i→iʃi 他的事	iʃ+-i→iʃi 他们的事
	事-POS.3sg	事-POS.3pl

在伊宁撒拉语中，i、e有时和前元音和谐，有时与后元音和谐。例如：indʒe“现在”、ɑrdʒi“后”、issə su“热水”、gizə“油籽”、dʒidʒek“花”、ɑrdʒiʁə esegyn“后年”、pemedər“西红柿”等。

二　语音变读

撒拉族早期使用的土尔克-撒拉文已失传，也没有统一的标准语。而新疆伊宁撒拉族中不同年龄、不同职业、不同性别的人与不同的民族接触，其语言受不同民族语言的影响，因此他们的言语及发音习惯有一些差异，以至于有些词的发音不完全一致。这种同一个词在没有任何语法变化的情况下发音不一致的现象可称作“语音的自由变读”。自由变读有元音变读，也有辅音变读。伊宁撒拉语的语音变读有以下几种：

1. ø-y变读。例如：øj-yj“房子”、søxlɛn-syxlɛn“雉”。

2. u-y变读。例如：jux-jyx“包袱”、ɑrətʃux-ɑrətʃyx“干干净净地”。

3. j-ʒ变读。例如：jil-ʒil“年”、jyrɛx-ʒyrɛx“心”。

4. t-d变读。例如：teri-deri“皮”。

5. χ-q-ɢ变读。例如：oχu-oqu-“读”、χab-qɑp“麻袋，麻包”、χɑluŋ-qɑluŋ“厚”、χulɑχ-ɢulɑχ“耳朵”。

6. io-ø变读。例如：lioŋɑ-løŋɑ“袜子”、diot-døt“四”。

7. u-ə变读。例如：ɑltun-ɑltən“金子”、odun-odən“柴火”、julduz-juldəz“星星”。

8. l-n变读。例如：lɛme-nɛme“饭”、loχtɑ-noχtɑ“笼头”。

三　语音同化

同化是指在语流中，为了发音便利，相邻音相互影响、相互调整，使原来不相同、不相近的音，变为相同或相近的音。同化又分为顺同化和逆同化。伊宁撒拉语语音同化主要有以下几种。

（一）辅音的顺同化

顺同化指的是后面的音素受到前面音素的影响而变得与它相同或相近。

伊宁撒拉语的鼻辅音m、n/ŋ后面接着出现舌尖辅音时，舌尖辅音被同化l>n。例如：

ɑlimler>ɑlimner学者们　　　　bɑŋlɑʃ->bɑŋnɑʃ-帮助

siŋli>siŋni妹妹　　　　tʃɑŋlɑ->tʃɑŋnɑ-长大

tʃəŋlɑ->tʃəŋnɑ-秤　　　　dzə̧ŋlɑ->dzə̧ŋnɑ-蒸

（二）辅音的逆同化

逆同化是指前面的音素受到后面音素的影响而发生的语音变化。

χɑllɑ-焊接<χɑnlɑ-+-nl-→-ll-　　　　jirɑqqɑ向远方<jirɑχ+-qɑ读作jirɑqqɑ

1. 舌尖鼻辅音n位于双唇音m、b之前时，被后面的双唇辅音同化为双唇鼻辅音m。例如：

onbɛʃ>ombɛʃ十五　　　　enmiʃ>emmiʃ下来了

men muŋɑ>mem muŋɑ我对于这个　　　　ɑsonbor>ɑsombor慢一点

men munə>mem munə我把这个　　　　on bərəndʒə ɑj>om bərəndʒə ɑj十一月

2. 由源于汉语的词末为n的动词原形结合固有的构词词缀-lɑ构成的动词中，舌尖鼻音n被后面的舌尖边音l同化。例如：

bɛnle->bɛlle-变　　　　donlɑ->dollɑ-端

sunlɑ->sullɑ-存　　　　dɑnlɑ->dɑllɑ-档

3. 舌尖塞音t位于s、dʒ、q之前时，被同化：t＞s/dʒ/q。例如：

tart-＋-sa＞ta：tsa＞tassa 如果拉

eht-＋-dʒi＞ehtdʒi＞ehdʒdʒi 做了

χut-＋-qan＞ χutqan＞χuqqan 起了的

otur-＋-sa＞o：tursa＞otsa＞ossa 如果坐

tut-＋dʒi＞tutdʒi＞tudʒdʒi 抓了

pat-＋quntʃaχ＞patquntʃaχ＞paqquntʃaχ（日）落时

（三）元音同化

失去重音音节中的元音被其后面音节中的元音同化。例如：

gel-＋-miʃ＞gelmiʃ＞ge:miʃ＞gimiʃ 来了

meŋke＋-digi＞meŋki＋-digi＞meŋkidigi 麦加的

四 语音弱化

语音弱化是指有些音素在发音时变弱。伊宁撒拉语中语音弱化分为辅音弱化和元音弱化。

（一）辅音弱化

辅音弱化，即辅音的发音阻力变小，清音变成浊音或塞音变成擦音。一些多音节词词末的舌根清擦音x、小舌清擦音χ与附加成分结合，位于两个元音之间时分别弱化为舌根浊擦音ɣ、小舌浊擦音ʁ。例如：

dʒidʒex 花儿＋-i→dʒidʒiɣi 他的花儿

jyrɛx 心＋-em→jyreɣəm 我的心

zohraχ 帽花＋-ə→zoraʁə 他的帽子

yryx 杏＋-ym→yryɣym 我的杏

ɛllex 五十＋-endʒi→ɛlleɣindʒi 第五十

toʁraχ 胡杨＋-ə→toʁraʁə 他的胡杨

（二）元音弱化

1. 伊宁撒拉语由于受到维吾尔语的影响，一些单音节词或是词末音节中ɛ/e元音在缀加构形附加成分后弱化为i。例如：

gyn 日子＋-ler＋-i→gynleri→gynliri（……的）日子里

dʒidʒek 花＋-i→dʒidʒeki→dʒidʒigi 他的花儿

2. 有些以a元音结尾的多音节词同以辅音起首的附加成分结合时，词尾的a弱化为ə。例如：

saχla- 等待＋-ba→saχlaba→saχləba 在等待

bala 孩子＋-lar→balalar→balələr 孩子们

3. 当动词否定形式缀加动词假设条件式附加成分-sa/-sɛ时，否定附加成分中的元音a弱化为i。例如：var-＋-ma＋-sa→varmasa→vamisa “如果他不去”。

五　增音

1. 伊宁撒拉语中名词领属第三人称与位格、从格或向格附加成分结合时，格附加成分之前增加n音。例如：

iʃ里 + -i + -dɛ→iʃ + -i-n- + -dɛ→iʃindɛ在……里

daʃ外 + -ə-n- + -ɑ→daʃənɑ向……的外面

ɑjɑq尽头 + -ə + -dɑ→ɑjɑʁ + -ə-n- + -dɑ→ɑjɑʁəndɑ在……的尽头

2. 有些词首为元音u的词前面增加辅音v。例如：

ur- > vur-打　　u > vu那个　　umus > vumus公牛

以上的增音现象不普遍。

3. 有些词里两个辅音相连时，中间增加元音ɑ或ə。例如：

boʁdə > boʁədə麦子　　jɑʁrə > jɑʁərə肩

ɑχtʃuχ > ɑχɑtʃuχ很白的　　juʁdʒi > juʁədʒi仆人

六　语音脱落

伊宁撒拉语的语音脱落主要有辅音r脱落和l脱落两种情况。

（一）辅音r脱落

1. 伊宁撒拉语中，词末的辅音r在口语中经常脱落。例如：

pisɛr→pisɛ我们　　bɑləlɑr→bɑləlɑ孩子们

bɑzɑr→bɑzɑ集市　　vɑr-→vɑ-去……

2. 尾辅音为r的词干后加辅音起首的附加成分时辅音r脱落。例如：

vur-打 + -ʁudʒi→vurʁudʒi→vuʁudʒi打……的人

ber-给 + -ɢumɑ→berɢumɑ→beɢumɑ不要给

vɑr去 + -mɑ否定 + -sɑ→vɑrməsɑ→vɑməsɑ如果不去

vɑr-去 + -ʁur将来时→vɑrʁur→vɑʁur要去

（二）辅音l的脱落

一些以l结尾的动词词干加辅音起首的附加成分时l脱落。例如：

vol-有 + -miʃ→volmiʃ→vomiʃ曾经有

vol-有 + -ʁɑn→volʁɑn→voʁɑn有了的

ɑkel-带来 + miʃ→ɑkelmiʃ→ɑkemiʃ带来了

（三）音节的脱落

伊宁撒拉语中的一些词同维吾尔语或青海撒拉语原词形比较，有的是个别的音脱落，有的是整个音节脱落。前者如：伊宁撒拉语gatʃa“话语，语言”，青海撒拉语gahdʒa“语言”；后者如：bala＋-lar→baləlar“孩子们”，在语流中读作ballar，其中ə音脱落。请看一个具体的例子：

ɑ-nə	dʒar-ə	bal-lar-ʁa	gij-dər-e,	bal-lar-ʁa
那些–ACC	花–ADVL	孩子–PL–ALL	穿–CAUS–ADVL	孩子–PL–ALL

je-dər-e,	χarə	kiʃi-lɛr-ni	gez-dər-e	jidzị	elige	iʃ	et-ə
吃–CAUS–ADVL	老	人–PL–ACC	出游–CAUS–ADVL	一直	这样	事	做–ADVL

basɛn	niɛn	vo-muʃ.
八三	年	是–PST

花这些（钱）供孩子们吃、穿，带老人出游，就这样到了1983年。

第三节

拼写符号

撒拉族在历史上曾使用以阿拉伯文字母为基础的撒拉文，本民族称之为“土尔克文”。至18世纪时，这种“土尔克文”不仅用于宗教方面的经文注释、经典翻译、经堂教育，而且成为社会通信、契约书写、纪事立传、著书立说的通用文字。至今，撒拉族民间还保留着用这种文字书写的有关历史、宗教、文学等方面的一些文献（手写本）。如今在传播和发展方面出现了断层，“土尔克文”未能成为撒拉族日常使用的文字。2009年撒拉族学者马伟在《撒拉语的濒危状况及原因分析》一文中指出：“目前，撒拉族还没有广泛认可的正式拼写符号。只有极少数撒拉语研究人员使用以拉丁文字母为基础的拼写符号，并有相关学术著作出版。”

下面是《灿烂珠宝驼泉水——撒拉尔情歌集》（张进锋，2014）的“第一章”选段，笔者将撒拉语拼写符号与国际音标转写进行了对照，并附上汉语译文。

撒拉语拼写：	Öydïn	čïxji	dašine,
国际音标：	øj-dən	tʃəχ-dʒi	dɑʃ-i-ne,
	家–ELA	出–PST	外–3sg.POS-ALL

汉译：走出家门出了村，

撒拉语拼写：	daqqe	čïxji	bašine.
国际音标：	dɑq-qe	tʃəχ-dʒi	bɑʃ-i-ne.
	山–ALL	登上–PST	顶端–3sg.ALL

汉译：独自信步上山顶。

撒拉语拼写：	Durmi	alji	yïrïmne,
国际音标：	dur-mi	ɑl-dʒi	jər-əm-ne,

站–NEG　拿–PST　歌–1sg.POS-ACC

汉译：放声歌唱撒拉歌，

撒拉语拼写：　dingner　diji　yarïmne.

国际音标：　diŋne-r　di-dʒi　jɑr-əm-ne.

听–FUT　说–PST　朋友–1sg.POS-ACC

汉译：只盼朋友来倾听。

撒拉语拼写：　Bilir　dese　labdïr　maŋa　üyetdïr,

国际音标：　bil-ir　de-se　lɑb-dər　mɑ-ŋɑ　yjet-dər,

知道–FUT　说–COND　自夸–COP　我–ALL　羞耻–COP

汉译：要说知道是自夸，

撒拉语拼写：　bilmes　dese　bilir　saŋa　yalğandïr.

国际音标：　bil-mes　de-se　bil-ir　sɑ-ŋɑ　jɑlʁɑn-dər.

知道–NEG.PRES　说–COND　知道–PRES　你–ALL　假的–COP

汉译：要说不知是假话。

撒拉语拼写：　Sözïmni　aŋnaji　oholden　seler,

国际音标：　søz-əm-ni　ɑŋnɑ-dʒi　ohol-den　seler,

话–1sg.POS-ACC　听–PST　从前–ELA　你们

汉译：去年曾听我说过，

撒拉语拼写：　yirïmni　dïŋnešer　bugünden　salar.

国际音标：　jir-əm-ni　dəŋne-ʃ-er　bugyn-den　sɑlɑr.

歌–1sg.POS-ACC　听–RECIP-PRES　今天–ELA　撒拉

汉译：从今请听撒拉歌。

撒拉语拼写：　Giz　barji　yullar　qïrğïne,

国际音标：　giz　bɑr-dʒi　jul-lɑr　qərʁə-ne,

漫步　AUX-PST　泉水–PL　岸边–ALL

汉译：信步走到泉水边，

撒拉语拼写：　gözïm　salji　yolïŋŋe.

国际音标：　gøz-əm　sɑl-dʒi　jol-əŋ-ŋe.

眼睛–1sg.POS　放–PST　路–2sg.POS-ALL

汉译：望了你的路几遍。

撒拉语拼写：　Görmiji　dodïr　yuzïŋne,

国际音标：　gør-mi-dʒi　dodər　juz-əŋ-ne,

见–NEG-PST 可爱的 脸–2sg.POS-ACC

汉译：没见你那似花貌，

撒拉语拼写： goŋnïm qalji men saŋe.

国际音标： goŋn-əm ɢal-dʒi men saŋ-e.

心灵–1sg.POS 留–PST 我 你–ALL

汉译：为你留下无限憾。

撒拉语拼写： Ötik biki ötse yanalmes,

国际音标： øtik biki øt-se jan-al-mes,

门槛 高 过–COND 回–ABIL-NEG.PRES

汉译：门槛高踏上脚步难收回，

撒拉语拼写： goŋnï biki görse yišalmes.

国际音标： goŋn-ə biki gør-se jiʃa-l-mes.

心灵–1sg.POS 高 见–COND 说–ABIL-NEG.PRES

汉译：心儿高见了美貌难张嘴。

撒拉语拼写： Atïm arux ayax qoyalmes,

国际音标： at-əm aruχ ajaχ ɢoj-al-mes,

马–1sg.POS 瘦 脚 放下–ABIL-NEG.PRES

汉译：马儿瘦无法忍心用脚踩，

撒拉语拼写： yangu dodïr elle degelmes.

国际音标： jangu dodər el-le deg-el-mes.

艳姑 可爱 手–INSTR 碰触–ABIL-NEG.PRES

汉译：姑娘俊用手抓了怕捏碎。

撒拉语拼写： Salar čiš görmes aslanne,

国际音标： salar tʃiʃ gør-mes aslan-ne,

撒拉尔 梦 见–NEG.PRES 大象–ACC

汉译：撒拉尔梦不见大象，

撒拉语拼写： xadï čiš görmes döyine.

国际音标： χadə tʃiʃ gør-mes døji-ne.

汉族 梦 见–NEG.PRES 骆驼–ACC

汉译：南方人梦不见骆驼。

撒拉语拼写： Salar yišer salar söz,

国际音标： salar jiʃe-r salar søz,

撒拉尔　　说–PRES　　撒拉尔　　话

汉译：撒拉尔要说撒拉话，

撒拉语拼写：　qiyamete　　yetsede.

国际音标：　qijɑmet-e　　jet-se　　de.

末日–ALL　　到–COND　　MOOD

汉译：即便是末日天在塌。

撒拉语拼写符号与国际音标转写符号对照见下表2–3。

表2–3　记音符号

序号	国际音标	撒拉语拼写符号	
		大写	小写
1	ɑ	A	a
2	o	O	o
3	ɛ		
4	e	E	e
5	i	I	i
6	u	U	u
7	y	Ü	ü
8	ø	Ö	ö
9	ə	Ï	ï
10	b	B	b
11	p	P	p
12	m	M	m
13	f	F	f
14	d	D	d
15	t	T	t
16	n	N	n
17	l	L	l
18	g	G	g
19	k	K	k

续 表

序号	国际音标	撒拉语拼写符号	
		大写	小写
20	ɢ q	Q	q
21	h	H	h
22	dʒ	J	j
23	tʃ	Č	č
24	ʃ	Š	š
25	dʐ	ZH	zh
26	tʂ	CH	ch
27	ʂ	SH	sh
28	r	R	r
29	z	Z	z
30	s	S	s
31	j	Y	y
32	ŋ	NG	ng
33	v	V	v
34	ʁ	Ğ	ğ
35	χ	X	x

不忘初心
牢记使命
撒拉村
推动发展

第三章 词汇

第一节

词汇特点

借词来源众多，这是伊宁撒拉语词汇的突出特点。其主要表现是词汇中保留了较多的古代突厥语族语言词汇和大量的与乌古斯语组土库曼语相同的词，还有不少汉语、藏语、蒙古语族语言（包括东乡语、保安语、土族语）的借词，以及为数不多的阿拉伯-波斯语借词。

伊宁撒拉语与突厥语族其他语言有许多同源词。这些词的大部分在突厥语族各语言中的读音、意义和用法上大致相同或相近，并且作为最活跃的部分被广泛使用。但是，伊宁撒拉语的词汇与生活在新疆的同语族的维吾尔语的词汇之间又有较大的差别。这是由于撒拉族的祖先撒鲁尔人属乌古斯部，在700多年前由中亚撒马尔罕东迁至现今的青海省循化撒拉族自治县。该自治县位于青藏高原与黄土高原接壤的边缘地带，处于汉族、藏族、回族、蒙古族、东乡族、土族、保安族的包围之中。特殊的地理环境和族际关系，使撒拉语的词汇产生了一些明显不同于我国其他突厥语族语言的特征。

伊宁撒拉语中汉语借词多达20%以上。由汉语借词带来的舌尖后辅音tʂ、$tʂ^h$、ʂ目前已经进入到撒拉语的语音系统之中了。然而，同样的辅音在维吾尔语中却均变为舌叶辅音dʒ、tʃ、ʃ。

撒拉语中的藏语、蒙古语族语言借词也相当多。有些藏语借词甚至排挤掉了撒拉语基本词汇中的核心词。例如：poŋ"身体"（藏语）、ɑrɑŋ"舅舅"（藏语）。

伊宁撒拉语不仅从当地维吾尔语中吸收了大量借词，还通过维吾尔语吸收了一些青海撒拉语所没有的阿拉伯-波斯语及俄语借词。例如：

伊宁撒拉语	维吾尔语	青海撒拉语	汉义
nɑn	nɑn		馕

polo	polo		抓饭
samsa	samsa		烤包子
yzym	yzym	puto	葡萄
adil	adil	goŋdo	公平
tɛrkip	tɛrkip	tʂəŋfun	成分
baʃliq	baʃliq	ʂəudʐoŋ	首长
hesen-hysen	hɛsɛn-hysɛn		彩虹
birømyr	birømyr	jibeizi	一辈子
kava	kava	nangua	南瓜
jaʁliχ	jaʁliq	botu	头巾
tʃøtʃør	tʃøtʃyrɛ	bienʂi	馄饨
rɛndɛ	rɛndɛ	tujba	刨子
qopal	qopal	aŋgaχ	笨拙
lɛglɛk	lɛglɛk	χaχətɢuʃ	风筝
ɛtal-	ɛtal-	ɛt tʃit-	长膘
palɛk	palɛk	bose	菠菜
tɛqdirlɛ-	tɛqdirlɛ-	biojaŋ et-	表扬
tɛkrarla-	tɛkrarla-	buʃi et-	补习
ministir	ministir	budʐoŋ	部长
jajlaχ、dʒajlaw	jajlaq	tʃopdyz	草原
øsymlyk	øsymlyk		植物
julʁun	julʁun	ɢəzəloj dal	红柳
køtʃɛt	køtʃɛt	dal zezi	树苗
bedɛ	bedɛ		苜蓿
qamʁaχ	qamʁaχ		骆驼刺
tavuz	tavuz	ʃigua	西瓜
qoʁun	qoʁun	tiengua	甜瓜
doʁut bølymi	tuʁut bølymi		产科

伊宁撒拉语中的汉语借词与青海撒拉语不同。例如：

伊宁撒拉语	维吾尔语	青海撒拉语	汉义
tʂo	ʃɛbnɛm	tʃəχsu	露水
fɛnla-	qozʁilaŋ køtɛr-	boduŋ et-	暴动

tʃɛjdo	tʃɛjdo	sedo	菜刀

伊宁撒拉语通过维吾尔语吸收了一些青海撒拉语所没有的俄语借词。例如：

伊宁撒拉语	维吾尔语	青海撒拉语	汉义
ɑptovuz	ɑptovuz	bɛntʃe	班车
doklɑt	doklɑt	bogo	报告
pɑrɑχot	pɑrɑχot	luntʂuɑn	轮船

伊宁撒拉语也通过维吾尔语吸收了一些青海撒拉语所没有的阿拉伯–波斯语词语。例如：

伊宁撒拉语	维吾尔语	青海撒拉语	汉义
sinip	sinip	bɛn	班
gøhɛr	gøhɛr	boʂi	宝石
hynɛvɛn	hynɛrvɛn		手艺人，匠人
ɑʃpɛz	ɑʃpɛz	syiʂijyen	厨师
dɛsmɑji	dɛsmɑjɛ	bunsen	本钱
dɛptɛr	dɛptɛr	bunzi	本子
ɛsir	ɛsir		世纪
fɛsil	fɛsil		季节
mɛŋgu	mɛŋgu	uzɑtʃux	永远
dʒɛnup	dʒɛnup	jelieŋkut	南
ʃimɑl	ʃimɑl	gun pɑtɢɑn jɑnə	西

第二节

构词法

本节将对伊宁撒拉语中词的结构类别和构词法进行初步的描写分析。

一　词的内部结构类别

伊宁撒拉语的词从结构方面可以分为两大类：简单词和复合词。

（一）简单词

简单词就是由一个词根构成的词。简单词包括单纯词、派生词和谐音词。

1. 单纯词

单纯词是指只有词根部分，不带构词附加成分的词。例如：

ɢar雪　　jol路

dum阴　　muz冰

撒拉语的根词大多数为单音节和双音节词。例如：

gyn太阳　　julduz星星

bulut云　　jel风

duman雾　　jyz脸

2. 派生词

在原有的词根上加构词词缀构成的新词叫派生词。例如：

goz + -lix → gozlix眼镜　　dimur + dʒi → dimurdʒi铁匠

眼-SUFF　　铁-SUFF

iʃ + -lix → iʃlix里子　　jeman + -lan → jemanlan-变坏

里-SUFF　　坏-SUFF

jalʁan＋-dʒin→jalʁandʒin 骗人的 | or-＋-aχ→oraχ 镰刀
假的－SUFF | 收割－SUFF

3. 谐音词

在原有词后加一个与其语音谐音的成分构成的新词叫谐音词。例如：

tʃa 茶 ＋ma→tʃa-ma 茶点类饮食

uʃaχ 小的 ＋muʃaχ→uʃaχ-muʃaχ 零零碎碎的

ʃoltoŋ 坑 ＋ʃultoŋ→ʃoltoŋ-ʃultoŋ 坑坑洼洼

ɢeja 斜 ＋ɢuja→ɢejalu-ɢujalu 歪歪扭扭

（二）复合词

由两个或两个以上的根词通过一定的形式组合到一起所构成的新词叫复合词。伊宁撒拉语中复合词的前后根词之间的关系主要有三种：并列关系、偏正关系和动宾关系。

1. 并列复合词

并列复合词是两个直接成分之间是并列结构关系的复合词。例如：

ardə＋ɢurʁu→ardə-ɢurʁu 最后 | sora-＋aŋnaʃ-→sora-aŋnaʃ- 访问
后－尾巴 | 问－打听

səŋər＋taχ→səŋər-taχ 单个 | ata＋ana→ata-ana 父母
单只－单 | 父－母

2. 偏正复合词

偏正复合词是两个直接成分之间存在修饰和被修饰关系的复合词。例如：

iʃtən＋baχ→iʃtənbaχ 裤腰带 | bazər＋ɢo→bazər-ɢo 城门
裤子－带子 | 城墙－门

dimur＋jol→dimurjol 铁路 | jyl＋goz→jylgoz 泉眼
铁－路 | 泉－眼

3. 动宾复合词

动宾复合词的两个直接成分之间存在一个动语素支配另一个语素的关系。例如：

atʃəχ＋gel-→atʃəχ gel- 发怒 | iʃ＋tʃəχ-→iʃ tʃəχ- 发生
怒－来 | 事－出

goŋnə＋ɢoj-→goŋnə ɢoj- 放心 | el＋tuduʃ-→el tuduʃ- 相互握手
心灵－放 | 手－互握

bojaχ＋var-→bojaχ var- 褪色
颜料－去

二　构词法

伊宁撒拉语词的构成主要有派生法、复合法、重叠法、谐音法等方法。

(一)派生法

派生法，是指在词根之前或之后加构词附加成分而构成新词的方法。伊宁撒拉语构词附加成分都是后加的，基本上没有前加的。这一点与同语族的维吾尔语、土库曼语有不同之处，那就是没有源自波斯语的前加附加成分。

伊宁撒拉语用派生法构成新词是最主要的构词方法。其中由名词、形容词、动词派生的新词最多。常用的构词附加成分有十七种之多。

1. -dʒi

附加成分-dʒi是撒拉语中最古老的，构词能力最强的词缀之一。它通常缀接在名词词干后，构成名词，表示从事与原词所指事物有关事或职业的人。例如：

baluχ + -dʒi → baləχdʒi 渔夫
鱼-SUFF

satəχ + -dʒi → satəχdʒi 商人
买卖-SUFF

ityx + -dʒi → ityxdʒi 鞋匠
靴子-SUFF

bojaχ + -dʒi → bojaχdʒi 染工，染匠
颜料-SUFF

2. -χ/-ix/-əχ/-aχ/-ex/-uχ/-yx

附加成分-χ/-ix/-əχ/-aχ/-ex/-uχ/-yx缀接在动词词干后构成名词，表示某些事物的名称。例如：

boja- + -χ → bojaχ 颜料
染-SUFF

sat- + -əχ → satəχ 生意，买卖
卖-SUFF

piʃdi- + -x → piʃdix 契约，信
写-SUFF

sana- + -χ → sanaχ 数字，数
数-SUFF

3. -lix/-ləχ/-laχ/-luχ/-lyx

附加成分-lix/-ləχ/-laχ/-luχ/-lyx缀接在普通名词后，表示具有该词所指事物的处所；有时缀接在名词或者形容词后，表示与原词所指事物有关的名称。例如：

oden + -luχ → odenluχ 柴林
柴-SUFF

øjly + -lyx → øjlylyx 午饭
中午-SUFF

tydyn + -lyx → tydynlyχ 烟道
烟-SUFF

iʃ + lix → iʃlix 衣、被里子
里-SUFF

4. -tʃəχ/-tʃaχ/-tʃuχ/-tʃyx/-dʒaχ/-dʒyx

附加成分-tʃəχ/-tʃaχ/-tʃuχ/-tʃyx/-dʒaχ/-dʒyx缀接在名词或动词词根后构成名词，表示与

原词有关的事物。这种名词中有些表示该名词所指的事物中的幼小者，或者是指其中与该事物有关的小东西的名词。例如：

aʁər＋-tʃəχ→aʁərtʃəχ秤砣　　ilan-＋-tʃuχ→ilantʃuχ旋涡
重-SUFF　　旋转-SUFF
ot＋-tʃaχ→ottʃaχ厨房　　iɣir-＋-tʃyx→iɣirtʃyx捻线杆
火-SUFF　　捻-SUFF

5. -dʒin

附加成分-dʒin缀接在名词或动词性词根后构成名词，表示喜欢或者爱做与原词有关某一种事的人。例如：

jalʁan＋-dʒin→jalʁan dʒin爱撒谎的人　　uχu＋-dʒin→uχudʒin爱睡觉的人
假的-SUFF　　睡眠-SUFF
soz＋-dʒin→sozdʒin口才好的人　　vuruʃ＋-dʒin→vuruʃdʒin爱打架的人
话-SUFF　　打-SUFF

6. -gudʒi/-ʁudʒi/-ɢudʒi/-ɣydʒi

附加成分-gudʒi/-ʁudʒi/-ɢudʒi/-ɣydʒi缀接在名词或者动词性词根后构成名词，表示从事动词所表达的活动的名词。例如：

oχa-＋-ʁudʒi→oχaʁudʒi学生　　ex-＋-gudʒi→exgudʒi播种者
读-SUFF　　播种-SUFF
ɢaʃ＋-ɢudʒi→ɢaʃɢudʒi逃跑者　　køtʃyr-＋-ɣydʒi→køtʃyrɣydʒi抄写者
逃跑-SUFF　　抄写-SUFF

7. -gusi/-ʁusi/-ɢusi

附加成分-gusi/-ʁusi/-ɢusi缀接在动词性词根后构成的名词，表示与原来动词有关事物的名称。例如：

øtyn-＋-gusi→øtyngusi铺盖　　ji-＋-gusi→ jigusi食物
盖-SUFF　　吃-SUFF
as-＋-ʁusi→asʁusi挂钩　　padat-＋-ɢusi→padatɢusi爆炸物
挂-SUFF　　使爆炸-SUFF

8. -ʃ/-iʃ/-əʃ/-uʃ/-yʃ

附加成分-ʃ/-iʃ/-əʃ/-uʃ/-yʃ缀接在动词性词根后，一般构成表示该动词所表达行为动作结果的名词。例如：

oχ-＋-uʃ→oχuʃ文字　　vur-＋-uʃ→vuruʃ战争
读-SUFF　　打-SUFF

vaχ- + -əʃ → vaχəʃ 看法　　dyɣ- + -yʃ → dyɣyʃ 疙瘩

看–SUFF　　包，缩–SUFF

9. -m

附加成分 -m 缀接在动词性词根后，一般构成表示该词干所表达行为动作结果的名词。例如：

ahla- + -m → ahlam 步子　　yl- + -ym → ylym 死亡

跨–SUFF　　死去–SUFF

boʁ- + -um → buʁum 节子　　dyg- + -me → dygme 扣子

捆–SUFF　　缩–SUFF

10. -ʁuʃ/-ɢuʃ

附加成分 -ʁuʃ/-ɢuʃ 缀接在动词性词根后，一般构成表示进行某一种动作所需要器具的名词。例如：

oda- + -ʁuʃ → 铲子　　qis- + -ɢuʃ → qisɢuʃ 钳子

除草–SUFF　　夹–SUFF

ɢər- + -ʁuʃ → ɢərʁuʃ 擦子　　jili- + -ʁuʃ → jiliʁuʃ 剃刀

擦–SUFF　　剃–SUFF

11. -lin/-lan/-len

附加成分 -lin/-lan/-len 缀接在名词性词根后构成动词，表达该名词所指事物特征；缀接在形容词性词根后构成动词，表示形容词所表达的特征正在成为现实。例如：

gytʃ + -lin → gytʃlin- 变有力　　køp + -len → køplen- 增

力–SUFF　　多–SUFF

aruχ + -lan- → aruχlan- 变瘦　　soχ + lan- → soχlan- 变冷

瘦–SUFF　　冷–SUFF

12. -la/-le

附加成分 -la/-le 缀接在名词、形容词、量词、模拟词等词性的词根之后，构成表示与原词相关的动词。例如：

buzi + -la → buzila- 产牛犊　　gyldyr + -le → gyldyrle- 轰隆作响

牛犊–SUFF　　轰隆–SUFF

ɢatʃi + -la → ɢatʃila- 剪　　aχ + -la → aχla- 申辩，洗刷

剪刀–SUFF　　白–SUFF

13. -laʃ/-leʃ

附加成分 -laʃ/-leʃ 缀接在一部分名词性词根的后面构成动词，表达该名词所指事件正

成为现实；缀接在一部分形容词后面构成动词，表示形容词所表达的特征正在成为现实。例如：

ajaχ + -laʃ → ajaχlaʃ- 结束
末尾 -SUFF

ɢizil + -laʃ → ɢizillaʃ- 变红
红 -SUFF

nem + -leʃ → nemleʃ- 变湿润
潮湿 -SUFF

oŋa + -laʃ → oŋalaʃ- 变容易
容易 -SUFF

14. -i/-ə/-ɑ/-e

附加成分 -i/-ə/-ɑ/-e 缀接在一部分名词或者形容词性词根后构成动词，表示相应的事物或者特征正在成为现实。例如：

boʃ + -i → boʃi- 空闲起来
空的 -SUFF

ot + -ɑ → odɑ- 除草
草 -SUFF

suv + -ɑ → suvɑ- 渴
水 -SUFF

sɑn + -ɑ → sɑnɑ- 计数
数目 -SUFF

15. -r/-ir/-ɑr/-er/-yr/-ur

附加成分 -r/-ir/-ɑr/-er/-yr/-ur 缀接在一部分形容词性词根后构成动词，表示形容词所表达的特征相关的状态。例如：

gøx + -er → gøɣer- 变绿
蓝 -SUFF

ɢɑrɑ + -r → ɢɑrɑr- 变黑
黑 -SUFF

ɑχ + -ɑr → ɑχɑr- 变白
白 -SUFF

ɢəsɢɑ + -r → ɢəsɢɑr- 变短
短 -SUFF

16. -li/-lix/-ləχ/-lɑχ/-luχ/-lyx

附加成分 -li/-lix/-ləχ/-lɑχ/-luχ/-lyx 缀接在名词性词根后，构成形容词。例如：

qiʃ + -ləχ → qiʃləχ 冬天的
冬季 -SUFF

sɑp + -ləχ → sɑpləχ 有柄的
手柄 -SUFF

su + -luχ → suluχ 有水的
水 -SUFF

gyʃ + -li → gyʃli 有力的
力量 -SUFF

17. -gi/-ki/-ɣi/-ɢə

附加成分 -gi/-ki/-ɣi/-ɢə 缀接在表示时间或方位的副词性词根后，构成形容词。例如：

byɣyn + -gi → byɣyngi 今天的
今天 -SUFF

ili + -ɣi → iliɣi 以前的
前 -SUFF

jɑχən + -ɢə → jɑχənɢə 最近的
近 -SUFF

dyn + -ki → dynki 昨天的
昨天 -SUFF

（二）复合法

复合法是指由两个不相同的词根按一定方式组合构成词的方法。从词根和词根之间的关系看伊宁撒拉语复合词类型主要有三种类型：联合型、偏正型、宾动型。

1. 联合型

通过同义、近义和反义词根的并列构成的复合词类型。例如：

ɢan + der → ɢander 血汗　　aba + idʒa → aba-idʒa 父母
血 - 汗　　爸爸 - 妈妈
gaga + ini → gaga-ini 兄弟　　ardʒi + ɢurʁə → ardʒi-ɢurʁə 最后
哥哥 - 弟弟　　后 - 尾巴

2. 偏正型

这类复合词的前一词根修饰、限制后一词根。

（1）名词 + 名词。例如：

purnə + direx → purnədirex 鼻梁　　bel + baʁ → belbaʁ 腰带
鼻子 - 柱　　腰 - 带子
buzi + vaʃ → buzivaʃ 蝼蛄　　doʃan + ɢulaχ → doʃanɢulaχ 兔耳草
牛犊 - 头　　兔 - 耳朵

（2）形容词 + 名词。例如：

aχ + un → aʁun 白面　　ardʒi + san → ardʒisan 后腿
白 - 面粉　　后 - 大腿
aχ + jer → aχjer 休闲地　　tʃəχ + su → tʃəχsu 露水
白 - 土地　　潮湿的 - 水

3. 宾动型

前一个根词是名词性的，表示动作行为支配或涉及的事物；后一个根词是动词性的，表示动作、行为。例如：

jyz + tʃyrə- → jyz tʃyrə- 翻脸　　baʃ + vur- → baʃ vur- 磕头
脸 - 翻　　头 - 打
soloχ + bas- → soloχ bas- 镇静　　boj + kut- → boj kut- 怀孕
气息 - 压　　身体 - 背负

（三）重叠法

重叠法是指由相同的词根重叠构成新词的方法。有以下几种类型：

1. 形容词或副词重叠后构成表示加强意义的新词。例如：

dyrlyx + dyrlyx → dyrlyx-dyrlyx 多种多样的　　tiz + tiz → tiz-tiz 快快地

各种－各种　　快－快

2. 由两个模拟词素以重叠式形式组合起来构成的模拟词。例如：

diɣ + diɣ → diɣ-diɣ 滴答滴答　　滴－滴

dʒir + dʒir → dʒir-dʒir 唧唧喳喳　　唧－唧

poχ + poχ → poχ-poχ 咕嘟咕嘟　　咕嘟－咕嘟

gyldyr + gyldyr → gyldyr-gyldyr 轰隆轰隆　　轰隆－轰隆

（四）谐音法

谐音词实际上是对原有词的变音重叠，在原有词后加一个与其元音谐音的成分构成。

谐音词为阿尔泰语系语言所特有。不同语言中谐音词的构成都有一定的变音规律。伊宁撒拉语的谐音词按以下规则构成：

1. 用m替换重叠部分开头的辅音。例如：

esgi + mesgi → esgi-mesgi 破破烂烂的　　旧的

tʃa + ma → tʃa-ma 茶点类饮食　　茶

egər + megər → egər-megər 曲里拐弯的　　弯的

uʃaχ + muʃaχ → uʃaχ-muʃaχ 零零碎碎的　　小的

2. 用u替换重叠部分第一音节的元音。例如：

ʃoltoŋ + ʃultoŋ → ʃoltoŋ-ʃultoŋ 坑坑洼洼　　坑

ɢeja + ɢuja → ɢejalu-ɢujalu 歪歪扭扭　　斜

ɢara + ɢura → ɢaral-ɢural 黑不溜秋　　黑

anda + munda → anda-munda 这里那里　　那里

第三节

词汇的构成

撒拉语的词汇由固有词、借词和来源不明的词组成。固有词包括与突厥语族各语言同源的词和本族语特有的词。借词包括来自汉语、藏语、阿拉伯语、波斯语和蒙古语族语言的词。此外，伊宁撒拉语中还吸收了较多维吾尔语借词，还有一些哈萨克语和俄语借词。

一　固有词

伊宁撒拉语中与现代的突厥语族语言诸如维吾尔语、哈萨克语同源的词数量相当多。例如：

汉义	伊宁撒拉语	维吾尔语	哈萨克语	裕固语	土库曼语
躺	jɑt-	jɑt-	dʒɑt-	jɑht-	jɑt-
月	ɑj	ɑj	ɑj	ɑj	ɑj
星	julduz	jultuz	dʒuldəz	jəldəs	jəldəz
长的	uzin	uzun	uzən	uzun	uzən
短的	χəsɢə	qəsqɑ	qəsqɑ	ɢəsɢɑ	ɢəsɢɑ
开始	bɑʃlɑ-	bɑʃlɑ-	bɑstɑ-	bɑṣtɑ-	bɑʃlɑ-
切	doʁrə-	toʁrɑ-	tuwrɑ-	dorʁɑ-	doʁrɑ-
有	vɑr	bɑr	bɑr	bɑr	bɑr
眼睛	gøz	køz	køz	gøz	gøz
肝	bɑʁər	beʁir	bɑwər	bɑʁər	bɑʁər
绿	jɑʃil	jeʃil	dʒɑsəl	jɑhsəl	jɑʃəl
嘴	ɑʁəz	eʁiz	ɑwəz	ɑhs	ɑʁəz

这类词是伊宁撒拉语词汇的基础和核心，其内容包括人体和动物器官的名称、人和动物最基本的动作和生理变化、常见的自然现象及其名称、一般属性、时间、生活和生产活动、基本数目，等等。固有词表达从远古时代至今都是人类生活中不可缺少的最重要的事物和概念，因而得以一代代流传下来。撒拉语中的突厥语族语言固有词包括这样几种情况：古代突厥语族语言中的词、撒拉语与土库曼语的共同词、撒拉语与乌古斯语组语言的共同词及撒拉语特有词等。

（一）古代突厥语族语言词

这里讨论的是仅保留在伊宁撒拉语中，而且语音上也没有太大变化的古代突厥语族语言词。这些词在维吾尔语等国内其他突厥语族语言中使用频率低，甚至于基本不用。例如：

汉义	伊宁撒拉语	古代突厥语族语言
皮袄	iʃmex	itʃmek“皮坎肩”（《突》I，110）[①]
垂，吊	salen-	saləndə“垂，吊”（《突》II，154）
轮，次	gizek	kɛzik“次序，次”（《突》I，411）
球	jumaχ	jumʁaq“圆形的”（《突》I，42）
脾脏	dalaχ	talaq“脾脏”（《突》I，434）
畜圈	aran	aran“畜圈”（《突》I，83）
毒	aʁu	aʁu“毒，毒药”（《突》I，96）
药	em	ɛm“医治”（《突》I，43）
坡	bojnaχ	bojnaq“山坡，山腰”（《突》III，171）
枣	tʃubʁan	tʃəpəqan“枣”（《突》I，474）

古代突厥语族语言词汇jumʁaq中的-ʁ在撒拉语和土库曼语中消失，符合一般突厥语族语言词中的-ʁ、-g，词末的-k、-g与乌古斯语组语言中的零形式相对应的语音规律。

（二）撒拉语与土库曼语共同词

青海撒拉语保留了与乌古斯语组土库曼语相同的词汇，这是撒拉语词汇不同于我国其他突厥语族语言的最显著的特点。这类词汇约占10%。青海撒拉语的这一词汇特点基本保留在伊宁撒拉语中。例如：

汉义	伊宁撒拉语	青海撒拉语	土库曼语	维吾尔语	哈萨克语	裕固语
牛犊	gølex	golex	gole	kala	səjər	uhgus
干净	arə	arəsili	arassa	pakiz	taza	arəʁ
闪电	jildirdʒaŋ	jiltirtʃaŋ	jildərəm	tʃaqmaq	ʃaqpaq	jahsən

① 《突》：《突厥语大词典》（汉文版）。

浸泡	ez-	ez-	ez-	tʃila-	ʃəla-	pola-
母亲	idʒɑ	idʒɑ	edʒe	ɑnɑ	ɑnɑ	ɑnɑ
混合	ɢɑrəʃ-	ɢɑrəʃ-	ɢɑrəʃ-	ɑrilɑʃ-	ɑrɑlɑs-	ɢɑht-
下落	ɛn-	en-	in-	tʃyʃ-	tys-	duhs-
浮肿	tʃiʃ-	tʃiʃ-	tʃiʃ-	iʃʃi-	isi-	səz-
葱头	soʁɑn	soʁən	soʁon	pijɑz	pijɑz	χɑjgudu
肺	øxøn	øxen	øjkøn	øpke	økpe	øhkbe

（三）乌古斯语族语言共同词

撒拉族的祖先撒鲁尔人属乌古斯部落，撒鲁尔也是土库曼族的重要组成部分。由于共同的渊源关系，撒拉语和土库曼语词汇中有许多共同的乌古斯语成分。青海撒拉语的这些词汇特点保留在伊宁撒拉语中。例如：

汉义	伊宁撒拉语	青海撒拉语	土库曼语	土耳其语	古代乌古斯语
泥泞	paldʒiχ	paldʒɑχ	paltʃəq		baltʃəq（《突》I，493）
麻雀	sedʒe	sedʒe	sertʃe	sertʃe	sɛtʃɛ（《突》III，214）
低	ɑʃɑχ	ɑʃɑχ	ɑʃɑq	ɑʃɑk	ɑʃɑq（《突》I，72）
右	səχ	səχ	sɑʁ	sɑɣ	sɑʁ（《突》III，148）
蜂蜜	bal	bal	bal	bal	bal（《突》III，151）
媒人	sodʒi	sawdʒi	sawtʃə		sawtʃə（《突》I，62）
上午	ølɛ	ojle	øjle	øjle	øjle（《突》I，122）
庄稼	exin	exin	ekin	ekin	ɛkin（《突》I，431）

（四）伊宁撒拉语特有词

撒拉语中还有一部分本族特有词。这类词是以撒拉语原有词汇材料及构词方式构成的。由于撒拉族东迁后生活在与其他操突厥语族语言的民族相对隔绝的环境中，因此这些词与维吾尔语、土库曼语等亲属语言中相应的词相比起来有明显的不同。青海撒拉语的这些词汇特点也在伊宁撒拉语中得到保留。此外，伊宁撒拉语中还有一些与青海撒拉语及维吾尔语都略有不同的词，其中包括由青海撒拉语词汇成分和维吾尔语词汇成分构成的合璧词。例如：

汉义	伊宁撒拉语	青海撒拉语	维吾尔语	土库曼语
发展	tɛrɛqqi ɛt-	fatʂan et-	tɛrɛqqi qil-	øs-
葵花	gyn dʒidʒɛk	gundʒidʒex	ɑptappɛrɛs	gynevɑqɑr
嘱咐	kolə-	søzɢoj-	tɑpilɑ-	tɑpʃur-
交换	ɑliʃ-	ɑliʃ-	ɑlmɑʃtur-	tʃɑliʃ-

答应	jila-	jatə-	maqul bol-	maqul bol-
商量	soruʃ-	sorəʃ-	mɛslɛhɛtlɛʃ-	meslehetleʃ-
公斤	kila	gondʒin	kilo	kile/kilo
手掌	otʃ	el otasə	alqan	ajɛ
送礼	mal uzat-	mal uzat-	soʁat bɛr-	sowʁat et-
前进	iləŋə jyr-	iline jyr-	alʁabas-	øŋø syr-
翻身	poŋ tʃøry-	poŋ tʃiurə-	øryl-	øwryl-
水库	su ɢaznəχ	su ɢaznaχ	suambiri	χowdan
果树	jimiʃ dal	armut dal	miwilik dɛrɛχ	miwelik aʁatʃ

二 借词

一般认为，语言体系中词汇系统最开放，所以词汇最易受其他语言的影响。撒拉语的词汇部分受外来影响最大，借词占相当大的比例。撒拉族从七百多年前开始定居在今青海循化一带，之后随着与汉、藏、回、东乡、保安等邻近民族的接触与交往的日趋频繁，撒拉语就不断地从上述民族语言中吸收有活力的成分。新疆撒拉族从一百多年前开始陆续移居新疆伊宁县萨木于孜镇撒拉村，自此以后，该族群受到了来自维吾尔族、汉族、哈萨克族等兄弟民族的多重影响。相应地，撒拉语也从这些民族语言中吸收了许多借词，丰富并充实了本民族语言的词汇系统。

（一）汉语借词

撒拉语借词中汉语借词最多。从时间上看，有早期借词（即新中国成立以前借入的借词）和近期借词（即新中国成立以后借入的借词）。早期借词主要是日常生活和农业生产方面的。有些词的语音保持着中古汉语影响的痕迹。伊宁撒拉语中基本保留了青海撒拉语中的这些早期汉语借词。此外，伊宁撒拉语还有一些通过维吾尔语吸收的早期汉语借词。例如：

汉义	伊宁撒拉语	青海撒拉语	维吾尔语
戒指	gidʒir	gedʒir	yzyk
火柴	jaŋχo	jaŋχo	jaŋχo
衙门	jamul	jamun	jamul
变宽	konlan-	konlan-	keŋɛj-
算盘	sɛnpɛn	suanpan	sɛnpɛn
搅团	køtɛn	kotɛn	zaŋ
记	gila-	gila-	ɛstɛ tut-

间（量词）	kɛn/ɑʁəz	kɛn	eʁiz
庄稼	dʒoŋgi	dʒoŋgi	ziraɛt

近期借词主要是1950年以后借入的。新中国成立以来，撒拉族地区的学校教育、社会政治生活、书面文学创作等都使用汉文。大部分青壮年熟练地掌握汉语，因此，汉语借词不仅数量多而且内容的涉及面也很广，包括政治、经济、文化、教育、卫生、科学技术、日常生活等各个方面。例如：

汉义	撒拉语
主席	dẓuʃi
书记	ṣudʒi
瓦匠	niṣuidʒɑŋ
阿姨	ɑji
裁	sele-
发展	fɑdʒṣn ɛt-
公正	gundo
队长	duidʒoŋ
字典	zidiɛn
枪，炮	po
汽车	tʃitṣə
共产党	guntṣɛndoŋ
法院	fɑjɛn
拖拉机	tolɑdʒi
县长	ʃɛndʒoŋ
电话	diɛnχuɑ
电影	dɛjin

在吸收汉语借词时，撒拉语会在循化汉语方音的基础上适当地改变一些与撒拉语差别较大的语音，并把它们纳入撒拉语的语音体系之中，或尽可能在发音上使它们接近撒拉语的语音特点。例如，舌面送气清塞音ts^h在撒拉语中读作舌面清擦音s，如“才”，在循化话中读作ts^hᴇ，在撒拉语中读作sᴇ。再如，汉语普通话的复韵母uɑŋ在循化话中读作ɑŋ，而在撒拉语中变成ɑŋ或oŋ，如“装”借入撒拉语，变成dʒɑŋnɑ-或dʒoŋnɑ-。

在较早期的借词里，汉语中的tṣ、$tṣ^h$、ṣ、ts、ts^h在伊宁撒拉语中的一些词里变成dʒ、tʃ、ʃ、z、s。例如：

汉义	普通话	撒拉语
茶	tʂʰa	tʃa
样子	jaŋtsɿ	jaŋzi
砂糖	ʂatʰaŋ	ʃataŋ
蒸	tʂəŋ	dʒəŋna-
醋	tsʰu	lasu

撒拉语在吸收汉语借词时，除语音上加以改造以外，还采用了以下几种方式：

1. 全借

按汉语循化方音借原词的语音和意义。例如：

汉义	撒拉语
麻利快	mali
碗，盏子	zɛnzi
案子	nɛnzi
电影	diɛnjin
床单	tʂhaŋdɛn
玻璃	boli
机灵	dʒiliu
簸箕	bədʒi
恶霸	noba
恩典	nəndien
公安局	gunnɛndʒy

2. 全借加注释

按汉语循化方音借原词的语音和意义后加上一个撒拉语的语素。例如：

汉义	撒拉语
包子	botsi emex
桑树	saŋʂu dal
手绢	elʃugun
梅花	miχuadʒidʒex

3. 半借

一半音译，一半意译。例如：

汉义	撒拉语
瓜子	guabalasi

瓜皮	guaɢoχ
受伤	ʂaŋ deɣ-
皮鞋	gonχaj
唱歌	gətsi jərla-
打哈欠	χatʃen vur-
雨衣	jaʁmur daji

4. 意译

把其他语言的词直接翻译成本民族词。例如：

汉义	撒拉语
打针	jinevur->jine针 +vur-打
看病	aʁrəχvaχ->aʁrəχ病 +vaχ-看
石油	daʃjaʁ>daʃ石头 +jaʁ油
水库	suɢaznəχ>su水 +ɢaznəχ库房
肉汤	et su>et肉 +su水
白菜	aχjaʃ>aχ白 +jaʃ菜
黑板	ɢarataχta>ɢara黑 +taχta板子

5. 音译加本族语言的构词词缀

动词就是以这种方式借入的。其中单音节及物动词后加-la/-lə/-le，不及物动词后加-lan/-len，韵尾是ŋ的动词后加-na/-ne，双音节动词加本族语动词-ɛt“做”，等等。例如：

汉义	撒拉语
蒸	dʒəŋnə-
背诵	beilə-
帮	baŋna-
报告	bogo ɛt-
奖励	dʒaŋli ɛt-
趴	palan-
测量	liaŋlə-
闹	nolə-
包	bola-
叠包	dele-

撒拉语借入汉语词常用的方式一般是音义全借和音译加本族构词词缀。撒拉语动词ɛt-“做”与来自汉语的动词结合时，具有构词词缀的功能。

（二）藏语借词

青海省循化撒拉族自治县境内有10个乡，其中4个是藏族乡。撒拉族和藏族长期杂居，经济文化等方面联系密切。撒拉族中有一部分人能说流利的藏语，有一些藏族人也会说撒拉语。在长期的交往中，撒拉语吸收了一些藏语安多方言借词。其中大部分是较早时期借入的，内容主要是有关日常生活、亲属关系、家庭称谓等方面的。这些藏语借词在伊宁撒拉语中都基本上被保留了下来。例如：

汉义	撒拉语
圆的	gøsgyr
舅舅	aʐaŋ
家庭	zahsaŋ
大，肥	paloŋ
爱人	dʒama
叉子	jova
脸颊	dʒamba
跳	dʒomna-
算盘	gohba
强壮	todoŋ

（三）阿拉伯-波斯语借词

撒拉族祖先撒鲁尔人在中亚撒马尔罕时就已经开始信仰伊斯兰教。东迁以后伊斯兰教在撒拉族中继续保持。由于长期的宗教生活，以及清真寺为主的宗教教育，许多阿拉伯-波斯语借词渗入撒拉语中。其中主要有宗教伦理、宗教生活、文教方面的词语及阿拉伯语人名。伊宁撒拉语中通过维吾尔语又吸收了一部分阿拉伯语借词。例如：

汉义	撒拉语
婚姻	nikah
艾萨男人名	ajso/ajsa
禁忌的	haram
情况	hal
时候	vaχ
阿依夏女人名	ajʃe
世界	dunja
圣洁之物	halal
宇宙	alen

行礼	salem
大地，地球	zimin
纸	χɑχət
天空	ɑsmɑn
拱拜	gumbet

伊宁撒拉语中也有一些通过维吾尔语吸收的波斯语借词。例如：

傍晚	ʃɑm
果园	bɑʁ
星期一	duʃembe

（四）与蒙古语族语言同源的词及蒙古语借词

循化县孟达乡同甘肃省积石山保安族东乡族撒拉族自治县及青海省互助土族自治县交界，与海西蒙古族藏族自治州相邻。撒拉族与操蒙古语族语言的上述各族的交往中，吸收了一些借词。撒拉语与蒙古语族语言相同的词中，有一部分是突厥语族语言和蒙古语族语言的共同词。这些词历史久远，可能有更原始的共同起源。例如：

汉义	撒拉语
倒塌	muxul-
木勺	ʃinɑʁɑ
奶奶	χɑdʒɑ
森林	χuj
现在	tʃuχur
最小的儿子	loʃumbo
涩的，酸	χuʃoŋ
池子	noŋor
桌子	ʃirɑ

（五）俄语借词

伊宁撒拉语还通过维吾尔语吸收了一些青海撒拉语所没有的俄语借词。例如：

汉义	伊宁撒拉语	青海撒拉语	维吾尔语
西红柿	pemedər	jaŋʂ̩izi	pemedər
百分比	pursen	befənbi	pursɛnt
班车	ɑptovuz	bɛntʃe	ɑptovuz
圆白菜	kɑpustɑ	boʃin bese	kɑpustɑ
报告	doklat	bogo	doklat

报纸	gezit	bodʐi	gezit
标语	plakat	biojy	plakat
表格	grafa	bioge	grafa
播种机	selka	bodʐoŋdʒi	sejalka
轮船	paraχot	luntʂuan	paraχot
日历	kalindar		kalindar
日期	tʃisla		tʃisla
分钟	minut	fun	minut
厂	zavut	tʂoŋ	zavut

一个民族的语言其词汇构成反映该民族文化的脉络以及与其他民族的相互关系。伊宁撒拉语词汇的多元性，是撒拉族与不同民族接触的语言体现。其中汉语借词无论在数量上还是在内容方面都占首位。这是因为，汉族作为人口众多的主体民族，其政治、经济、文化各个方面都较为发达。这样，在长期的交往中，随着其经济文化的影响，大量的汉语借词就源源不断地被吸收到撒拉语词汇系统中。而藏语借词大多数都与家庭、亲属称谓、日常生活等方面密切相关。这也从另一个侧面反映了历史上撒拉族与藏族的联姻关系。阿拉伯-波斯语借词反映了伊斯兰教对撒拉族的影响，而伊宁撒拉语中的俄语借词反映了撒拉族迁徙到新疆伊宁县以后与维吾尔族、哈萨克族等当地各民族的接触与交流史，尽管这种接触和交流是通过俄罗斯语言文化对维吾尔族、哈萨克族的影响间接实现的。

第四节

民俗文化词

新疆撒拉族在多年的发展中，除保留本民族语言文化传统外，与其他少数民族，特别是其他操突厥语族语言的民族在经济、文化和生活方面的接触和交往，已形成相异于青海撒拉族的语言文化特征。这些都蕴藏在表达撒拉族饮食文化、服饰文化、居住文化、人生礼仪、亲属称谓、节庆文化等习俗的词语中。本节将以民俗文化词为依托，对新疆撒拉族的特色民俗进行描写。

一　饮食文化

新疆撒拉族除保持本民族的文化传统外，受维吾尔族等周边民族的影响，生活习俗发生了很大的变化，文化上具有兼收并蓄的特征。

撒拉族的饮食文化也很有代表性。除了富有撒拉族特色的食品外，在其食谱中可见回族、维吾尔族、汉族、乌孜别克族、哈萨克族等民族的菜肴名称。撒拉族原聚居于青海的农业区，饮食结构以面食为主，有花卷、锅盔、拉面、面片、饺子等。面食的花样也很多，主要有qojʁan ɛmɛk“馒头”、gømɛʃ“烤馍”、guokei“锅盔”等。日常主食中仅仅包子就有将近十种，如gøʃ bozi“肉包子”、pijaz bozi“洋葱包子”、gørdɛ bozi“韭菜包子”、satirma bozi“胡萝卜包子”、turma bozi“萝卜包子”、jaŋju bozi“洋芋包子”（土豆馅包子）、ʃataŋ bozi“砂糖包子”（见图1），等等。主食中还有各种各样的饼，如bezili ɛmɛk“香饼”、ʁazan ɛmɛχ“薄饼”、misir ɛmɛk“锅贴”、χoʁun ɛmɛk“油饼”等。此外，jouʃiaŋ“油香”、dʒɛnmiɛn“汤面”、bilmaχ“甜面糊”、ʃaŋa“麦芽糖”、kima“克麻”、køtɛn“搅团”、taʁan“炒面”、borsaq“馃子”、godʒi“肉汤麦仁粥”等，也是撒拉族传统美食的重要组成部分。

由于撒拉族饮食中面食的花样很多，所以与面食相关的词语也很丰富，如tʃora“臊子”、tʃoʁadən“馅儿”、ɢordaŋ“发面引子”、gomɛn“发面”、gorduŋ“发面引子”、tola“饼子的、包子的剂子”、pizi“面皮”、holʁan emɛk“千层饼”（见图2）等。做面食所需的厨具也多种多样，如galtʃaŋ“擀面杖”、χona“案板”、pitʃaχ sidi“刀背”、pitʃaχ aʁzi“刀锋”、loŋ“笼”、toroŋla“蒸笼”、jarpuŋ“发面盆”、gømeʃ ɢazan“炭火烤饼锅”、siχsaʁan ɢazan“大锅”、jel qazan“火锅”，等等。

除本民族传统饮食外，新疆伊宁撒拉村还有新疆风味的抓饭、馕、羊肉，如今这些已经成为该族村民最普通的食物，几乎家家都有馕坑和制作抓饭用的锅。撒拉族的naren“那仁”（见图3）稍微有别于哈萨克族和柯尔克孜族的同类食物，就是在面条里多加些臊子。回族风味的lolaʁan ɛt jaʃ“爆炒的肉菜”、aʃtʃora“泡菜汤”也是撒拉村村民日常喜爱的菜肴。

撒拉村撒拉族喜欢饮用奶茶和清茶。奶茶和一些食品的做法与青海撒拉族迥异。例如，熬奶茶的方法不同于青海的撒拉族。待客或节日期间一般先上馕、茶、点心、馓子、麻花、糖、瓜子、花生等各种干果，然后再上主食和其他菜肴，最后还上ajran“酸奶”。待客用的餐具和茶具也很讲究，常用的有zanzi“中碗”、kitʃi zanzi“小碗”、χaʃuq/pigur“勺子”、zanzi saχit“饭碗”等。

1. ʃataŋ bozi砂糖包子

ʃataŋ bozi“砂糖包子”（见图1）是新疆撒拉族日常美食之一。尤其在节庆时节，撒拉族妇女会早早发好面，拌好馅儿料做包子。其馅儿料主要由砂糖、核桃仁、葡萄干、红枣和羊尾巴油组成。一切准备就绪后，她们首先会将发好的面在案板上反复揉搓，以排出里面的空气。接着按照需要的大小切成剂子，再将剂子擀成一张张一厘米左右厚度的圆形面皮，然后放入适量馅儿料包成三棱锥的形状，并捏出好看的花边。在此过程中

图1　撒拉族美食——砂糖包子　撒拉村/2021.8.16/热比也·希尔 摄

要提前在蒸锅中加入足量的水烧开。包子包好后搁在抹了熟油的蒸笼上，放入水开的锅中蒸20分钟即可出锅上桌食用。

2. holʁɑn emɛk千层饼

holʁɑn emɛk“千层饼”（见图2）是新疆撒拉族十分喜爱的一款日常美食。通常撒拉族妇女需要早早和好较为软和的面团，不用放发酵粉。而后将面团放在容器中盖上盖子醒两三个小时。面醒好后在案板上撒上干面粉，将面团做成一个个剂子，接着把剂子擀成尽可能薄的长方形面皮，每个要大小基本一致。然后在面皮的上面先抹上一层植物油，再抹上奶皮子，接着沿边卷成面龙放在抹了熟油的蒸笼上。最后，放入提前烧开水的蒸锅中蒸20分钟后出锅，切断后装盘上桌，即可食用。

图2 撒拉族美食——千层饼 撒拉村/2021.8.21/热比也·希尔 摄

3. naren那仁

naren“那仁”（见图3）是操突厥语族语言的民族常做常吃的一款面食，但各民族根据自身饮食偏好的不同，做法上会有一些差异。新疆撒拉族在做那仁时，通常首先将带骨或不带骨的大块羊肉放在锅中加适量盐煮成肉汤，与此同时要用淡盐水和好软硬适中的面团，并醒面半小时左右。面醒好后擀成薄薄的面皮并卷成一指长的宽度，切成一厘米左右宽的面条。待肉汤煮好后，将肉捞出，把切好的面条放入锅中煮熟并捞出放在盘子里，捞出的肉切成小块儿，同时将紫色洋葱也切成小块儿。然后将切好的肉和洋葱放在面条上，并浇上热汤，即可上桌食用。

图3 撒拉族美食——那仁 撒拉村/2021.6.12/热比也·希尔 摄

二　礼仪文化

撒拉族热情好客，讲究礼节，彼此之间要互问安。人们尊老爱幼，和睦邻里，男女见面，要保持一定的距离。到撒拉族家中作客，首先须向主人问好，之后方能入座。主人为客人沏茶，客人要将茶碗端起。吃油香、馓子、烙饼等时，要掰开再送进嘴里，切忌狼吞虎咽。主人须殷勤待客。一般在正餐开始前撒拉族都会用盖碗茶、干果、各类点心、葡萄等来招待客人。与此相关的词汇有midʒaŋχu“茶壶”、tʃadʒuŋ“茶碗”（见图4）、adima“小净壶”等。同时，在撒拉族家中做客通常是围着摆放茶点的矮几跪坐或盘坐成一圈。一般女性都是跪坐，男性是盘坐，且男女一般分席而坐（见图5、图6）。

此外，撒拉族十分敬重“舅亲”，认为“铁出炉家，人出舅家”。撒拉族男孩到七八岁时，便要接受jatir，即“割礼”。女孩到八九岁时，就要戴上getu“盖头”，以示进入成年。

1. tʃadʒuŋ茶碗

盖碗茶因茶具是茶碗、碗盖和掌盘为一整套而得名，俗称“三炮台”。撒拉人饮盖碗茶有一定的讲究。茶叶要鲜而色正，讲究配以桂圆、冰糖、核桃仁、杏干、葡萄干、枸杞、冰糖等；茶具也要精巧雅致。新疆撒拉族的盖碗花色主要就是下图中的这两种。盖碗茶（见图4）味甜可口，是撒拉人的待客佳品。

图4　撒拉族待客茶点　撒拉村 /2021.8.21/ 热比也・希尔 摄

2. jiʁiniʃ聚会

撒拉族亲戚朋友之间关系十分亲密，经常坐在一起叙话家常（见图5）。聚会时，男女分席而坐，儿童一般随女性同坐。

图 5　围矮几而坐的撒拉人　撒拉村 /2021.8.12/ 热比也 · 希尔 摄

图 6　庭院中的聚会　撒拉村 /2021.8.12/ 热比也 · 希尔 摄

三　服饰文化

撒拉族男子多穿白衬衫、黑坎肩，束腰带，着长裤，穿“洛提”或布鞋，头戴黑色、枣红色或白色的圆帽（见图 8）。撒拉村妇女多头戴包巾，只有极个别妇女戴盖头（也是近来才产生的现象），身穿长裙，冬天时脚穿靴子。与此相关的词有 iʃχanta“内衣”、qisa χantar“短内衣”、noŋa“袜子”、χɛj“鞋子”、dʒopozi“脚布子”、iʃmɛk“羊皮坎肩”、ɑχ zoraχ “白圆帽”（见图 7）、tʃiχ zoraχ “草帽”、uzun tire ajaχ “长筒靴”、jalaŋ bojɢəraχ “单衣”、bøz χɛj “布鞋”、jaʁləχ “头巾”（见图 9）等。

1. 撒拉族男性服饰

撒拉族男子常戴六角形黑色或白色圆帽。图 7 中撒拉族男子戴的就是白色圆帽。

图 7　撒拉族老人和年轻人　撒拉村 /2021.8.12/ 热比也 · 希尔 摄

图 8　撒拉族男性服饰　撒拉村 /2023.7.24/ 陈春荣 摄

2. 撒拉族女性服饰

（1）生活装

撒拉族女性平时穿花布连衣裙，头戴各种花色的薄纱头巾。jaʁləχ “头巾”是新疆撒拉族女性服饰的重要组成部分。撒拉族女性戴头巾的要求是要把所有的头发都藏在头巾里面

（见图9）。这种戴头巾的方式有别于当地的维吾尔族、哈萨克族女性。

图 9　撒拉族女性生活装　撒拉村 /2014.8.4/ 撒拉族居民 摄

（2）盛装

盛装是在舞台、婚礼等场合穿着的传统的礼仪性服饰。中青年妇女一般穿长单裤，上身穿蓝色、红色大襟绣花长衫，或在白色、天蓝色等亮色长袖衫上套蓝色、红色、绿色绣花大襟长坎肩儿，头戴盖头。如图10所示。

图 10　撒拉族女性盛装　撒拉村 /2023.7.24/ 陈春荣 摄

四　居住文化

新疆伊宁撒拉族的住所完全受到维吾尔族的影响：院墙很厚，屋内冬暖夏凉。和青海循化的撒拉族比起来，炕要低一些、宽一些。此外，新疆伊宁撒拉族也喜欢在住所周围种植花草树木，这里的撒拉人也十分爱干净。撒拉语中与建筑相关的特色词汇有daʃ ɢo“大门”（见图11）、tɛrdʒɛ iʃti“窗台”、jɛr jaʃ“地耳”、olaχ“地槽”、øtɛk“门槛”、etʃɛk“屋顶”、ratʃaq“破烂的老房子”、ʃanur“门的合页”、øj saχət“家什”、ajat sygyr“扫院子的大扫帚”、kaŋvejzi“墙围子”（见图12）、øzɛŋgɛ“梯子”（见图13）等。撒拉族人通常在室内铺上地毯，客人进来后需脱鞋，然后席地而坐。此外，撒拉族人还会在客厅的墙上三分之一处围上“墙围子”。

1. daʃ ɢo大门

新疆撒拉族庭院一般都会搭起葡萄架，摆放各种盆栽；大门一般都会刷上不同颜色的油漆，门上还会有不同样式的雕花。具体见图11。

图11　撒拉族民居大门　撒拉村/2023.7.23/陈春荣 摄

2. kaŋvejzi墙围子

撒拉族家中的客厅会有像图12中一样的kaŋvejzi“墙围子”。墙围子的材质一般与地毯相同，图案各式各样，颜色也比较鲜艳。图12是在已故发音人阿不都卡德尔老人家做客时拍的照片。

图 12　墙围子　撒拉村 /2023.7.22/ 陈春荣 摄

3. øzɛŋgɛ 梯子

新疆撒拉族的庭院中大多有楼梯以连接庭院和正厅。楼梯两边还装有围栏，有的还有雕花，围栏上的台面上通常会摆满鲜花盆栽。具体见图 13。

图 13　撒拉族居民家的梯子　撒拉村 /2014.8.4/ 撒拉村居民 摄

五　婚礼习俗

撒拉族父母认为，及早给子女完婚是他们的重要义务。因此，当子女长大时，父母就开始考虑孩子们的终身大事。撒拉族婚俗一般要经过提亲、送订茶、送彩礼、举行婚礼等四道程序，其中还有念证婚词、搭礼、送新娘、挤门、揭脸、摆嫁妆、欢送客人、回门、感谢等内容。

撒拉族谚语有“天上无云不下雨，地上无媒不成亲”的说法。撒拉人都乐于做媒，他们认为这是一件行善积德、造福社会的好事。因此，sodʒi“媒人”在整个撒拉族婚礼过程中发挥着重要作用。按习俗，男方先通过到处打听寻求好姑娘，若有看中的女孩儿后，就请媒人上门提亲；女方则在前来说媒的人家中择优考虑，并将结果通过媒人递送给男方。然后，男方择期再请媒人到女方家送“订茶”。过去送“订茶”又被称为“戴耳环”或“戴包头”，即这个女孩儿已经“名花有主”，别人不能再去求亲。接着，就由包括新郎舅舅、姑父、姐夫等在内的男方家所有男性成员和媒人一起去女方家送彩礼。之后就是热闹的婚礼。

婚礼当天，男方的所有宾客不能直接进入女方家吃宴席，而是要整齐地在女方家门前排好队，与同样在门口列队的女方家所有男性互相问好，方可进入院内，并且进入院内后还要再次问好。

当地的撒拉族婚宴饮食一般包括手抓羊肉、大块鸡、牛排、各式凉菜和热菜，还包括各式干果和三炮台茶。表现相关内容的词有ʃolisi“大礼”、ɢəz mali“彩礼”、gyjoʁul“新郎”（见图14）、jaŋkinagu“新娘”、mal kijba“嫁衣”、gidʒir“戒指”、ɢiz mali“定礼”、getu“盖头”（见图15）等。

1. gyjoʁul新郎

新疆撒拉族婚礼当天，新郎会戴上带有白色花纹的红底六角帽，身上会披戴一些红、紫、绿等颜色的布带，也就是“披红”。

图14　撒拉族新郎（左一）　撒拉村/2014.8.4/撒拉村居民 摄

2. jaŋkinagu新娘

撒拉族jaŋkinagu“新娘”在婚礼当天都要盛装打扮，头戴红色面纱。当娘家的送亲队伍来到男方家大门口时，等候在那里迎接新娘的年轻人放鞭炮，把住大门，不让他们顺利进门，以此相互“考验”，增添热闹气氛。大门打开时，送亲队伍簇拥着新娘冲进大门，直奔洞房，让新娘站在炕角上。如图15所示。

图15　迎新娘　撒拉村/2021.7.31/热比也·希尔 摄

六　亲属称谓

新疆撒拉族长期生活在多民族聚居的环境中，与各民族，尤其是维吾尔族、哈萨克族、汉族之间在文化上相互接触与融合，其亲属称谓就可以反映出这种融合。如bala“子女”、ʁejnə gaga“大伯子”、baba“爷爷”、nina“奶奶”、aba-ama“父母”、ʁejn aba“岳父/公公”、ʁejn ama“岳母/婆婆”、kitʃi dada“小叔”、amu“叔母”、agu“姑”、jɛŋgu“嫂子”、ini“弟弟”、kelin“弟媳”、adʒa“姐姐”、dʒiefu“姐夫”、səŋnə“妹妹”、taŋʃun“堂兄弟”、kelin“儿媳妇”、sunzə“孙子”等词。

七　节庆习俗

随着现代社会的不断发展，撒拉族节庆文化也变得丰富多彩。其中，古尔邦节对撒拉族来说是最重要的节日之一。每到节日临近，家家户户就开始炸馓子、做点心、煮羊肉、炖鸡肉、做糖包、做油搅团和各种烩菜，为节日期间来家里贺节的亲朋好友和远方来的客人准备充足且丰盛的美食。与此相关的词汇有tebriklɛʃ“庆贺”（见图16）、senzə“馓子”（见图17）、jaʁɛmɛk“油饼”、piʃkɛn ɛt“手把肉”、piʃirgɛn ɛt“煮肉”、køten“搅团”等。此外，撒拉族还会积极参与由政府举办的一些重大节庆活动。

1. tɛbriklɛʃ 庆贺

撒拉族热情好客，尤其每逢节庆时节，家家户户准备好丰盛的美食，相互串门贺节。如果古尔邦节恰逢金秋时节，主人们就选择在家中庭院的葡萄架下铺上地毯，或在客厅里摆上矮几和美食饮品，和亲朋好友围坐在一起欢度节日。图16拍的是撒拉族的一次庆贺节日的聚会。

图 16　撒拉族聚会　撒拉村 /2021.9.4/ 热比也 · 希尔 摄

2. sɛnzə 馓子

炸馓子（见图17）是撒拉族节日必做的美食。炸好的馓子不仅可以用来待客，还可以作为礼物分送给亲朋。馓子用白面加少许盐、油、鸡蛋、花椒水和好，捻成细条，油煎而食。撒拉族的巧手通常都会制作盘馓，外形十分美观。

图 17　撒拉族馓子　撒拉村 /2023.7.24/ 陈春荣 摄

3. piʃkɛn ɛt 手抓羊肉

手抓羊肉（见图18）是撒拉族最喜欢的肉食品之一，是节日、婚礼宴请必备的美食。煮肉时，选羊背部和肋把部分带骨头的肉切成巴掌大小的条块，冷水下锅，放上盐、花椒等调料，煮熟后捞出来，摆放在盘里，上面撒一些洋葱片、胡椒粉等上桌。

图18　手抓羊肉　撒拉村/2023.7.24/陈春荣 摄

第四章 分类词表

说明：

1. 本章第一、二两节收录《中国语言资源调查手册·民族语言（突厥语族）》“调查表”中“叁 词汇”的词条，标记“（无）”的词条不收录。第一节为通用词（原表1200词），是语保工程调查中汉语方言与少数民族语言共有调查词表。第二节为扩展词（原表1800词），是专家学者根据各语族的实际情况制定的调查词表。这两节皆分为如下14类：

一 天文地理	六 服饰饮食	十一 动作行为
二 时间方位	七 身体医疗	十二 性质状态
三 植物	八 婚丧信仰	十三 数量
四 动物	九 人品称谓	十四 代副介连词
五 房舍器具	十 农工商文	

2. 第三节为其他词，收录的是语保手册中未收录的民族特色文化词。

第一节

《中国语言资源调查手册·民族语言（突厥语族）》通用词

一　天文地理

太阳~下山了 gyn

月亮~出来了 aj

星星 julduz

云 bulut

风 jel

台风 ɢara jel

闪电名词 buʁənaχ

雷 jildirdʒaŋ

雨 jaʁmur

下雨 jaʁmur jaʁ-

淋衣服被雨~湿了 yjʃlen-

晒~粮食 gyne ɢurut-

雪 ɢar

冰 muz

冰雹 muz

霜 ʂuaŋ

雾 duman

露 tʂo

虹统称 hesen-hysen

日食 gyn tutul-

月食 aj tutul-

天气 gyn

晴天~ gyn atʃuχ

阴天~ dum

旱天 geŋχɛn

天亮 taŋat-

水田 su ɢojʁusə jer

旱地浇不上水的耕地 χɛntiɛn

田埂 tʃel

路野外的 jol

山 daʁ

山谷 daʁ arasə

江大的河 møren

溪小的河 øzen

水沟儿较小的水道 aruχ

湖 gøl

池塘 kitʃi gøl

水坑儿地面上有积水的小洼儿 tʃoldoŋ

洪水 sɛlsu

淹被水～了 su bas-

河岸 møren ɢərʁə

坝拦河修筑拦水的 saʁa

地震 jer teren-

窟窿小的 gøz

缝儿统称 jarəχ

石头统称 daʃ

土统称 toraχ

泥湿的 paltʃəχ

水泥旧称 ʂyini

沙子 ɢum

砖整块的 χoʁəlʁan dʐuen

煤 gømyr

煤油 ʂəjəu

炭木炭 aʁaʃ gømyr

灰烧成的 kyl

灰尘桌面上的 duman

火 ot

烟烧火形成的 tytyn

失火 ot deʃ-

水 su

凉水 suχ su

热水如洗脸的水，不是指喝的开水 issə su

开水喝的 tʃuχruχ su

磁铁 ʃitie

二　时间方位

时候吃饭的～ vaχ

什么时候 ɢajsə vaχ

现在 indʒe

以前十年～ ili

以后十年～ ardʒi

一辈子 bir ømyr

今年 bijil

明年 esegyn

后年 ardʒiʁə esegyn

去年 puldur

前年 uza jil

往年过去的年份 iligi jil

年初 jil baʃi

年底 jil ardʒi

今天 bygyn

明天 ehte

后天 bassagyn

大后天 enzegyn

昨天 gedʒe

前天 yzegyn

大前天 dyjzegyn

整天 geʃgyntʃyk

每天 her gyni

早晨 ergine

上午 yjleden ili

中午 yjle

下午 uldən soŋ

傍晚 geʃ

白天 gyndyz

夜晚与白天相对，统称 gedʒe

半夜 jarəm gedʒe

冬至 gyn dẓəlan-

腊月农历十二月 lajø

阴历 jinli

阳历 jaŋli

星期天 ʃintʃitiɛn

地方 orne

什么地方 ɢajsə orne

家里 yj

城里 giʃaŋ

乡下 noŋsuŋ

上面从～滚下来 øre

下面从～爬上去 enʃe

左边 joləχ janə

右边 səχ janə

中间排队排在～ otasə

前面排队排在～ ili

后面排队排在～ ardʒi

末尾排队排在～ ajaʁə

对面 ili sarə

面前 gøz ili

背后 gøz ardʒi

里面躲在～ iʃi

外面衣服晒在～ daʃi

旁边 janə

上碗在桌子～ iʃti

下凳子在桌子～ dʒyji

边儿桌子的～ ɢərʁə

角儿桌子的～ dodaχ

上去他～了 tʃəχ-

下来他～了 en-

进去他～了 gir-

出来他～了 tʃəχ-

出去他～了 tʃəχ-

回来他～了 jandə gel-

起来天冷～了 χot-

三 植物

树 dal

木头 aʁaʃ

松树 ɢarʁaj aʁaʃ

soŋʃu

柏树 tʃyt dal

柳树 yj dal

竹子 kyli ɢaməʃ

叶子 jahraχ

花 dʒidʒek

花蕾花骨朵 dʒidʒek budaχ

牡丹 moden dʒidʒek

草 tʃøp

刺名词 tikɛn

水果 armut

苹果 alma

桃子 to

梨 armut

李子 ɢara yryk

杏 yryk

橘子 dʒyzə

枣 tʃubuʁan

核桃 χos

木耳 muər

蘑菇野生的 mogu

香菇 ʃaŋgu

稻子指植物 tutərʁan

稻谷指子实（脱粒后是大米）tutərʁan

稻草脱粒后的tutərʁan tʃøp

大麦指植物afra

小麦指植物buʁdə

麦秸脱粒后的buʁdə geŋger

高粱指植物goliaŋ

玉米指成株的植物bogu

棉花指植物mamuχ

油菜油料作物，不是蔬菜gizə

芝麻zəma

向日葵指植物gyndʒidʒek

蚕豆maʁla

豌豆pətʃaχ

花生指果实，注意婉称χuasəŋ

黄豆χuaŋdəu

绿豆gøk pətʃaχ

豇豆长条形的dʒaŋdo

大白菜东北～aχjaʃ

包心菜卷心菜，圆白菜，球形的leŋχabei

菠菜bosei

芹菜tʃiŋsej

莴笋tʃellen

韭菜gørdi

香菜芫荽ʃaŋsei

葱soʁon

蒜samzaχ

姜səndʒaŋ

洋葱pijaz

辣椒lazə

茄子tʃezə

西红柿pemedər

萝卜统称turma

胡萝卜saturma

黄瓜χuaŋgua

南瓜kava

红薯χuŋʂu

马铃薯jaŋju

四　动物

老虎bas

猴子bidʒin

蛇统称jilan

老鼠家里的gemi

蝙蝠jarsen

鸟儿飞鸟，统称ɢuʃ

麻雀sedʒe

喜鹊səχsəʁən

乌鸦ɢarʁa

鸽子gyrgyntʃuk

翅膀鸟的，统称ɢanat

爪子鸟的，统称dirnaχ

尾巴ɢurʁu

窝鸟的oŋa

虫子统称qut

蝴蝶统称kegelek

蜻蜓统称zenzi dʒyjin

蜜蜂bal dʒyjin

蜂蜜bal

蚂蚁ɢuməsɢa

蚯蚓soʁoldʒaŋ

蜘蛛会结网的bojdur

蚊子统称vuŋzə

苍蝇统称saŋjin

跳蚤咬人的birge

虱子 piʃt

鱼 baluχ

甲鱼 daʃbaɢa

鳞鱼的 ɢoχ

虾统称 ʃa

青蛙统称 baʁa

癞蛤蟆表皮多疙瘩 sasəχ baʁa

马 at

驴 eʃek

骡 losa

牛 gølek

公牛统称 səχər

母牛统称 inek

放牛 gølek vaχ-

羊 ɢoj

猪 doŋus

猪崽 doŋus balasə

猫 myʃyk

公猫 ovu myʃyk

母猫 ana myʃyk

狗统称 iʃt

公狗 ovu iʃt

母狗 ana iʃt

叫狗～ fyr-

兔子 doʃan

鸡 toχ

公鸡成年的，未阉的 guŋgu

母鸡已下过蛋的 anaʃ

叫公鸡～（即打鸣儿）moŋra-

下鸡～蛋 dala-

孵～小鸡 tuʁula-

鸭 bat

鹅 ɢaz

喂～猪 doŋus vaχ-

杀猪 doŋus øldyr-

杀～鱼 øldyr-

五　房舍器具

村庄一个～ aʁəl

街道 jol

盖房子 yj øt-

房子整座的，不包括院子 yj

屋子房子里分隔而成的，统称 yj

卧室 kitʃi yj

茅屋茅草等盖的 vopu

厨房 otʃaχ yj

灶统称 otʃaχ

锅统称 ɢazan

饭锅煮饭的 ɢazan

菜锅炒菜的 sogo

厕所旧式的，统称 møkøn

檩左右方向的 liaŋ

柱子 direk

大门 damən

门槛儿 øtek

窗旧式的 terdʒe

梯子可移动的 øzeŋge

扫帚统称 syfse

扫地 jerni syr-

垃圾 tʃyryʃ-tʃarʃ

家具统称 yj saχət

东西我的～ noŋor

炕土、砖砌的，睡觉用 ohkoŋ

床木制的，睡觉用 tʂuaŋ

枕头 jahtuχ
被子 jorʁan
棉絮 miɛnʃy
床单 tʂuaŋdɛn
褥子 ruzə
席子 ʃizə
蚊帐 vəndʐaŋ
桌子统称 ʃira
柜子统称 godʐo
抽屉桌子的～ tʂəuti
案子长条形的 χuna
椅子统称 kolanχusə bɛndəŋ
凳子统称 bɛndəŋ
马桶有盖的 møhkøn
菜刀 sedo
瓢舀水的 su sutqusə dʒoʁ
缸 su gaŋ
坛子装酒的～ kitʃi gaŋ
瓶子装酒的～ piŋzə
盖子杯子的～ duvaχ
碗统称 zenze
筷子 tʃuku
汤匙 pigur
柴火统称 odən
火柴 jaŋχo
锁 sozə
钥匙 kirt
暖水瓶 dienχu
脸盆 liɛnpən
毛巾洗脸用 ʃykyn
手绢 kitʃi ʃykyn
肥皂洗衣服用 kər jizə
梳子旧式的，不是篦子 daraχ
缝衣针 jigne
剪子 dʒenzə
蜡烛 la
手电筒 ʂəudien
雨伞挡雨的，统称 jysɛn
自行车 zəʃintʂə

六　服饰饮食

衣服统称 bəʁdəχ
穿～衣服 gij-
脱～衣服 tʃøj-
系～鞋带 baʁla-
衬衫 χɛntər
背心带两条杠的，内衣 beiʃir
毛衣 moji
棉衣 χaloŋ baʁdəχ
袖子 jiŋ
口袋衣服上的 jantʃuχ
裤子 iʃtan
短裤外穿的 qəsqə iʃtan
裤腿 iʃtan balaχ
帽子统称 zoraχ
鞋子 χɛi
袜子 lioŋa
围巾 vijdʒiŋ
围裙 vij tʃynzə
尿布 niobu
扣子 dygme
扣～扣子 dygle-
戒指 gedʒir
手镯 pendʒir

理发 jile-

梳头 dara-

米饭 genfen

稀饭用米熬的，统称 ʃifen

面粉麦子磨的，统称 un

面条统称 liaŋmen

面儿玉米～，辣椒～ un

馒头无馅的，统称 ɢojʁan emek

包子 bozə

饺子 dʒozə

馄饨 tʃøtʃør

馅儿 tʃoʁada

油条长条形的，旧称 jəutio

点心统称 dienʃiŋ

菜吃饭时吃的，统称 jaʃ

干菜统称 ɢurə jaʃ

豆腐 dufu

鸡蛋 jumuta

猪油 doŋus jaʁ

香油 zima jaʁ

酱油 dʒaŋju

盐 duz

醋 lasu

香烟 jɛn

旱烟 moχojɛn

白酒 aχ sorma

茶叶 tʃa

沏～茶 tʃa tʃøj-

冰棍儿 biŋgur

做饭 leme et-

炒菜 jaʃ lola-

煮～带壳的鸡蛋 piʃir-

煎～鸡蛋 lola-

炸～油条 piʃir-

蒸～鱼 dʐəŋna-

揉～面做馒头等 juʁur-

擀～面，～皮儿 jij-

吃早饭 etilik iʃ-

吃午饭 øjlelik ji-

吃晚饭 gedʒelik iʃ-

吃～饭 ji-

　iʃ-

喝～酒 iʃ-

喝～茶 iʃ-

　ohtla-

抽～烟 ji-

　dat-

盛～饭 sut-

夹用筷子～菜 χəs-

斟～酒 χudar-

渴口～ suva-

饿肚子～ atʃəχ-

噎吃饭～着了 təχəl-

七　身体医疗

头人的，统称 baʃ

头发 saʃ

辫子 fyrgen saʃ

旋 ilentʃuχ

额头 meŋzə

相貌 jaŋzə

脸洗～ jyz

眼睛 gøz

眼珠统称 malu

眼泪哭的时候流出来的gøz jaʃ

眉毛 ɢaʃ

耳朵 ɢulaχ

鼻子 purun

鼻涕统称purnaχ

擤～鼻涕 səŋgər-

嘴巴人的，统称aʁzə

嘴唇 dodaχ

口水～流出来kaʃu

舌头 dil

牙齿 tiʃ

下巴 χabagu

胡子嘴周围的～ mɛʁluq

脖子 bojnə

喉咙 χəɢərdaχ

肩膀 jaʁrə

胳膊包括手ɢol

手只指手ødʒi

左手 joloχ ɢol

右手 səχ ɢol

拳头 juʁurdaχ

手指 bərmaχ

大拇指 baʃ bərmaχ

食指 iman bərmaχ

中指 ottə bərmaχ

无名指 tøtindʒi bərmaχ

小拇指 sedʒe bərmaχ

指甲 dərnaχ

腿 indʒik

脚 ajaχ

膝盖 diz

背名词ardʒi

arχa

肚子 χusaχ

肚脐 gindik

乳房女性的emdʒyk

屁股 onduχ

肛门 onduχ

拉屎 dʒaʁla-

撒尿 sij-

放屁 osur-

病了 aʁərdʒe

着凉 soχ øt-

咳嗽 uksyre-

发烧 ɢəzə-

发抖 titre-

肚子疼 χusaχ aʁər-

拉肚子 ʃaraχla-

患疟疾 bɛzgɛk vol-

中暑 gyn øt-

肿 tʃiʃ-

化脓 jirəŋla-

疤好了的bazə ɢal-

癣 temertke

痣凸起的meŋ

疙瘩蚊子咬后形成的geda

狐臭 ɢulduχ sken

看病 aʁrəχ vaχ-

诊脉 damur tut-

针灸 gɛndzeŋza

打针 jigne ur-

打吊针 dʒiodzeŋ as-

吃药 em iʃ-

汤药 tʃup em

病轻了 aʁrəχ gudər jaχʃa

八　婚丧信仰

说媒 sodʒi daŋna-

媒人 sodʒi

相亲 gøryʃ-

订婚 tʃa apar-

嫁妆 mal

结婚统称 doj ɛt-

娶妻子男子～，动宾 kijnə al-

出嫁女子～ ɛre deg-

新郎 ɛr

新娘子 jɛŋkinagu

孕妇 χusaʁənda var χadən kiʃ

怀孕 χusaʁənda var

害喜妊娠反应 ʃiaŋnaʃ-

分娩 duʁ-

流产 χusaʁəndan tʃiʃ-

双胞胎 ɢoʃ

坐月子 aja otər-

吃奶 ɛm-

断奶 ɛmdʒɛk tʃøjdyr-

满月 aj dol-

生日统称 səŋrə

做寿 gynne gile-

死统称 øl-

死婉称，最常用的几种，指老人：他～了 dunjadən jan-

自杀 øzi øl-

咽气 solaχ joχ

入殓 kɛjfɛngɛ al-

出殡 mijit uzat-

坟墓单个的，老人的 tɛrbɛt

上坟 tɛrbɛtkɛ var-

老天爷 alla

　χuda

寺庙 mio

算命 sanaχ sana-

运气 min

保佑 saχla-

九　人品称谓

人一个～ kiʃ

男人成年的，统称 ɛr kiʃ

女人三四十岁已婚的，统称 ɢadən kiʃ

单身汉 gaŋgur

老姑娘 χarə ana

婴儿 aj bala

小孩三四岁的，统称 kitʃi bala

男孩统称：外面有个～在哭 o bala

女孩统称：外面有个～在哭 ana bala

老人七八十岁的，统称 χarə kiʃ

亲戚统称 uruχ ɢarʃ

朋友统称 ɛʁinɛ

　jar

邻居统称 hɛmsaji

客人 ɢonaχ

农民 noŋmin

商人 satəχdʒi

手艺人统称 hynɛvɛn

泥水匠 dʒaŋrəŋ

木匠 jaʁaʃdʒi

裁缝 sɛjfəŋ

理发师 saʃ jasaʁudʒi

厨师 aʃpɛz

师傅ʂifu
徒弟ørgengudʒi
乞丐统称kelegudʒi
流氓jɛmɛn kiʃi
贼oʁrə
瞎子统称ɢorə
聋子统称saʁər
哑巴统称jaba
驼子统称ɢoro
ɢuru
瘸子统称aχsaχ
疯子统称derilgɛn
傻子统称kamagu
笨蛋蠢的人aŋɢaχ
爷爷呼称baba
奶奶呼称nina
外祖父叙称baba
外祖母叙称nina
父母合称aba-ama
父亲叙称aba
母亲叙称ama
爸爸呼称aba
妈妈呼称ama
继父叙称øgɛj aba
继母叙称øgɛj ama
岳父叙称ɢejn aba
岳母叙称ɢejn ama
公公叙称ɢejn aba
婆婆叙称ɢejn ama
伯父呼称，统称baba
伯母呼称，统称nina
叔父呼称，统称dada
排行最小的叔父呼称，如“幺叔”kitʃi dada
叔母呼称，统称amu
姑统称，呼称agu
姑父呼称，统称gufu
舅舅呼称adʒu
舅妈呼称dʒumu
姨统称，呼称aji
姨父呼称，统称jifu
弟兄合称gaga-ini
姊妹合称eke-seŋni
哥哥呼称，统称gaga
嫂子呼称，统称jɛŋgu
弟弟叙称ini
弟媳叙称kelin
姐姐呼称，统称adʒa
姐夫呼称dʒiefu
妹妹叙称səŋnə
妹夫叙称kyjoʁul
堂兄弟叙称，统称taŋʃun
表兄弟叙称，统称taŋʃun
妯娌弟兄妻子的合称kelin
连襟姊妹丈夫的关系，叙称badʒa
儿子叙称：我的～avu
儿媳妇叙称：我的～kelin
女儿叙称：我的～ana
女婿叙称：我的～kyjoʁul
孙子儿子之子sunzə
重孙子儿子之孙sunɛn
侄子弟兄之子dẓərzə
外甥姐妹之子vɛjsəŋ
外孙女儿之子sunzə
夫妻合称ɛr-kijnɛ

丈夫叙称：她的～ eri
妻子叙称：他的～ kijnɛ
名字 ɑt
绰号 nɛndəχ

十　农工商文

干活儿统称：在地里～ iʃ ɛt-
事情一件～ iʃ
插秧 zijlɑ-
割稻 or-
种菜 jɑʃ ek-
犁名词 sovɑn
锄头 vɑvɑzə
镰刀 orɑχ
把儿刀～ sɑp
扁担 bɛndɛn
箩筐 koŋkoŋ
筛子统称 ʂeizə
簸箕农具，有梁的 ʃɑzə
簸箕簸米用～ ʃɑzə
独轮车 tʂətʂəzə
轮子旧式的，如独轮车上的 guluzə
碓整体 sɛŋgur
臼 sɛŋgur dɑʃ
磨名词 dermen
年成 tʂənliɑŋ
走江湖统称 gez-
打工 daguŋ
斧子 palta
钳子 tʃɛnzə
螺丝刀 gɛjdzyi
锤子 balqa
钉子 ɢɑdəχ
绳子 urχɑn
棍子 tuχmɑχ
做买卖 sɑtəχ
商店 puzə
饭馆 ʂətɑŋ
旅馆旧称 biŋguɛn
贵 gyj
便宜 zen
合算 jarmɑχ irɑ
折扣 zen vɛr-
亏本 kyi je-
钱统称 helli
零钱 uʃʃɑχ helli
硬币 gumuʃ helli
本钱 buntʃiɛn
工钱 guŋtʃɛn
路费 lufei
花～钱 helle dʒɑʁra-
赚卖一斤能～一毛钱 helle dʒəŋna-
挣打工～了一千块钱 dʒəŋna-
欠～他十块钱 tʃɑlan-
算盘 suɛnpɛn
秤统称 ɢɑdɑχ
称用杆秤～ tʂəŋna-
赶集 bazar ijlan-
集市 bazar
学校 ʃøʃo
教室 sinip
上学 ʃøʃoʁɑ var-
放学 ʃøʃodən dɑʁal-
考试 kaoʂə

书包 ʂubo

本子 bəŋzə

铅笔 tʃɛnbi

钢笔 gaŋbi

圆珠笔 tɛnzəbi

毛笔 mobi

墨 miʂyi

信一封～ ʃin

连环画 χuaʂu

捉迷藏 jaʃuntʃaχ

跳绳 urχan ojna-

毽子 dʒaŋzə

dyk

风筝 lɛglɛk

鞭炮统称 podʒaŋza

唱歌 tʂaŋna-

演戏 ʃi ojna-

二胡 ərχu

笛子 χusbu

下棋 ʃaŋtʃi ojna-

打扑克 pɛi ojna-

打麻将 madʒaŋ ojna-

变魔术 moʂu ojna-

讲故事 dumbaχ jeʃa-

猜谜语 dapəʃmaχ ojna-

玩儿游玩：到城里～ ojna-

串门儿 ajet gez-

走亲戚 tʃintʃi tɛnvaŋ ɛt-

十一　动作行为

看～电视 uʃer-

听用耳朵～ diŋnɛ-

闻嗅：用鼻子～ iskɛn-

吸～气 solaχ al-

睁～眼 aʃ-

闭～眼 jum-

眨～眼 tʃimtʃim ɛt-

张～嘴 aʃ-

闭～嘴 jum-

咬狗～人 tʃiʃle-

嚼把肉～碎 tʃene-

咽～下去 oχ-

舔人用舌头～ jala-

含～在嘴里 ʃymyr-

亲嘴 myde-

吮吸用嘴唇聚拢吸取液体，如吃奶时 ʃymyr-

吐上声，把果核儿～掉 tykyr-

吐去声，呕吐：喝酒喝～了 χus-

打喷嚏 pəskər et-

拿用手把苹果～过来 al-

给他～我一个苹果 ver-

摸～头 suva-

伸～手 uzat-

挠～痒痒 χəʃla-

掐用拇指和食指的指甲～皮肉 tada-

拧～螺丝 bur-

拧～毛巾 səχ-

捻用拇指和食指来回～碎 igir-

yʃ-

掰把橘子～开，把馒头～开 sundur-

剥～花生 soj-

撕把纸～了 ʃit-

折把树枝～断 sundur-

拔～萝卜 tada-

摘～花 tada-

站站立：～起来 tikil-

倚斜靠：～在墙上 kolan-

蹲～下 zoʁza-

坐～下 otur-

zoʁza-

跳青蛙～起来 sekine-

dʒygyne-

迈跨过高物：门槛上～过去 atla-

踩脚～在牛粪上 bas-

翘～腿 damna-

弯～腰 gurlan-

挺～胸 geril-

趴～着睡 baʁdʒal-

palan-

爬小孩在地上～ ømøkle-

走慢慢儿～ jyr-

跑慢慢儿走，别～ ʃykyr-

逃逃跑：小偷～走了 ɢaʃ-

追追赶：～小偷 ɢovla-

抓～小偷 tut-

抱把小孩～在怀里 χutʃaχla-

背～孩子 damna-

搀～老人 dʒija-

推几个人一起～汽车 iʃdir-

摔跌：小孩～倒了 jəχəl-

撞人～到电线杆上 tʃoŋna-

挡你～住我了，我看不见 tus-

躲躲藏：他～在床底下 jaʃin-

藏藏放，收藏：钱～在枕头下面 jaʃir-

放把碗～在桌子上 ɢoj-

摞把砖～起来 səla-

diz-

埋～在地下 gøm-

盖把茶杯～上 øt-

压用石头～住 bastər-

摁用手指按：～图钉 bas-

捅用棍子～鸟窝 dʒilla-

插把香～到香炉里 dʒilla-

戳～个洞 dʒilla-

砍～树 kes-

剁把肉～碎做馅儿 doʁra-

削～苹果 soj-

裂木板～开了 jarəl-

皱皮～起来 bizil-

腐烂死鱼～了 tʃyr-

擦用毛巾～手 sala-

倒把碗里的剩饭～掉 døk-

扔丢弃：这个东西坏了，～了它 dʒaʁa-

扔投掷：比一比谁～得远 vur-

掉掉落，坠落：树上～下一个梨 tʃiʃgel-

滴水～下来 dam-

丢丢失：钥匙～了 jalat-

找寻找：钥匙～到 iʃte-

捡～到十块钱 dere-

提用手把篮子～起来 kødyr-

damna-

挑～担 kødyr-

扛把锄头～在肩上 kødyr-

抬～轿 damna-

举～旗子 kødyr-

撑～伞 tut-

撬把门～开 vola-

挑挑选，选择：你自己～一个 daŋna-

收拾~东西 jəʁ-
挽~袖子 dyr-
涮把杯子~一下 sala-
洗~衣服 ju-
捞~鱼 sut-
拴~牛 baʁla-
捆~起来 baʁla-
解~绳子 teʃ-
挪~桌子 dʒila-
端~碗 damna-
摔碗~碎了 sun-
掺~水 Garəʃdər-
烧~柴 kyjdyr-
拆~房子 tada-
转~圈儿 ejlan-
捶用拳头~ tʂula-
打统称：他~了我一下 døj-
打架动手：两个人在~ vuruʃ-
休息 χollan-
打哈欠 aχsər-
打瞌睡 uχas-
睡他已经~了 uχla-
打呼噜 χurla-
做梦 tʃyʃgør-
起床 χot-
刷牙 tiʃ ju-
洗澡 jujun-
想思索：让我~一下 sumurla-
想想念：我很~他 saʁən-
打算我~开个店 sumurla-
记得 gila-
忘记 unut-
怕害怕：你别~ χorʁa-
相信我~你 jila-
发愁 ʁɛm je-
小心过马路要~ faŋna-
喜欢~看电视 gala-
讨厌~这个人 jøχgør-
舒服凉风吹来很~ ʂutɛn vol-
难受生理的 nɛnʂou vol-
难过心理的 nɛnguo vol-
高兴 gala-
生气 usla-
责怪 Gordoŋla-
后悔 χəuχui vol-
忌妒 Gəzʁan-
害羞 ujal-
丢脸 ujat vol-
欺负 kɛmɛndʒila-
装~病 dʐuaŋna-
疼~小孩儿 itʃi køj-
要我~这个 kɛlɛ-
有我~一个孩子 var
没有他~孩子 joχ
是我~老师 ira
不是他~老师 ɛmɛs
在他~家 var
不在他~家 joχ
知道我~这件事 bil-
不知道我~这件事 bilmɛ-
懂我~英语 bil-
不懂我~英语 bilmɛ-
会我~开车 bil-
不会我~开车 bilmɛ-

认识我~他danə-

不认识我~他danəma-

行应答语vuʁa

不行应答语vuməʁa

肯~来una-

应该~去kelega

可以~去ira

说~话jeʃa-

话说~ gahdʒa

聊天儿gahdʒa jeʃa-

叫~他一声儿tʃala-

吆喝大声喊zəɢəra-

哭小孩~ jəʁla-

骂当面~人ykrɛ-

吵架动嘴：两个人在~ ykrɛʃ-

骗~人χuŋna-

哄~小孩dʒɛrlɛn-

撒谎jalʁan tʃat-

吹牛 lap vur-

开玩笑ojnaʃ-

告诉~他jeʃa-

谢谢致谢语rɛχmɛt

对不起致歉语rola-

再见告别语taoko χuda

十二　性质状态

大苹果~ dʒadaχ

小苹果~ kitʃi

粗绳子~ joʁan

细绳子~ nɛʃgi

长线~ uzun

短线~ χəsqa

长时间~ uzun

短时间~ qəsqa

宽路~ køn

宽敞房子~ køn

窄路~ dar

高飞机飞得~ bixi

低鸟飞得~ aʃaχ

高他比我~ bixi

矮他比我~ kitʃi

远路~ jiraχ

近路~ jaχən

深水~ tiroŋ

浅水~ tajaz

清水~ syzyk

duri

浑水~ paltʃəχ

圆 guliuliuk

扁 ʃabaχ

方 sifan

尖 yʃli

平 dyz

肥~肉semiz

瘦~肉aruχ

肥形容猪等动物semiz

胖形容人semiz

瘦形容人、动物aruχ

黑 ɢara

白 aχ

红 ɢəzəl

黄 sarə

蓝 gøk

绿 jaʃəl

紫 zədi

灰 gyrgyntʃyk rɛŋ

多东西～ køp

少东西～ ɑz

重担子～ ɑʁər

轻担子～ jumul

直线～ dyz

陡坡～，楼梯～ dik

弯弯曲：这条路是～的 ɢijɑ

歪帽子戴～了 ɢijɑ

厚木板～ qɑluŋ

薄木板～ juχbɑ

稠稀饭～ ɢoj

稀稀饭～ tʃorɑ

密菜种得～ χɑluŋ

稀稀疏：菜种得～ ʃɑlɑŋ

亮指光线，明亮 jɑruχ

黑指光线，完全看不见 ɢɑrɑŋɢu

热天气 əssə

暖和天气 əssə

凉天气 liɑŋzən

冷天气 soχ

热水 əssə

凉水 soχ

干干燥：衣服晒～了 ɢuru

湿潮湿：衣服淋～了 yjʃi

干净衣服～ ɑrə

脏衣服～ lɛnzɛχ

快锋利：刀子～ iʃtlə

钝刀～ dumbɑχ

快坐车比走路～ mɑli

慢走路比坐车～ ɑson

早来得～ er

晚来～了 udɑ

晚天色～ gɛʃ

松捆得～ boʃ

紧捆得～ gin

容易这道题～ mundɑŋ

难这道题～ eŋgek

新衣服～ jɑŋə

旧衣服～ esgi

老人～ χɑrə

年轻人～ jɑʃ

软糖～ məʃɑχ

硬骨头～ χətdə

烂肉煮得～ tʃɑlənʁɑn

糊饭烧～了 kyj

结实家具～ todoŋ

破衣服～ ʃitilgɛn

富他家很～ bɑr

穷他家很～ joχ

忙最近很～ gillɑ-

闲最近比较～ boʃ

累走路走得很～ jɑdɑ-

疼摔～了 ɑʁər-

痒皮肤～ gidʒiʃ-

热闹看戏的地方很～ reno ɢəzəχ

熟悉这个地方我很～ dɑnɑ-bil-

陌生这个地方我很～ tʃɑmɑt

味道尝尝～ dɑtəχ

气味闻闻～ isken

咸菜～ duz ɑdʒə

淡菜～ tam

酸 χuʃaŋ

甜 dahle

苦 ku

adʒi

辣 adʒi

鲜鱼汤～ jaŋə

香 dɛhli

臭 sasəχ

馊饭～ tʃypʃa-

χuʃa-

腥鱼～ ʃiŋtʃi

好人～ jaχʃi

坏人～ ɛski

差东西质量～ jemen

对账算～了 doʁrə

错账算～了 so

漂亮形容年轻女性的长相：她很～ jahtʃuχ

丑形容人的长相：猪八戒很～ jemen

勤快 mali

懒 lɛŋgɛn

乖 loʂə

顽皮 zɛŋgødø

老实 loʂə

傻痴呆 gamagu

笨蠢 bun

大方不吝啬 dafaŋ

小气吝啬 pəʃəχ

直爽性格～ goŋnə dyz

犟脾气～ dʒue

十三　数量

一～二三四五……，下同 bir

二 iʃki

三 uʂ

四 døt

五 bɛʃ

六 altə

七 jedə

八 sakəs

九 doqus

十 on

二十 jigirme

三十 otuz

一百 jyz

一千 jitʃɛn

一万 jivɛn

一百零五 bir jyz bɛʃ

一百五十 birjyz elli

第一～，第二 birindʒi

二两重量 ər liaŋ

几个你有～孩子 nɛtʃɛ

俩你们～ iʃkisiŋ

仨你们～ utʃisiŋ

个把 birnɛtʃɛ

双一～鞋 ɢoʃ

顿一～饭 vaχ

行一～字 jol

块一～钱 dasər

毛角：一～钱 mao

件一～事情 kɛn

点儿一～东西 gydyr

些一～东西 gydyr

bidʒɛtʃik

会儿坐了一～ bohor

阵下了一～雨 dɛm

趟去了一～ gez

十四　代副介连词

我～姓王 mɛn

你～也姓王 sɛn

他～姓张 vu

我们不包括听话人：你们别去，～去 piser

咱们包括听话人：他们不去，～去吧 ejtʃo

你们～去 seler

他们～去 vular

大家～一起干 heme kiʃ

自己我～做的 ij

iz

别人这是～的 baʃɢa kiʃ

daʃə kiʃ

我爸～今年八十岁 abam

你爸～在家吗 abaŋ

他爸～去世了 abasə

这个我要～，不要那个 bu

那个我要这个，不要～ vu

哪个你要～杯子 ɢajsə

谁你找～ kim

这里在～，不在那里 munda

那里在这里，不在～ anda

哪里你到～去？ ɢala

这样事情是～的，不是那样的 belegi

那样事情是这样的，不是～的 elegi

怎样什么样：你要～的 netʃikli

这么～贵啊 beligur

怎么这个字～写？ netʃikli

什么这个是～字？ naŋ

什么你找～？ naŋ

为什么你～不去？ nege

干什么你在～？ naŋ etberi

多少这个村有～人？ nɛtʃɛ

很今天～热 hama

非常比上条程度深：今天～热 χudu

更今天比昨天～热 dʒiχaŋ

太这个东西～贵，买不起 tɛ

最弟兄三个中他～高 -tʃuk

都大家～来了 jogo

一共～多少钱？ hɛmɛ jogo

一起我和你～去 bille

只我～去过一趟 -tʃyk

刚这双鞋我穿着～好 -tʃyk

刚我～到 si

才你怎么～来啊？ si

就我吃了饭～去 indʒi

经常我～去 dʒintʂaŋ

又他～来了 jene

还他～没回家 daʁə

再你明天～来 jenɛ

也我～去；我～是老师 dɛ

反正不用急，～还来得及 fɛndʐəŋ

没有昨天我～去 ma

mɛ

不明天我～去 mas

mɛs

别你～去 ma

mɛ

甭不用，不必：你~客气mɑ

mɛ

快天~亮了-ɢur dəbɑ

差点儿~摔倒了bidʒe vomәsɑ

宁可~买贵的-sɑdә...mɑs

-sɛde...mɛs

故意~打破的jɑŋtɑŋ

随便~弄一下syibiɛn

白~跑一趟bɛ

肯定~是他干的jidiŋ

可能~是他干的-miʃ

一边~走，~说-ʁɑʃ

geʃ

和我~他都姓王velen

和我昨天~他去城里了velen

对他~我很好-ɑ

-ɛ

往~东走-ɑ

-ɛ

向~他借一本书-ɑ

-ɛ

按~他的要求做-ʁɑn kɑmɑ/-gɛn kɑmɑ

替~他写信-ʁɑ...bɛr-

-ɑ...bɛr-

如果~忙你就别来了-sɑ

-sɛ

不管~怎么劝他都不听-sɑdɑ...mɑ

-sɛdɛ...mɛ

第二节

《中国语言资源调查手册·民族语言（突厥语族）》扩展词

一　天文地理

宇宙 ɑlɛm

　dunjɑ

天 ɑsmɑn

启明星 zøhrɛ julduz

气 jɛl

空气 hɑvɑ

光 nur

　jɑruχ

霞光 ɢəzəl guɑŋ

阳光 gyn nur

月光 ɑj jɑruʁə

电 diɛn

暴雨 boʁunɑχ jɑʁmur

旋风 ilɑntʃuχ jel

狂风 ɢɑrɑ jel

霜冻 ʂuɑŋ

地 jer

土地 zimin

　jer

沙 ɢum

沙漠 ʂɑmo

草原 tʃyplik

平原 dyz jɛr

土壤 tohrɑχ

戈壁 gobi

山峰 dɑʁ ydʒi

盆地 ojmɑnləχ

森林 χuj

坑 tʃoldoŋ

峡谷 dɑʁ ɑrɑsə

穴 tyʃyk

　oŋɑ

山沟 ɢol

山坡 dɑʁ dʒɑmbɑ

崖ɢaja

峭壁dik ɢaja

巨石paloŋ

海χɛj

河mørɛn

泉jyl

温泉əssə su

泉眼jyl gøz

瀑布dʒoɢurʁan

沼泽øʃi

tʃəχ jɛr

河滩ozen ɢərʁə

岸ɢərʁə

波浪bolaŋ

泡køpyk

pallu

水滴damdʒe

网dor

材料seilio

钻石zuɛnṣə

矿kuaŋ

煤矿mikuaŋ

黄铜sarə tiʃ

铅aχ ken

钨丝dəŋpo ʃip

橡胶ʃiaŋpi

珍珠mardʒan

土块aχ tarma

尘duman

火焰ot hor

影子jeliŋkut

烟花podʒaŋza

二　时间方位

时间vaχ

日历kalindar

日期tʃisla

世纪ɛsir

时期vaχ

春天jaz

夏天ji

秋天gyz

冬天ɢəʃ

年jil

季度fɛsil

月aj

月底aj aχər

一月bərəndʒə aj

二月iʃkindʒə aj

三月utʃundʒə aj

四月døtyndʒi aj

五月bɛʃindʒi aj

六月altindʒi aj

七月jedindʒi aj

八月sagizindʒi aj

九月doʁuzindʒi aj

十月onəndʒə aj

十一月on bərəndʒə aj

十二月on iʃkindʒə aj

星期ʃiŋtʃe

星期一ʃiŋtʃe je

星期二ʃiŋtʃi er

星期三ʃiŋtʃi sɛ

星期四ʃiŋtʃi sə

星期五 ʃiŋtʃi vu

星期六 ʃiŋtʃi liu

日 ʃiŋtʃi rə

昼夜 bir gedʒe-gyndyz

黎明 ehɛr

清晨 erginɛ

成天 gɛʃgyntʃyk

隔天 var varda

闲暇 boʃ vaχtə

小时 saat

分钟 minut

有时 biri vaχta

瞬间 gøz jumu aʃquntʃuk

过去 oholda

将来 ardʒəʁə(iʃ)

一生 ømyr

  jibeizi

时代 devər

如今 tʃuχurʁu gyndɛ

古代 oholda

久远的 uzun vaχ

从前 ili

刚才 oza

末了 aχəri

时时刻刻 hɛr vaχtə

暂时 vaχtələχ

永远 mɛŋgu

  jibeizi

伏天 zapa

世界末日 ɢijamɛt gynə

位置 ornə

东 gyn tʃəχəʃ

西 gyn patəʃ

南 dʒɛnup

  gynyʃ

北 ʃimal

  jeleŋkyt

东方~国家 gyn tʃəχəʃ sarə

当中 munəgi itʃinde

正面 ili sarə

侧面 jan sarə

附近 tøn janə

临近 jaχənlaʃ-

内 iʃi

周围 tønen qərʁə

拐角 ilanma

身边 janənda

在哪儿 ɢada

  ɢada sənda

地方的 jɛrlik

方面 sarə

三　植物

植物 øsymlyk

榆树 ɢara jaʁaʃ

杨树 pijaŋ dal

胡杨 toʁraχ

红柳 julʁun

树皮 dal ɢoχ

树胶 aʁaʃ jilim

芨芨草 tʃiχ

树枝 pudaχ

  ʂoʂo

树苗子 køtʃɛt

种子 urluχ

苜蓿草 bedɛ

myʃy

芦苇 ɢamuʃ

麻 gemdir

荨麻 gidʒigɛn

青草 gøk tʃøp

马莲草 jəlaŋ quʃ

灌木 aʃaχ dal

骆驼刺 qamʁaχ

玫瑰花 ɛtər dʒidʒɛk

鸡冠花 modɛn dʒidʒɛk

葵花 gyn dʒidʒɛk

红花药材 səmeiχua

藏红花 zaŋχuŋχua

西瓜 tavuz

gua

甜瓜 qoʁun

tiɛngua

草莓 pøldyrgɛn

葡萄 ydʒym

puto

沙枣 sazozə

粮食 aʃləχ

水稻 turturʁan

塔尔米 tarə

穗子 sadʒaχ

小米 tarə

苗子 gøk

菜籽 gezə

棉籽 mamuχ urluχ

葵花籽 gazir

ʃimiʃkɛ

豆子 pitʃaχ

棉株 mamuχ aʁaʃ

棉桃 mamuχ gudusə

蔬菜 jaʃ

橄榄 zɛjtun to

甜菜 ginta

胡麻 jaʁur

无花果 ɛndʒyr

四　动物

动物 hajvan

野兽 javaji hajvan

狼 børɛ

狮 ʃir

豹 jilpis

baozə

野猪 jawa doŋəs

熊 atəχ

狗熊 iʃt atəχ

羽毛 tyk

牛虻 ʃabaχ dʒyjyn

卵 mɛni

天鹅 aqqu

鹰 byrkyt

蜂 hɛrɛ

啄木鸟 daltuχ

孔雀 køntʃør

燕子 kalaj

狐狸 tylkɛ

大象 aslan

蝎子 tʃadʒa

蝗虫 dʒaʁ dʒaʁ
臭虱 pit
鹤 tərna
昆虫 qut
鹿 buʁu
母鹿 ana buʁu
刺猬 səvei
  kirpɛ
云雀 toraχ sɛdʒɛ
蜈蚣 sɛksɛn put
乌龟 daʃbaʁa
猎狗 tajʁan
甲虫 tʃiχ qurt
蜗牛 guaguaniao
蝌蚪 baʁa balasə
松鼠 qaraʁaj myʃyk
初乳 oŋus syt
脱毛 tyk aliʃ
母的 tʃiʃi
山羊毛 ɛʃky tyk
虮子 sirgɛ
獾 borzoχ
鹌鹑 bødynɛ
杜鹃 kakkuk
鹦鹉 ʃatut
  tuti ɢuʃ
水獭 qunduz
牲畜 øj hajvan
畜生 hajvan
儿马 ajʁər
一岁马驹 taj
三岁公马 at
  ʁonan at
小马驹 tajtʃaq
公马 at
母马 komma
骟马 at
骡马 qetʃir
  losa
四岁马 dønyn at
牛马粪 tys
  at dezɛk
  gølɛk dezɛk
种公牛 buqa
奶牛 inɛk
乳牛 syt inɛk
耕牛 səχər
犍牛 səχər
牛犊 buzə
两岁公牛 tajintʃa
三岁母牛 tajintʃa
四岁牛 dønen gølɛk
牦牛 qotaz
  maoniu
山羊 ɛʃky
山羊羔 olaχ
羊羔 qozə
母羊 saʁləχ ɢoj
公山羊 ratoŋ
  sɛrkɛ
一岁绵羊羔 bir jaʃləχ ɢozə
公绵羊 ɛrkɛk ɢoj
  ɢoʃɢar
绵羊 ɢoj
阉山羊 ʃallaʁan ɢoj

绵羊羔 ɢozə
盘羊 daʁɢoj
黄羊 dʒerɛn
野羊 arqar
quldʒa
骆驼 døvɛ
公驼 buʁra
母驼 tiʃ døvɛ
单峰驼 nar døvɛ
ɛrɛp døvɛsi
骟驼 atan døvɛ
饲料 jɛm
嚼子 ʒygɛn
畜群 isnɛ mal
公驴 ɛrkɛk eʃɛk
驴驹 ɢodaχ
野驴 javaji eʃɛk
幼畜 mal balasə
役畜 karda
雪鸡 jazətoχ
野鸡 syklɛn
产羊羔 ɢozəla-
产崽 balala-
鬃 jaluŋ
黑鬃黄身马 qula
狗吠 iʃt fir-
羊叫 ɢoj maŋra-
牛叫 myŋrɛ-
雏鸡 toʁla

五　房舍器具

建筑 goŋdi
蒙古包 tʃiχ øj
tʃadər
宫殿 orda
房屋 øj
楼房 roχ
墙 dam
墙壁 dam
墙皮 dam ɢoχ
城墙 bazar dam
围墙 ɢoruχ
ajat dam
房顶 etʃɛk
栅栏 dʒaza ɢo
院子 ajat
走廊 ka
台阶 tegu
tɛjtɛjzə
圈牲畜～ aran
井 siŋ
园子 baʁ
毡房 tʃadər
拱顶 gymbɛz øj
烟囱 tydylyk
土台 tuduluχ
闩 ʂuon
支柱 dirɛk
天花板 diŋpəŋ
天窗 dymylyk
地基 diguŋ
宿舍 jatχusə øj
家 øj
大厅 sarə

储藏室 ɢaznaχ
仓库 ɢazənaχ
大街 geʃaŋ
ulə jol
桥 kømyr
园林 baʁ
洞 tøʃyk
oŋurdʒaχ
塔 ta
碑 belgɛ daʃ
miral
花坛 dʒadaχ χuapən
角落 dumdʒuχ
miʃmaχ
监牢 tyrmɛ
bɛnfaŋ
托儿所 tuoərsuo
阅览室 jyelɛnʂə
城门 bazar ɢo
屋檐 peʃajvan
laŋjɛn
澡堂子 sɛrɛp
门 ɢo
梁 liaŋ
铺盖 øtyk
jorʁan
摇床 bøʃyk
地板 dibɛn
木板 təχda
帘子 aχ bøz
liɛnzə
椽子 tʂuɛnzə

楔子 ʃiezə
匣子 kitʃi sanduχ
毯子 tɛnzə
书桌 godzo
花毡 ala tʃiχ
地毯 ditɛn
灯 dʒindʒaŋ
灯笼 panar
小茶碗 tʃa zɛnzə
木碗 ajaχ
大碗 dʒataχ zɛnzə
陶碗 zɛnzə
托盘 tallar
盘 tovaχ
大盘子 dʒadaχ tovoχ
圆盘 gylylyk tovoχ
手提箱 tiʃaŋ
哺乳器 nɛipinzə
盆儿 kuapun
勺子 χaʃuχ
大勺 dʒoʁ
叉子 jova
尺子 tʂəzə
笊篱 dʒolə
木炭 gømyr
aʁaʃ køz
礼物 lidaŋ
水桶 gaŋzə
桶 tun
壶 adəma
茶壶 χu
缸子 tʃagaŋzə

杯子 badẓun

盒子 χoχor

麻袋 taʁar

袋子 kugu

χap

篮子 sɛvɛt

kala

线 ʃip

针 jignɛ

顶针 dindʒir

电池 jaʁ

刷子 tʃotka

香皂 ʃaŋjizə

洗衣粉 ʃijifən

钟表 saat

手表 qol saat

篦子 sirge daraχ

过滤器 daŋnaʁudʒi

切刀 seido

刀 pitʃaχ

小刀 kitʃi pitʃaχ

剃刀 jiligyʃ

大刀 uzun pitʃaχ

镫带 iŋer øzɛŋgy

照相机 syrɛt datqusə

剑 ɢələʃ

火钳 χodʒɛnzɛ

箱子 sanduχ

榔头 balʁa

məŋgɛn

tuχmaχ

夹子 χəsɢuʃ

炉子 jaŋlu

细绳 lɛʃgɛ urχan

罗 罗面工具 ɛlɛk

棍棒 bɛngɛr

tʃijaχ

捆子 baʁlaχ

耙子 darmaχ

大棒 dʒataχ bɛŋgɛr

鞍垫 iŋɛr utʃurgu

锅盖 dovaχ

捕兽夹 dʒiano

dʒizaχ

碟子 kitʃi tovaχ

天平 tṣəŋ

铁路 demirjol

磨坊 dɛrmɛn

铁皮 joχba demir

杆 sap

箅子 toroŋlo

goku

胶 jilim

羊毛剪子 zɛnzə

洗碗布 mabu

燃料 ɢalaχusə

扇子 ṣɛnzə

车 harva

tṣə

拐棍 beŋgɛr

工具 saχət

镜子 gyzgu

橡皮 øtʃyrgyʃ

ʃaŋpi

漏斗 liuzə

鞘 ɢən

钻子 zuɛnzə

扯手 tʃulur

套绳 salma

抬笆子工具 tɛibazə

链子 zɛndʒir

锅子 ɢadaχ

泥抹子 nibi

粗筛子 ʃalaŋ ʂeizə

熨斗 jyndu

风箱 kørɛk

钩儿 ɢamaχ

ilmɛk

洗手壶 adama

拨火棍 kizə

煤油灯 tʃiraluχ

擀面杖 gɛltʃaŋ

镊子 niezə

枪 po

机枪 dʒitʃaŋ

炮 dapo

zɛmbirɛx

子弹 oχ

弓 ja

箭 oχ

行李 jyk

电视 dienʂə

电话 diɛnχua

电脑 diɛnno

收音机 ʂujindʒi

六 服饰饮食

皮帽 tire zoraχ

小花帽 dʒidʒek zoraχ

丝绒小帽 sirun zoraχ

有耳皮帽 χaluŋ zoraχ

头巾 jaʁləχ

面纱 pɛrɛndʒir

裙子 jupka

连衣裙 uzun gøjnɛχ

皮大衣 tire baʁdaχ

大衣 da tʂaŋ

西装 ʃidʐuaŋ

花边 ʃaŋbiɛn

长衫 dʐunbei

衬裤 tʂənku

油脂革 gøn

长袍 don

马褂 don

领子 jaχa

衣襟 tʃoχ

腰带 burʁaχ

裤腰 bulʁaχ

手套 ʂəuto

坎肩 kɛndʒɛr

皮鞋 gøn χɛj

软底靴 mɛsɛha

毡靴 dʒaʁu χɛj

凉鞋 liaŋ ʃe

皮靴 øtyk

鞋底 χɛj oltaŋ

袷袢维吾尔族男士服饰 baʁdaχ

布 bøz
丝绸 jisɛn
项链 ʃaŋliɛr
耳环 sərʁa
褡裢 daliɛn
布衬 ɛstɛr
花绸 ala tʂəuzə
缝补 jama-
补丁 jamaχ
衣袋 jantʃuχ
纺锤 igirtʃaχ
襁褓 pobu tʃetʃer
串子 tʃøllɛχ
宝石 boʂə
丝 jipɛk
帽花 zohraχ dʒidʒigi
千层饼 gengun ɛmɛk
馕 ɛmɛk
粥 tuturʁan
  omaʃ
煮肉 piʃirgɛn ɛt
肉汤 ɛt su
肉 ɛt
干肉 ɢurə ɛt
奶 syt
奶酪 irimtʃik
酸奶疙瘩 qurt
酸奶 syzmɛ
奶油酥油 aχjaʁ
奶茶 syt tʃa
饮料 iʃkusə
饼干 biŋgɛn
糖 taŋ
  jaŋtaŋ
糖果 jaŋtaŋ
方块糖 faŋkuər taŋ
砂糖 ʃataŋ
冰糖 bintaŋ
面包 miɛnbo
油果子 jugoza
油饼 jaʁɛmɛk
汤面 su aʃ
油 jaʁ
茶 tʃa
酒 sorma
巴旦杏 badam
瓜子 gazer
  ʃimiʃkɛ
樱桃 jiŋto
杏干 ɢur øryk
爆炒面 loləʁan aʃ
烤肉 qoʁələʁan ɛt
拉条子 liaŋ mɛn
手把肉 piʃken ɛt
早点 ɛʰtilyk
香梨 armut
抓饭 dzʯafɛn
烤包子 samsa
馓子 sɛnzə
清茶 dyri tʃa
凉粉 liaŋfur
馕坑 tunur
小圆馕 gylylyk ɛmɛk
玉米馕 bogu ɛmɛk

奶皮 ɢajmaχ

瓜果干 gurʁan armut

马肉香肠 qazə

马奶酒 qəməz

炒麦仁 ɢormaʃ

炖肉 dymligɛn ɛt

酸奶干 syzmɛ

大米 tutərʁan

七　身体医疗

呼吸名词 soləχ

神经 ʂəŋdʒiŋ

肌肉 baluχ ɛt

眼睫毛 su kyrlyk

眼屎 tʃapaχ

裸体 jalaŋɢaʃ

脸色 mørgo

脸颊 dʒamba

皱纹 pyryʃ

鬓角 doŋna

眉 ɢaʃ

鼻梁 purnə iʃti

眼皮 qapaχ

　gøz tere

眼角 gøz dumdʒuχ

皮囊 terɛ

鼻腔 burun

器官 ɛza

瞳仁 gøz malu

上颚 øre taŋne

酒窝 dʒiuvo

腮帮 boʁdaχ dʒyji

臼齿 asuχ tiʃ

脖根 bojun

肌腱 baluχ ɛt

前胸 kaŋzə

后背 arχa

　ardʒe

肋骨 ɢoχqa

骨头 sinek

骨髓 jilek

脊髓 julun

腰 bɛl

脊椎 no

筋 damər

臂部 kako

腋 χoltuχ

胳膊肘 dʒɛjnɛk

手腕 ɢol boʁum

手臂 ɢol

手掌 otʃ

髌骨 keʃka

大腿 san

后跟 soŋ

胸口 kykrɛk

　døʃ

脾脏 tal

心 jyrɛk

脑 meŋ

肺 økøn

肝 baʁər

胆 øt

肾 bøgrɛk

胃 aʃɢazan

肠 baʁzuχ

血 ɢan

汗 dɛr

痰 balʁun

屁 osəraχ

屎 boχ

尿 sydyk

膀胱 sydyk ɢoŋərdʒaχ

哈欠 asqar

疾病 aʁərəχ

感冒 tumo

伤口 ɢat aʁzə

医院 doχturχana

卫生 tazələχ

生病 aʁərəχ dɛg-

受伤 jaralan-

泻 ʃahraχ

麻疹 dʒidʒek

头昏 baʃ ejlan-

出血 ɢan tʃəχ-

治疗 vaχdər-

开刀 ɛprɛs

药 ɛm

注射针 jignɛ

瘫痪 tɛnχuɛn

处方 resip

脉 ɢandamur

检查 dʒiɛnsa

脓 jiriŋ

鸡眼 ɢadaχ

窒息 puʁul-

起泡 pallu gɛl-

八 婚丧信仰

恋爱 muhɛbbɛtliʃiʃ

聘礼 mal

感觉 sizim

感情 hissijat

生育 doʁuʃ

诞生 doʁuluʃ

生长 tʃəŋnaʃ

婚姻 doj

割礼 synnɛt doj

庆贺 gala-

发胖 dʒeʂəlen

送终 mejt uzat-

寿命 ømyr

遗产 məraz

乃孜尔布施 malla

寡居 tul qal-

哀悼名词 jas

逝世名词 dunjadan janmaq

生死 øl-diril-

灾难 apɛt

牺牲品 ɢurvanləχ

陵墓 terbet

遗嘱 vɛsijɛt

遗体 mejt

斋戒 roza

忏悔 tøbɛ

护身符 tumar

上天 asman

天国 tiɛntaŋ

愿望 arzu

圆梦 tʃyʃ

灾祸 apɛt

生命 ømyr

理想 liʃiaŋ

诺言 vɛdɛ

萨满 ʃaman

宗教 dʒo

信仰 iman

命运 miŋ

福气 bɛχt

神 χuda

鬼 pire

魂 ɛrvaχ

礼仪 murasəm

风俗 ørpɛ-adɛt

习惯 adɛt

传统 tʂuɛntuŋ

礼拜 namaz

安拉 alla

佛像 but

祈祷名词 duva

真主 alla

伊斯兰 əslam

天堂 tiɛntaŋ

清真寺 miʃit

穆斯林 musulman

斋月 roza aj

禁忌 mɛkrøh

可兰经 ɢuran

贪欲 aʃgøz

道德 ɛdɛp

哈孜宗教法官 qazə

九 人品称谓

人类 kiʃilɛr

人民 χɛlq

族人 ɛl-jurt

专家 dʐuɛndʒa

对象 dyiʃaŋ

英雄 batur

模范 mofɛn

画家 χualaʁudʒi

护士 χuʂə

证人 guvatʃi

密友 jar

知识分子 zijali

富翁 bar kiʃ

穷人 joχ kiʃ

同志 joldaʃ

同学 billɛ ørgengudʒi

同事 χəzmɛtdaʃ

成员 ɛza

助手 baŋnaʁudʒi

代表 dɛibio

vɛkil

介绍人 danəʃdərʁudʒi

巴依 bar kiʃ

贵族 naʂə

皇帝 patiʃa

伯克首领 bɛg

主人 iji

牧羊人 ɢoj vaχɢudʒi

牧马人 at vaχɢudʒi

牧牛人 gølek vaχɢudʒi

牧民 maldʒi
渔民 baluχdʒi
猎手 jərtəχdʒi
职工 iʃtʃi-χəzmɛttʃi
司机 ʃopur
邮递员 χɛt uzatɢudʒi
清洁工 jol arətɢudʒi
导师 ustaz
教师 ørgetgydʒi
学生 ørgengydʒi
运动员 tɛnhɛrkɛttʃi
医生 doχtur
jisəŋ
作家 pitiktʃi
诗人 ʃair
记者 dʒidzə̡
演员 ojnaʁudʒi
警察 saχdʒi
saχlaʁudʒi
顾客 alʁudʒi
χirida
旅客 gezgudʒi
流浪者 gɛzgɛn kiʃ
差役 joʁudʒi
酒鬼 sorma iʃgudʒi
小伙子 jigit
姑娘 ana
成年人 jaʃinə jɛtgɛn kiʃ
青年人 jaʃ kiʃ
孩子 bala
长者 χarə
阿訇波斯语中的老师 aχun

炊事员 aʃ ɢajnatɢudʒi
妇女 ɢadən kiʃ
首长 rɛhbɛr
baʃləχ
依麻木伊斯兰教对领导者的尊称 imam
干部 gɛmbu
秘书 miʂu
毛拉伊斯兰教职称谓 molla
鞋匠 øtyktʃi
孤儿 jitim
ɢara jitim
首饰匠 altən døjgydʒi
屠夫 mal dʒarʁudʒi
艾米尔职务 ɛmir
勇士 batur
译员 tʃørygydʒi
ørygydʒi
专员 dʐuɛnjyɛn
情人 niuχor
和卓 χodʒa
哈吉朝觐者 hadʒi
巫师 baχʃi
奴隶 juʁdʒi
仆从 juʁdʒi
领袖 dahi
rɛhbɛr
领导 baʃləχ
劳动者 iʃ ɛtgydʒi
俘虏 tutulʁudʒi
罪犯 gunakar
强盗 tʃeikiʃgydʒi
骗子 χuŋnaʁudʒi

特务 arasənda jyrgydʒi

gahdʒa taʃəʁudʒi

叛徒 satɢudʒi

satqun

病人 aʁrəχdʒi

残疾人 bejnaŋχan

好汉 batur

懒汉 lɛngɛn

horun

滑头 quv

吝啬鬼 piʃʃəχ

慢性子的人 jirʁəndʒaχ

红人 kolaʁudʒi kiʃ

敌人 dyʃmɛn

战友 uruʃdaʃ

亲属 uruχ-tuqan

uruχ ɢaʃ

前辈 mundan iligi kiʃilɛr

晚辈 ardʒiʁə kiʃilɛr

同龄人 ɢurbu

narza

媳妇 jɛnkinagu

夫人 kijin

孙女 sunzə

伯伯 bo

叔叔 dada

妻哥 ɢejnə gaga

妻弟 ɢejnə ini

大姐 azə

adʒa

子女 bala

大伯子 ɢejnə gaga

小叔子 ɢejnə ini

小姑子 agu

大姑子 agu

后代 χəudɛj

十　农工商文

田地 asət

jɛr

庄稼 ekin

aʃləχ

播种 ek-

栽 zijla-

渠沟 aruχ

大渠 dʒadaχ aruχ

小渠 kitʃi aruχ

公粮 guŋliaŋ

paraχ

收割名词 or-

木犁 sovon

刨子 rɛndɛ

麦草 buʁdə tʃøp

铲 kyri

拖拉机 toladʒi

铁锹 demir kyrɛk

teʃɛn

鞭子 ɢamdʒu

金属丝 sər

漆 sər

夯 χaŋ

χoŋ

轴 oram

砍土曼一种铁质农具 kɛtmɛn

扇镰割牧草的长柄镰刀 tʃalʁa
畜牧场 daʁ
坎儿井 tʃoldoŋ
排水沟 lɛnzaχ su aχqusə aruχ
肥料 tys
磨石 dermen daʃ
镢头 dʒotu
铡刀 dʒado
凿子 yttyrgɛ
iskinɛ
矛 nɛjzə
锛子 kɛnbən
缰绳 dʒiaŋʂəŋ
鼻栓骆驼 ɢazɢan
工人 iʃdʒi
工资 guŋzə
财产 mal-mylyk
dunja
货物 mal
产品 mɛhsulat
金属 dømir
金 altun
银 gymyʃ
费用 pɛntʂen
工业化 guŋjeχua
铜 məs
铁 dømyr
钢 polat
木 aʁaʃ
交易 sadəχ
板 bɛn
管 guɛnzə
石油 ʂəjəu
汽油 tʃijəu
柴油 sɛjjəu
油漆 sər
玻璃 boli
玉石 jyʂə
汽车 maʃina
tʃitʂə
火车 χuotʂə
pojuz
飞机 feidʒi
船 kimu
舵 faŋʃiaŋpɛn
马车 at harva
tʂəzə
价格 baha
jarmaχ
工厂 guŋtʂaŋ
保险 boʃɛn
买 al-
卖 sat-
借 øtʃilɛ-
还～书 jandur-
赔偿 peila-
税 badʒ
银行 banka
财富 helle
票电影～ pio
店铺 puzə
租 øtʃilide al-
生产 ʂəŋtʂen
企业 tʃije

商队 karvan
收入 geliʃ
机器 dʒitʃi
利益 fajda
铁炉 demir luzə
样品 jaŋzə
机构 dʒigov
生意 sadəχ
利润 fajda
无线电 ʂəujindʒi
金额 soma
部门 tarmaχ
orun
金币 altun helle
租金 øj zuləʁan helle
合同 pytɛk
青铜 gøk tiʃ
公司 guŋsə
ʃirkɛt
雇 gula-
党 daŋ
政治 dʐəŋdʐə
政策 dʐəŋsə
sijasɛt
制度 dʐədu
法律 qanun
纪律 tɛrtip
等级 dəŋdʒi
文化 vənχua
mɛdinijɛt
教育 dʒaojy
知识 bilim
科学 ilim
文件 hødʒdʒɛt
χɛt-tʃɛk
文章 maqalɛ
内容 mɛna
mɛzmun
意思 mɛna
结论 dʒelun
χulas
乐器 tʃalʁu
高音鼓 dumbaχ
弦 tar
鼓 dumbaχ
dap
热瓦普维吾尔族一种弹拨乐器 ravap
弹布尔维吾尔族一种弹拨乐器 tambur
艾介克维吾尔族乐器 ʁɛdʒɛk
都塔尔维吾尔族一种弹拨乐器 dutar
冬不拉哈萨克族一种弹拨乐器 dumbura
考木孜琴柯尔克孜族乐器 qumuz
乐谱 nota
阶级 dʒedʒi
班级 dʒi
艺术 sɛnɛt
舞台 tɛizə
章印～ jiŋ
dʐaŋ
聚会 jiʁiniʃ
游戏 tamaʃa
ujun
摔跤 tʃaləʃ
ballaʃ

童话 dombaχ
传说 hekajat
图画 rɛsim
　sørɛt
习俗 ʃiguɛn
球 jumaχ
篮球 lɛntʃu
排球 pɛitʃu
足球 zutʃu
报纸 bodʐə
　gezit
书 ʂu
　kitap
杂志 dʒornal
笔 ɢɛlɛm
棋 tʃi
文学 ɛdibijat
小说 dombaχ
诗 ʂə
音乐 jiŋjye
歌曲 naχʃa
电影 kino
　diɛnjiŋ
旗子 tʃizə
　bajraχ
照片 syrɛt
　ʃaŋpiɛn
宴会 jɛnχyi
民歌 jyr
戏剧 ʃidʒy
故事 dombaχ
寓言 dombaχ
童谣 dombaχ
体育 tɛntɛrbijɛ
　tijy
舞蹈 vudao
　ojun
节日 ajt gyn
　bajram
手鼓 dap
叙事诗 ʂə
地图 ditu
　χɛridɛ
车站 tʂəzɛn
　bekɛt
电影院 kinoχana
　diɛŋjiŋjyɛn
书店 ʂudiɛn
　kitapχana
图书馆 kitap oχaʁusə jɛr
博物馆 bovuguɛn
词典 zədiɛn
常识 tʂaŋʂə
跳舞 ojna-
打球 juməχ ojna-
比赛 bisɛj
训练 ʃyŋliɛn
锻炼 mɛʃiχ ɛt-

十一　动作行为

打猎 jirtəχ vur-
刻 oŋar-
鸣 moŋra-
梳理 dara-

磨面 yk-
选举 ʃyɛndʒy ɛt-
攀登 ømexlɛ-
剜 oŋar-
战栗 tytrɛ-
哆嗦 tytrɛ-
扭捏 tʃimdʒɛ-
斥责 hazet-
吻 badɛ-
søj-
调奶 syt dyjlɛ-
谈话 paχolaʃ-
gahdʒalaʃ-
催促 syjla-
滤 dəŋna-
撇除 vur-
到 jɛt-de var-
gɛl-
困乏 oχas-
抢夺 tʃikiʃ-
争论 tʃolaʃ-
dʒəŋnanəʃ-
选择 daŋna-
越过 øt-
掘 vala-
开枪 po vur-
摩擦 sala-
熏 əsla-
痊愈 jaχʃi vol-
等候 gyj-
kyt-
相比 bileʃ-
捋 mala-
滑 dijɛn-
磨光 mola-
试验 tɛdʒirbɛ ɛt-
渗 səŋ-
合身 jaraʃ-
səŋ-
上油漆 tʃi vur-
凋谢 dykyl-
萎靡 bizil-
乞求 jaral-
dilɛ-
扬 doza-
剥皮 soj-
拉长 tʃoza-
断 sun-
dʒadal-
碎 sun-
缓慢 ason
抹墙 dam suva-
饮牲畜 mal suvar-
呈现 gøryn-
灌溉 su jy-
缠头巾 dastar
上膘 semir-
队列 dyj
画 χuala-
接 dʒelɛ-
al-
舒适 ʂutɛn
管制 guɛndzə̣
治炼 liɛnla-

弄直 dyzɛt-
刨 tyjlɛ-
忠诚 ʃoʂyŋ
告别 garla-
问候 salam
耷拉 salən-
变黄 sarəʁal-
爆炸 pada-
利用 fajdalan-
封闭 bik-
fulla
参考 sɛnkola-
窥探 mara-
回头 baʃ jandər-
加固 loʂə jasa-
发出气味 isgin-
变臭 tʃyr-
偷窃 oʁrə
读 oχə-
监督 dʒɛndu ɛt-
铺床 øtyk tʃij-
联结 ula-
tutaʃtur-
出岔子事情变麻烦 tʃataχ tʃiχ-
估量 gula-
打闪 sɛntiril-
呼唤 tʃala-
散开 daʁal-
sadʒil-
召集 jəʁəl-
闪耀 jildirla-
砸 døj-
浸泡 ez-
烤 χoʁla-
χalla-
弄紧 gillandər-
腐朽 tʃyr-
缠绕 tʃørgɛ-
jørgɛ
合得来 eniʃ-
变大 dʒadaχlan-
tʂəŋna-
划船 kimə vur-
啄 derɛ-
soʁla-
拆卸 tada-
和泥 paltʃəχ juʁur-
钻入 tɛʃ-
burʁu tɛʃ-
瞄准 salla-
dyz yʃyr-
回避 ɢərʁəna tur-
旋转 ejlan-
变混乱 ɢalajməɢanla-
雇人 jalla-
gula-
潜入 tʃøm-
吃惊 hɛjran ɢal-
降落 en-
ɢon-
抽打 vur-
ʂola-
定量 diŋliaŋ
湿润 yjʃi

雕刻 oŋar-

推广 tyjguaŋ ɛt-

裹 dola-

除草 ota-

飞 yʃ-

晾 ɢurut-

gynɛʃɛ tiχ-

拍 ʃabala-

ʂola-

返回 jan-

拉 dat-

拖 syrɛ-

揪 tada-

tut-

挖 vala-

ɢazə-

拾 dere-

包 bola-

冒烟 tytyn tʃəχ-

卷 dyr-

jørgɛ-

zəʁa-

戴 daχən-

gij-

涂 sala-

扫 syr-

灌 χodur-

洒 jaz-

saʃ-

报导 χɛvɛr

搅拌 bulʁa-

ɢar-

tʃal-

切 doʁra-

割 or-

kɛs-

tʃap-

刮 ɢər-

开 aʃ-

关 bik-

jap-

摇 jijχa-

抖 silge-

指 gørgɛz-

握手 ɢol tutuʃ-

踢 tøt-

tøp-

骑 min-

低头 ømɛχlɛ-

点头 baʃ dɛllɛ-

拽 dat-

渡 øt-

撒娇 dʒɛrlɛn-

叹气 yhlɛ-

发呆 aŋgaχla-

疲倦 jada-

倒塌 møkyl-

损坏 buz-

折断 sun-

悬挂 as-

堆积 jəʁ-

浇 su jyrɛ-

喷 fyr-

溢 mɛrla-

daʃ-
飘 uʃ-
沉 gømyl-
流 aχ-
移动 dʒila-
摇摆 jiχəlan-
滚动 gylɛn-
相遇 gøryʃ-
交叉 solan-
混合 ɢarəʃ-
传播 jij-
团结 təntʂaŋ-
团聚 jiʁəl-
分别 garlan-
实行 jola ɢoj-
举行 øtyr-
完成 dos-
修理 jasa-
量 liaŋla-
salla-
计算 sana-
数 sana-
整理 dʐəŋli ɛt-
保存 saχla-
急步走 mali-mali jyr-
点灯 tøk deʃdir-
尝 dadə-
展示 gøsøt-
上来 tʃəχ-
乞讨 kɛlɛ-
下楼梯 teʁuden en-
跺脚 tyfsilɛn-
演讲 jɛndʒaŋ ɛt-
澄清 enəχla-
混淆 ɢarəʃdər-
颠倒 ørɛ-tʃørɛ-
改正 dyzɛt-
前进 iləŋə jyr-
后退 ardʒina jyr-
控告 ɛrz ɛt-
承认 baʃa al-
搜查 tɛkʃyr-
逮捕 ɢolʁa al-
没收 moʂəu ɛt-
违法 veifa ɛt-
放火 ot ɢoj-
抢劫 tʃekiʃ-
盗窃 oʁra-
写信 χɛt piʃtɛ-
ʃin piʃtɛ-
打电话 diɛnχua vur-
访问 zijarɛt ɛt-
gahtʃa sor-
介绍 danəʃtər-
问 sor-
回答 χuida ɛt-
dʒavap jandər-
祝贺 tɛbriklɛ-
赠送 uzat-
交 tapʃur-
dʒola-
取 al-
交换 aləʃ-
道歉 rola-

商量 soruʃ-
回应 lɛn vɛr-
允许 ona-
拒绝 onama-
帮助 baŋnaʃ-
照顾 dzogu ɛt-
遵守 zulla-
ɛmɛl ɢəl-
生活 jaʃa-
guaŋjin øtür-
居住 otur-
otaʁu
工作 guŋzo
iʃ ɛt-
活动 χoduŋ
劳动 laodoŋ ɛt-
ɛŋgɛk ɛt-
参加 ɢarəʃ-
sɛndʒa ɛt-
比较 bila-
区分 ajrə-
打扮 jasəlan-
准备 tɛjjar ɛt-
找到 dap-
使用 dʒarə-
查找 aχdər-
分离 garla-
瞪眼 gøz tek-
徭役 aʃar
欢迎 zelɛ-
χuɛnjiŋ
超越 øt-

通过 øt-
射 vur-
增长 kyplɛn-
暴露 tʃəχ-
鞣革将生皮制成革 terɛ aʃla-
terɛ ijlɛ-
划分 garla-
倾斜 ɢijil-
刷白 aχar-
跛行 aχsa-
看守 saχla-
养育 asra-
办理 balla-
安装 ɢoj-
ɢur-
变富 barlan-
发芽 tʃəχ-
联合 ɢoʃul-
肥育 asra-
下驼羔 døjɛ duʁ-
染 boja-
勒用绳子～紧 boʁ-
破坏 buz-
盘腿 mantaʃ ɢur-
标记 en vur-
注意 dzuji ɛt-
报告 bogo ɛt-
模仿 doraʃ-
发酵 fala-
消融 erə-
获得 dap-
打滚 aʁəna-

ballan-
发愣aŋɢəra
diŋ vur-
通信ʃin vur-
纺igir-
升高biklɛn-
挂as-
挑选daŋna-
钓tut-
俯身palan-
表现bioʃɛn ɛt-
垫~高diɛllɛ-
捣døj-
发青脸色~gøgɛr-
寻找dat-
iʃtɛ-
宣告jɛʃɛ vɛr-
转移dʒila-
战~斗vuruʃ-
协商soruʃ-
带路jol baʃla-
变宽køllɛ-
迟到uda-
出发jola baʃla-
缺少azlan-
离去jyr-
漫游gɛz-
发情ɢozə al-
抽烟tamaka ji-
膨胀gøp-
迁移gøʃ-
抄写gøtʃyr-
称赞zɛntʂəŋ ɛt-
反刍gøʃɛ-
烧焦kyj-
烫kyj-
侍奉fuʂəla-
观察guɛntʂa ɛt-
倒满doldər-
漂浮lɛjlɛ-
纠纷ziddijɛt
赞同una-
捏tʃimdʒɛ-
感谢ɛŋgɛkdʒi
奖励dʒaŋli ɛt-
讨论toluŋ ɛt-
给予vɛr-
被迫kaŋ-
讥笑kemɛndʒilɛ-
练习lɛnʃi ɛt-
游行juʃiŋ ɛt-
流放ɢoʁla-
成熟piʃ-
tʂəŋna-
开车maʃina hajda-
吹fyr-
isɢəna-
起褶皱bizil-
buruʃ-
蒙住bola-
完毕dos-
愈合vol-
乘~船otur-
堵təχ-

写字 oχuʃ piʃtɛ-

弹～琴 tʃɑl-

迈步 ɑtlɑ-

奔驰 ʃykyr-

粘贴 jɑχ-

读书 kitɑp oχɑ-

ʂu øʃyr-

勾～手指 il-

侦察 dʒɛnsɑ ɛt-

旅行 gez-

闭眼 gøz jym-

交付 dʒolɑ-

拍照 dʐolɑ-

说梦话 tyʃ gɑhdʒɑ jeʃɑ-

拘束 tʃɑmɑtlɑ-

游水 mɑltɑ-

tʃøm-

tʃømyl-

掐断 boʁ-

tumlɛ-

瓜分 ylyʃ-

学习 ørgɛn-

照镜子 guzguʁɑ øʃɛr-

传授 ørgɛt-

打盹 oχɑs-

推翻 tʃørɛ-

编～辫子 fyr-

翻～书 tʃurɛ-

推倒 møk-

剪毛 jyŋ zɛllɛ-

吸乳 em-

弄弯 pyk-

放鹰打猎 ɢuʃ jyr-

上锁 solɑ-

套车 qoʃ-

添加 ɢoʃ-

收缩 ɢorol-

bizil-

剪 zɛllɛ-

kɛs-

挤 χəs-

剃 jile-

屠杀 ɢər-

大笑 dʒɑdɑχ kyl-

敲 tʃolɑ-

钉 ɢɑdɑ-

咒骂 ɢɑrʁɑ-

扭 bur-

折叠 biz-

装入 dʒoŋnɑ-

罩上套上 tolɑ-

鞭打 ʂolɑ-

关押 piklɛ-

镶嵌 ɢoj-

大哭 dʒɑdɑχ jəʁlɑ-

驱赶 ɢolɑ-

哈气 hɑdɛ-

痛哭 ɢɑjʁu jəʁlɑ-

跪 ʃykøn-

驮 jyklɛ-

更换 ɑləʃ-

沾染 juχɑ-

吞 uʁut-

oχ-

发送 uzat-

daʁat-

远离 jiraχa var-

搓 uvu-

顶用棍子～起来 dirɛ-

钉马掌 Gada-

搭起～帐篷 vur-

tik-

剖开 dil-

支撑 dzə̡la-

撕开 ʃit-

排列 peila-

塞入 təχ-

切碎 doʁra-

用棒打 ʂola-

døj-

织 doχa-

搬 dʒila-

捉 tut-

编辑 biɛndʒi ɛt-

分配 uliʃ-

倾倒 døk-

øryl-

上座 otar-

攥 dyr-

tut-

蜷缩 gulan-

dyryl-

蘸 man-

bɛzɛ-

央求 jaral-

研～磨 jɛn-

流泪 jaʃ gøz taŋna-

展开 tʃijɛ-

写 piʃtɛ-

吃草 tʃup ji-

点燃 deʃdər-

jandər-

贴 jaχ-

披 ytin-

啃 ʁadʒa-

扇～耳光 ʂola-

抠 vala-

搂 dadʒilɛ-

赌博 dula-

胳肢使发痒 Gədʒəχla-

砌 tʃyt-

满意 razə bol-

不满 razə voma-

着急 gəlla-

犹豫 iʃkilɛn-

醒悟 ojan-

惊奇 hɛjran-

悲伤 diugle-

愤怒 adʒəʁə gɛl-

激动 dʒidoŋ

恨 χəŋ

尊敬 ulə gør-

hørmɛtlɛ-

冲突 digiʃ-

烦闷 pofɛn ɛt-

自豪 ulə tut-

忍受 tʃida-

厌恶 jirgen-

怀疑 guman ɛt-
拥护 himajɛ ɛt-
忍耐 rənnɛi ɛt-
放心 χatərdʒɛm vol-
fanʃin vol-
思考 sumurla-
认为 dəbər-
推测 sumurla-
希望 ymyt ɛt-
要求 kelɛ-
tɛlɛp ɛt-
计划 pilan ɛt-
阅读 oχa-
背诵 jadda tut-
记录 dʒilu ɛt-
研究 jɛndʒu ɛt-
总结 χulase ɛt-
翻译 tʃørɛ-
fɛnji ɛt-
修改 dyzɛt-
决定 dʒuedin ɛt-
命令 minlin ɛt-
通知 uχturuʃ
依照 irə-
继续 dʒiʃy
潜伏 jaʃin-
遗憾 jiχɛn
满足 razə bol-
供给 guŋjiŋ ɛt-
消失 jala-
产生 tʃeχ-
同意 ona-
回忆 sumurla-
了解 bil-
爱 syj-
反对 qarʃi tur-
fɛndyi ɛt-
舍得 gonəŋ ona-
关心 atʃiʃ-
重视 dʐuŋʂə ɛt-
愿意 gala-
文字 oχuʃ
语言 gahdʒa
喧哗 tʃolaʃ-
好嘛~不得了呀 jaχʃaʁo
天哪惊叹感叹的语气 vaj χudajim
得不满意的语气 hɛj
噼啪 pok pok
陈述 jeʃa-
我说嘛领悟到某事之原因 mɛn didʒiʁu
请 mɛrhɛmɛt
誓言 and et-
赞美 maχta-
吵闹 zəʁərla-
唠叨 valaχla-
唤猫声 mi mi
细语声 piʃir piʃir
呐喊声 zəɢəraʃ
谬论 quruχ gɛp
标语 kuχao
ʃuar
谗言 bɛitɛn
谣言 jalʁan gahdʒa
唉哟累得叹气 uf

哎哟哟表示痛苦 ɛjjo

十二　性质状态

黑白花 ala

灰白的 mɛʃe

清澈 dyrry

syzyk

棕色 zuŋsə

消瘦 aruχla-

美丽 jaχtʃuχ

纯洁 aritʃuχ

油腻 jaʁləχ

粉红的 toχun

晴朗 atʃəχ

古怪 ʁɛlitɛ

有花斑的 ala

带条纹的 tarʁəl

中 ota

单 jaŋɢuz

温 jili

复杂 fuza

简陋 addi

光滑 jaruχ

jildir

雄 ɛrkɛk

雌 tiʃ

健康 saχ

整齐 dyz

稳定 aʁərlə

快乐 kala

顺利 ʂynli

剩余 ɢalʁan

完整 pytyn

toluχ

锋利 iʃtli

空 boʃ

满 dol

迟 uda

生 tʃik

熟 piʃkɛn

暗 ɢaraŋɢu

清楚 aʃkara

模糊 dunnuχ

乱 luɛn

孤单 jalʁuz

艰苦 molan

安静 emɛn

弱的 raŋ

饥饿 atʃəχ

多余 attuʁu

巨大 χudu dʒadaχ

顽固 dʒajil

最小的 ɛŋ kitʃi

贫苦 joχ

无知 aqəl joχ

锐利 itʃli

惨淡 dunnuχ

明亮 jaruχ

atʃuχ

臃肿 dʒinkyn dʒeʂe

发红颜色～ ɢəzar

浓的 ɢoj

沸腾水烧开时的状态 tʃuχraχ

puχra-

落后 səχɑ

不同 oχʃəməʁɑn

潮湿 øjʃi

矛盾 mɑoduŋ

现代 ʃɛndɛi

单独 jɑlʁuz

软化 məʃɑt-

粗壮 joʁɑn

涨大 køp-

撕裂 ʒit-

titil-

产奶 syt tʃəχ-

人造 rənzɑo

零零碎碎 uʃɑχ-muʃɑχ

真 rɑs

假 jɑlʁɑn

dʒɑ

普通 ɑddi

特别与众不同 təbie

固定 muqum

灵活 zyli

光荣 goŋrun

伟大 ullə

著名 ɑdə vɑr

尊贵 hørmɛtlik

丰富 bɛrkɛt

可爱 doudər

可怜 eʃgen

可笑 kylyk

有趣 qəzəqɑrləq

正常 normɑl

秘密 jɑʃirʁɑn

有用 fɑjdɑ voʁɑn

fɑjdɑ vɑr

恰当 jɑrɑʃ-

可靠 sɛnsi

现成 tʃuχur

善良 ɑχ koŋnə

诚实 sɛmimi

狡猾 qu

聪明 ɑqəlləχ

能干 jɑmɑn

无能 nɑŋ bil joχ

卓越 jɑrɑmləχ

机警 zyli

凶恶 jɑmɑn

仁慈 ʃɛpqɛtlik

骄傲 tɛkɛbbir

正直 durus

公开 ɑtʃuχ

合法 ɢɑnunluχ

真诚 sɛmimi

精明 zyli

贤明 zyli

礼貌 limo

ɛdɛp

顽强 qɛjsɛr

粗鲁 bun

活泼 ʃoχ

博学 bilimlik

老练 piʃqɑn

幼稚 dɛlli

积极 tɑŋnɑn

消极 lɛŋgɛn

马虎 ɢoliniŋ udʒəda iʃ qələdəʁan

稳重 aʁər

耐心 nɛiʃin

谦虚 kɛmtɛr

严格 aʁər

进步 ililik

无私 oʁrə goŋnə joχ

自私 oʁrələ

十三　数量

零 lin

半 jarəm

一个 bir

两个 iʃki

五、六~个 bɛʃ-altɛ

四十 qərəχ

第二 iʃkindʒi

第三 ytʃindʒi

第十 onəndʒi

第十五 ombɛʃindʒi

百分之八十 jyzdɛ sɛksɛn

三分之一 yʃtɛn bir

四分之一 døttɛn biri

五十 ɛlli

六十 atmiʃ

七十 jɛhtmiʃ

八十 sɛksɛn

九十 toχsan

约一百 jyzdɛk

成千 məŋlap

百万 bɛivɛn

亿 ji

号码 χo

元 jyɛn

厘米 guŋfəŋ

米 mitir

里 li

公里 guŋli

拃张开大拇指和中指之间的距离 ɢariʃ

斤 dʒiŋ

公斤 kilo

两 liaŋ

克 kə

吨 dyn

升 ʂəŋ

平方米 piŋfaŋ

立方米 kuva

亩 mo

群羊~ top

群牛~ top

群马~ top

群人~ χobɛn

级五~风 bal

间 aʁəz

片 tika

包一~饼干 bo

次第一~ gɛz

份一~报纸 fən

届第一~运动会 gez

捧一~土 ɢoʃ odʒə

分五~钱 fun

袋一~面 χap

秒一~钟 sikinut

套一~书 jyryʃ

ɢur

丈万～高楼 dʐɑŋ

排一～树 pɛj

束一～花 bɑʁ

批一～人 χobɛn

倍 pei

hɛ ssɛ

串 tʃøllɛ

十四　代副介连词

我自己 izim

什么样的 nitʃilisi

这么多 beligur

那么多 eligur

任何事情 nitʃiksi

某人 tʃamat kiʃ

某个东西 bir vodʒɛn

任何人 heʃ kim

任何地方 ɢɑlɑ dɑ

任何时候 ɢɑtʃɑŋ vosə dɑ

哪 ɢɑjsə

各自 her ɢɑjsə

所有 heme jogo

任何一个 kim vosɑ

刚才那个 se diugu

那些 vulɑr

怎么做 nitʃikli ɛt-

这样做 beligi ɛt-

那样做 ɛligi ɛt-

您几位 silɛr

那么 ɛligi

一定 jindɑ mindɑ

十分 χudu

一贯地 jibeizə

始终 bɑʃtən ajɑχ

完全 heme

jogo

马上 indʒi

逐渐 ɑson-ɑson

首先 ilindʒɛ

一直 bɑʃtən ajɑχ

终于 ɑχər

最近 bu jɑχəndɑ

偶尔 birɛ vɑχdɑ

往那边 ɛliʁɑ

往这边 muŋɑ

必然 tʃoqum

突然 lordʒiʁɑ

特意 ɑlɑjitɛn

亲自 tʃinzə

幸亏 ɛ demese dɛ

其实 mɑjsə

千万 nitʃuk vomәsə də

恰巧 dʐəŋ

立刻 digo

好像 χɑoʃiɑŋ

迅速 miŋgɛn

mɑli

通常 ɑdɛttɛ

jibɛn

时常 hɛrgyni

丝毫地 bidʒi dɛ

根本 gəŋbən

mɑjsə

任何 heʃ

究竟 dʒudʒin

相当 joχo

尽量 ɑmɑl bosɑ

立即 digo

勉强 ɑrɑn

确实 hɛqiqɛt

轮流 lynzəlɛ

直接 dz̩ədʒe

当然 ɛlvɛttɛ

一向 ɛzɛldin

而且 mɑjsə

为了 veilə

与其 ʁuntʃuk

因此 ɛligi ɛtkyligi

即 jɛnɛ

或 jɑki

关于 fəndz̩uŋ

假如 bifɑŋ

根据 irə

因为 tʃynki

同样 oχʃɑʃ

从此 ɑnəŋdɑn bele

稍微 bidʒɑ

否则 voməsɑ

原来 mɑjsə

但是 dɑʁə

第三节

其他词

一　天文地理

斜坡 dʒamba

山崖 ɢeja

黄土 sari toraχ

活水 jyrgen su

雹灾 boʁunaχ vur-

表层 ɢoχ

二　时间方位

晚上 soda

即刻 dego，tʃuχurtʃyx

处暑 gyzgy

满月 ajvaqqur

三　植物

黄刺条一种蜜源，也是饲用植物 sar tikɛn

核桃仁 χos iʃindigi

核 uruluχ

badam

根子植物的根 yzɛx

麸子 kyx

大豆 maʁla

宾豆 jasmuχ

黑穗病 ɢaraluχ

ɢara baʃ

黑青稞 ɢara afra

沙刺 ɢara tikɛn

沙棘 dʒiʁan

草坪 tʃimtʃøp

狗尾巴草 gujuoza

茳草 ɢamdʒu dʒidʒɛk

西红花 orus dʒidʒɛk

枝干长得高的花 eʃɛk dʒidʒɛk

蛤蟆草 baʁatʃøp

瓜籽 orluq

桃核 to badam

杏核 badam

受病虫害果树～ ariq tɛgmiʃ

杏树结果 yryk vumiʃ

苦苦草 ɢaz tʃøp

牵牛花 jørgimeʃ tʃøp

黄荞麦 sari saʁat

四　动物

犏头 jygen

羊背子 udʒa

后腿 san

斑鸠 øŋgøløx

犊子 buzi

公牦牛 ergex χejnaχ

公羊 ɢoʃɢar

家鼠 gɛmɛ

蛐蛐儿 buzuvaʃ

蛆 ɢut

鸡抱窝 tuχ ɢuruklilamiʃ

牛棚 goleχ aran

鸡窝 tuχ uŋar

　toχ oŋa

鸭窝 bat uŋar

鞍子 eŋer

牛轭 boʁut

　dʒombo

牛鼻栓 qazʁan

马叉子 aʁizduruq

笼头 noχta

缰绳牵～ tʃulur

马鞍垫 ytʃyrgu

马肚带 ɢolaŋ

　tir bata

马镫 yzɛŋgɛ

鬃毛 jalu

马额前的白斑 qaʃqa

枣红马 dʒɛrɛn

　tʃilan

带白斑的马 borul

黄褐色的马驹 qula

棕色玉顶马 kyrɛn

羊式碎步走马～ qoj jorʁa

驼式碎步走马～ tøgɛ jorʁa

狼式碎步跑马～ børe jyryʃ

家鸽 øj gurguntʃyx

鸡冠 toχ modɛn

红嘴鸭 dʒymdʒux

蜘蛛 ørmex

五　房舍器具

大扫帚扫院子的 ajat sygyr

锨 gydʒɛk

木锨 kyrɛk

花盆 dʒidʒɛk kørɛ

锅锅尔煮锅、钢精锅 kestereŋge

刀子 putʃaq

面皮 pizi

小盘子 seru

小净壶做礼拜前用以做小净的壶 adima

中碗 zanzi

小碗 kitʃi zanzi

案板 χona

木盆 kapun

火剪子 χodʒienzɛ

花瓶 loŋqa

奶嘴 mɛmɛ

qisqutʃ

捅火棍 keso

炕围子 kaŋvejzi

灶台和炕之间的小隔断墙 mindʒir

风磨 jɛl dɛrmɛn

电磨 tok dɛrmɛn

房梁 lim,lɛrɛ

门栓 gitagu

门的合页 ʃanur

破烂的老房子 ratʃaq

落架房屋的木架倒塌倾斜 lodʒa

家什 øj saχət

筷子盒 tʃykolyk

大臼 dʒadaχ søŋgyr

家门 daʃiŋɢo

火坑 søgy

火盆 tʃoʁdan

火石 tʃaqmaq daʃ

火炭 ko:s

薄毡 juχbatʃyx dʒaʁu

炭火烤饼锅 gømeʃ ɢazan

大锅 siχsaʁan ɢazan

窗台 tɛrdʒɛ iʃti

刀背 pitʃaχ sidi

刀锋 pitʃaχ aʁzi

灯心 tʃiraluχ bɛltɛ

墩子 tiχda

革囊 tuluχ

碌子 dyx daʃ

地耳 jɛr jaʃ

地槽 olaχ

六　服饰饮食

婴儿衣服 itʃiʃik

内衣 iʃχanta

短内衣 qisa χantar

裹脚布 dʒopozi

羊皮坎肩 iʃmɛk

白圆帽 aχ zoraχ

草帽 tʃiχ zoraχ

长筒靴 uzun tire ajaχ

白市布 aχ sibu

单衣 jalaŋ bojɢəraχ

布鞋 bøz χɛj

胡麻油 jaʁur jaʁ

薄饼 ʁazan ɛmɛx

bezili ɛmɛk

烤馍，焜锅馍 gømɛʃ

面剂子 tola

煮熟的羊喉管 ɢirdaχ

甜面粥 bilmaq

扁豆 jasimuq

饭豆 jasimuq

搅团 koden

køtɛn

火锅 jel qazan

锅贴饼 mysər ɛmɛk

麦粒粥 godʒa

油香 jouʃiaŋ

χoʁun ɛmɛk

碱 tʃoʁan

甜面糊 bilmaχ

尾巴油 etʃak

炼完后的羊油干 tʃidʒaʁ

黄萝卜包子 satirma bozi

肉包子 gøʃ bozi

皮牙子包子洋葱馅包子 pijaz bozi

韭菜包子 gørdɛ bozi

萝卜包子 turma bozi

洋芋包子土豆馅包子 jaŋju bozi

蒸笼 toroŋla

臊子 tʃora

麦芽糖 ʃaŋa

香饼 misir ɛmɛk

泡菜汤 jaʃtʃora

发面引子 ɢordaŋ

包子半生不熟 ɛmɛk tʃik vomiʃ

炒面 taʁan

发面 gomɛn

发面盆 jarpuŋ

饭盒 nɛmɛ saχit

饭桶 damaχsen

饭碗 zanzi saχit

锅盔 guokei

馃子 borsaq

爆炒的肉菜 lolaʁan ɛt jaʃ

七 身体医疗

残肢 laʁza

鼻孔 purna tøʃyki

血管 damir

肠子 bavzuχ

小腿 tʃingirik

骨膜 mo

肚脐血 gindik ɢani

拇指 baʃ barmak

食指 biz barmaq

上唇边的胡子 murit

嘴唇边的胡子 meʁil

胡子包括下颌两腮的胡须 saʁal

瘠 ɢuru

aruχ

瘊子 sogel

大脖子 boʁuʃ

风疹 jel dʒidʒek

踋骨 ajaχ toʁi

骸骨 sinix

八 婚丧信仰

下葬 mit qoʁa

盖头 geto

getu

大礼男方父母给女方送彩礼的仪式 dali

小礼订婚仪式 ʃoli

彩礼 doj mal

穿嫁衣 mal kij

吹菜泥用细管向外嫁的新娘～ χusbu at-

挡路挡住婚车要喜钱 jol tora-

朝圣 hadʒiʁa var-

定礼 ɢiz mali

彩礼费 doj mal helli

垫子 dʒaji

palaz

九　人品称谓

呆子 aŋʁaχ

女仆 joʁmo

雇佣 dʒuru

憨子 gamagu

坐月子的妇女 ajdʒi

舅舅 araŋ

太奶奶 χadʒa

岳母 ɢajinidʒa

婆婆 ɢajnidʒa

家眷 øjdʒi

活人 diri kiʃ

户长户主 øj əsi

护士 fuʃilaʁuji

大娘 nina

χadʒa

十　农工商文

碌碡 dyjyk taʃ

小锄头 qazuq

土坷垃 aχtirma

水渠 aruχ

高轮木头马车 køtɛk harva

面肥发酵面，发面引子 ɢordoŋ

未碾碎的麦堆 ajaχtʃi

未打净的麦穗 kismuχ

麦衣子麦粒儿的壳 dowan

打谷场 jurdun

田地 ast

麦田 buʁdi ast

耙犁 usku

棍纣系在驴马尾下的横木 quʃqun

杂草地 tʃiŋgirix

储草房 otləχ/ekku vaχ

刨花 juŋʁaχ

槽 soʁo

锉刀 ege

担子 jytʃɛpkɛʃ

赤铜 ɢəzil tiʃ

壳 ɢoχ

剃头刀 jiligyʃ

锯末 juŋʁuʃ

计划 goppa

花儿民歌 jyr

包袱 jørgex

秤杆 kila sab

秤钩 ilmɛk

秤毫 kila baʁ

秤盘 kila tovaχ

秤砣 kila daʃ

瓷器 manziluχ

十一　动作行为

说笑话 digiʃ-

嘲笑 kylyʃ-

不要拘束 tʃam ɢojma

拖 tʃɛk-

拉 tʃɛk-

不同意 dollə joχ

磨 yxyt-

固定住 bexit-

手磨 laskor-

系紧 gin baʁla-

打枣 tʃubuʁan ʃola-

脱~衣服、投放 tʃøj-

和面 gømɛ juʁur-

发~面 fala-

发面 faliʁan gømɛn

擀~面皮儿 ʃapila døvɛ-

抹油 jaʁ sala-

请阿訇办忌日 malla tʃala-

离家出走 qaʃ-

麻 mala-

劝架 aridʒila-

离婚 ajiʃ-

探望 aŋnaʃma va-

看望 vaχma var-

受冻 yʃy-

采摘 tada-

受潮 tʃiχla-

变湿 yʃi vol-

眨眼 tʃimtʃim et-

狗叫 it fyr-

砌田埂 qir jasa-

打嗝 kegir-

做饼 ɛmɛk jasa-

蛾子 ɢoru kegelek

盘腿坐 mandaʃiŋni qurup oldur

变长 uzal-

跨过 atla-

跳过 dʒømnɛ-

打场 jurdun døj-

打雷 boʁanaχ doʃi-

戴~帽子 daχin-

带孝 haza tut-

点播 birdɛn etʃ-

十二　性质状态

高个子 poŋə bix

左 jolaχ

壮实 zambo

嫩 nizik

浑圆 gylylyx

豁嘴 kaʃo

黄澄澄的 saritʃyx

很薄的 juχbatʃyx

很粗的 dʒadaχtʃyx

很轻的 jymultʃyx

很软的 miʃaχtʃyx

和睦 iniʃ

十三　数量

一撮 bir tʃøjym

一间 bir kɛn

捧量词 odʒun

遍 gɛz

次量词 gɛz

一步 bir adəm

十四　代副介连等

何时 ɢahalda

何在 ɢada

咳 eʃ

一颠一颠地~跑 sok sok

第五章 语法

第一节

词类

伊宁撒拉语的词，根据形态、相互关系和在句子中的作用，可以划分为名词、形容词、数词、量词、副词、代词、动词、后置词、连接词、语气助词、感叹词、模拟词共十二类。

一　名词

伊宁撒拉语的名词有数、从属人称、格等语法范畴。

（一）名词的数

1.伊宁撒拉语的名词有单数和复数的区别。单数附加成分用零形式表示，复数附加成分有 -lɑr/-lɛr，其中 -lɑr 加在词末音节由后元音构成的词之后，-lɛr 加在由前元音构成的词之后。例如：

ɑnɑ + -lɑr → ɑnɑlɑr 女儿们
女儿-PL

χɑχət + -lɑr → χɑχətlar 许多纸
纸-PL

toχ + -lɑr → toχlar 许多鸡
鸡-PL

iʃ + -lɛr → iʃlɛr 许多事
事-PL

gøl + -lɛr → gøl 许多池塘
池塘-PL

syfsɛ + -lɛr → syfsɛlɛr 许多扫帚
扫帚-PL

2.复数附加成分的用法

（1）可数名词后加附加成分 -lɑr/-lɛr 表示事物的数量为多数。例如：

soʁɑn + -lɑr → soʁɑnlɑr 许多葱
葱-PL

bɑlə + -lɑr → bɑləlɑr 孩子们

kiʃ + -lɛr → kiʃlɛr 人们
人-PL

mɛχtɛp + -lɛr → mɛχtɛplɛr 许多学校

孩子-PL　　　　　　　　　　　　学校-PL

（2）名词前如有表示数量的修饰性词语时一般不加复数附加成分。例如：

jedi　ɢaz 七只鹅　　　　　　　　　døt　kile　χos 四公斤核桃

七　鹅　　　　　　　　　　　　　四　公斤　核桃

on　oχaʁudʒi 十个学生　　　　　　yʃ　taʁar　aʃliχ 三麻袋粮食

十　学生　　　　　　　　　　　　三　麻袋　粮食

（3）不可数名词后一般不加复数附加成分，如果加上则表示“大量”或“种类多”。例如：

døtindʒi　aj-da　ɢar-lar　eri-r.

第四　月-LOC　雪-PL　融化-PRES

四月份雪会融化。

biliski　dʒadaχ　kala-χusi　iʃ-lɛr　jyz vi-miʃ.

这样　大　称赞-ADJL　事-PL　发生-LAT.PST

发生了这样一些值得称赞的事。

（4）当句中的名词并列时，复数附加成分一般缀加在最后一个名词之后。例如：

mun-dan　ili　buʁdə,　ɢonaχ,　genta-lar　belisi-ni　ɛk-ɛndər.

这-ELA　以前　小麦　玉米　大豆-PL　这样的-ACC　种-PST

以前种过小麦、玉米、大豆等这一类农作物。

（5）加在人名后表示“……等人”之意。例如：

abdu-lar　jiraχ　jɛr-ɛ　iʃli-mɛ　va-miʃ.

阿卜杜-PL　远　地方-ALL　工作-ADVL　去-PST

阿卜杜他们到很远的地方打工去了。

（二）名词的从属人称

伊宁撒拉语名词的从属人称分为第一人称、第二人称和第三人称。青海撒拉语名词的从属人称附加成分只有人称的区别，一般没有数的区别，同一人称的单、复数都用同样的附加成分。但伊宁撒拉语受维吾尔语的影响，出现了从属人称附加成分单、复数的不同形式。

1. 伊宁撒拉语从属人称附加成分如下表5-1所示。

表5-1　伊宁撒拉语从属人称附加成分

		以元音结尾的词	以辅音结尾的词
第一人称	单数	-m	-əm/-im/-ym/-um
	复数	-miz/-məz	-əməz/-imiz/-uməz/-ymiz

续表

		以元音结尾的词	以辅音结尾的词
第二人称	单数	-ŋ	-iŋ/-əŋ/-uŋ/-yŋ
	复数	-ŋlar	-əŋlar/-iŋlar/-uŋlar/-yŋlar
第三人称	单数	-si/-sə	-i/-ə
	复数	-si/-sə	-i/-ə

例如：

ɑd＋-əm→ɑdəm我的名字

名字-POS.1sg

ɑd＋-əməz→ɑdəməz我们的名字

名字-POS.1pl

ɑd＋-əŋ→ɑdəŋ你的名字

名字-POS.2sg

ɑd＋-əŋlɑr→ɑdəŋlɑr你们的名字

名字-POS.2pl

ɑd＋-ə→ɑdə他的名字

名字-POS.3sg

ɑd＋-ə→ɑdə他们的名字

名字-POS.3pl

zɛnze＋-m→zɛnzem我的碗

碗-POS.1sg

zɛnze＋-miz→zɛnzemiz我们的碗

碗-POS.1pl

zɛnze＋-ŋ→zɛnzeŋ你的碗

碗-POS.2sg

zɛnze＋-ŋlɑr→zɛnzeŋlɑr你们的碗

碗-POS.2pl

zɛnze＋-si→zɛnzisi他的碗

碗-POS.3sg

zɛnze＋-si→zɛnzisi他们的碗

碗-POS.3pl

2. 伊宁撒拉语从属人称附加成分的用法

（1）从属人称附加成分一般和领格配合使用。例如：

pisɛ-nigi　jɛr-imiz　atuχ　a.

我们-GEN　地-POS.1pl　多-INF　MOOD

我们的地很多。

hykymɛt-niŋgi　ʃɛndʒɑŋ-lɑr-i　jeʃɑ-sə　u-nə　ør-dɛ　pilɑ　mɑs.

政府-GEN　县长-PL-POS.3sg　说-COND　那-ACC　上面-LOC　批-NEG　MOOD

政府的县长给上面请示，上级不批准。

（2）缀加领格的人称代词做限定成分，与之相配合的名词表示属于多数人的事物时，其从属第一人称复数为零形态。例如：

pisɛr-nigi　turmuʃ　jaχʃilan-dʒi.

我们-GEN　生活　变好-PST

我们的生活好起来了。

pisɛr-nigi mɛktɛp-tɛ ottuz muɛllim vɑr.
我们-GEN 学校-LOC 三十 老师 有
我们学校有三十位老师。

（3）由于从属人称附加成分本身表示该名词所从属的人称，所以其前面带领格附加成分的限定成分可以省略。例如：

ɑmɑ-sə jirɑχ jɛr-lɛr-ɛ iʃli-mɛ-gɛ vɑ-miʃ.
妈妈-POS.3sg 远 地方-PL-ALL 工作-VBN-ALL 去-LAT.PST
她们的妈妈到很远的地方去打工了。

hɛsɛn-ø o-si-ni oχu-t-ə bilimlik kiʃi ε^{h}t-miʃ.
阿山-NOM 儿子-POS-ALL 读-CAUS-ADVL 有知识的 人 成为-PST
阿山把他的孩子培养成了一名学者。

baʃ-əm ɑʁrə-bɑ.
头-1sg.POS 疼-PRES
我的头疼。

（4）从属第一、二人称复数形态的实际使用不够规范。根据不同的语境有时用相应的附加成分，有时用零形态表示，有时用第二人称单数附加成分表示第二人称复数。例如：

pisɛr-nigi gɑgɑ + -məz → gɑgɑməz 我们的哥哥	pisɛr-nigi bɑlɑ + -ø → bɑlɑ 我们的孩子
我们-GEN 哥哥-POS.1pl	我们-GEN 孩子-零形态
pisɛr-nigi ɑjɑχ + -əməz → ɑjɑʁəməz 我们的脚	pisɛr-nigi øj + -ø → øj 我们的家
我们-GEN 脚-POS.1pl	我们-GEN 家-零形态
sɛlɛr-nigi ɑjɑχ + -əŋlɑr → ɑjɑʁəŋlɑr 你们的脚	sɛlɛr-nigi øj + -ø → øj 你们的家
你们-GEN 脚-POS.2pl	你们-GEN 家-零形态
pisɛr-nigi iʃ + -imiz → iʃimiz 我们的事情	pisɛr-nigi iʃ + -ø → iʃ 我们的事情
我们-GEN 事情-POS.1pl	我们-GEN 事情-零形态
sɛlɛr-nigi iʃ + -iŋ → iʃiŋ 你们的事情	sɛlɛr-nigi iʃ + -ø → iʃ 你们的事情
你们-GEN 事情-POS.2sg	你们-GEN 事情-零形态

（三）名词的格

伊宁撒拉语名词有八个格：主格、领格、向格、宾格、位格、从格、工具格、地点标志格。

1. 主格

主格表示事物或行为的主体。它的形态标志为零形式。主格形式的名词在句子中主要做主语、谓语。例如：

salar kiʃi bu az sanlə millɛt-lɛ-ni iʃ-i-ndɛ hɛm az-dər.
撒拉 人−NOM 这 少 数 民族−PL-GEN 里−POS.3sg-LOC 还 少−COP
撒拉族是少数民族中的少数。

hɛsɛn-ø ɛrkin-niŋ gaga-si ir a.
阿山−NOM 艾尔肯−GEN 哥哥−POS.3sg 是−INF MOOD
阿山是艾尔肯的哥哥。

2. 领格

领格名词表示事物的拥有者，在句子中做定语，回答kimnigi“谁的”、niminigi“什么的”等问题。在伊宁撒拉语中，领格的附加成分不仅有青海撒拉语固有的-nigi、-niŋgi，而且还受维吾尔语的影响，吸收了维吾尔语领格附加成分-niŋ。例如：

hɛsɛn-niŋ bala-si bidʒin-dɛ oχu-ba.
阿山−GEN 孩子−POS.3sg 北京−LOC 读书−PROG
阿山的孩子在北京读书。

høkymɛt-nigi jardɛm øʃyr-gɛn-ə jaχʃi a.
政府−GEN 帮助 照看−ADJL-POS.3sg 好−INF MOOD
政府的扶持和照顾都很好。

pise-nigi bu aʁəl-daʁə-sə iʃki məŋ bɛʃ jyz-dən artuχ-tur.
我们−GEN 这 村子−INSTR-POS.3sg 两 千 五 百−ELA 多−COP
我们这村子的（人口）有两千五百多。

bal-lar-niŋ jogo-si gi-miʃ.
孩子−PL-GEN 全部−POS.3sg 来−LAT.PST
孩子们全部回来了。

ɛdɛ jeʃi-ʁan-ə bu indʒe ama-sə-nəŋ jeʃi-ʁan ɛnχov-la bir
这么 说−ADJL-POS.3sg 这 就 妈妈−POS.3sg-GEN 说−ADJL 暗号−INSTR 一
ge-miʃ.
来−LAT.PST
他说的暗号和妈妈说的是一样的。

3. 向格

向格主要表示行为的方向、间接对象、原因、目的等。向格名词主要回答kime“给谁/对谁”、naŋa“给什么/对什么”等问题，在句子中做状语。

（1）向格的附加成分

向格的附加成分有下列几种形式：

①元音结尾的词干缀加 -ʁɑ/-gɛ，词末的音节带后元音时缀加 -ʁɑ，名词词末的音节带前元音时缀加 -gɛ。例如：

patiʃɑ-ʁɑ 给皇帝	iji-gɛ 给主人
皇帝–ALL	主人–ALL
ini-gɛ 给弟弟	ɑnɑ-ʁɑ 给姑娘
弟弟–ALL	姑娘–ALL
pitiktʃi-gɛ 给作家	leme-gɛ 给饭里
作家–ALL	饭–ALL

②辅音结尾的词干缀加 -ɑ/-ə/-ɛ。例如：

jɛr-ɛ 往地上	øj-ɛ 向房子
地–ALL	房子–ALL
julduz-ə 向星星	ɑʁəl-ɑ 向村子
星星–ALL	村子–ALL
gyn-ɛ 向太阳	bɑlɑ-lar-ɑ 向孩子们
太阳–ALL	孩子–PL-ALL

③从属第三人称附加成分 -ə /-i、-sə /-si 后面缀加 -nɑ/-nɛ/-nə。例如：

ustɑz-ə-nɑ 给他的导师	ørgengydʒi-si-nɛ 给他的学生
导师–3sg.POS-ALL	学生–1sg.POS-ALL
iʃ-i-nɛ 给他的事情	ɑjɑʁ-ə-nɑ 向他的脚
事–3sg.POS-ALL	脚–3sg.POS-ALL

④在一些人称代词和指示代词后缀后加 -ŋɑ。例如：

bu + -ŋɑ → muŋɑ 向这个	u + -ŋɑ → ɑŋɑ 向他
这个–ALL	他–ALL

⑤由于受维吾尔语的影响在一些辅音结尾的词后也缀加 -ʁɑ/-qɑ/-gɛ/-kɛ。例如：

millɛt-kɛ 给民族	bɑʃ-qɑ 往头上
民族–ALL	头–ALL
tohrɑχ-qɑ 向土壤	gøz-gɛ 往眼睛里
土壤–ALL	眼睛–ALL

（2）向格的用法

① 表示行为的间接对象。例如：

ana-sə-lar-ʁa kolə-ba-miʃ.
女儿-POS-PL-ALL 嘱咐-PROG-PST
向女儿们嘱咐。

bu gatʃa-nə ama-sə-ʁa jeʃa-miʃ.
这 话-ACC 妈妈-POS-ALL 说-LAT.PST
把这些话告诉了她的妈妈。

②表示方向。例如：

hɛsɛn-ø giʃaŋ-ə var-dʒi.
阿山-NOM 城-ALL 去-PST
阿山到县城去了。

ottura mɛktɛp-ni guŋʂə-ʁa, ʃaŋ-ʁa bar-əp oχu-ba.
中 学校-ACC 公社-ALL 乡-ALL 去-ADVL 学习-PROG
到公社去、到乡里去上中学。

③表示行为的目的。例如：

ama-sə-lar-ə jiraq-qa iʃli-mɛ-gɛ va-miʃ.
母亲-POS-PL-POS 远方-ALL 干活-VBN-ALL 去-PST
她们的母亲去远方打工了。

ana-lar a-ŋa ot-ø al-ma-a va-miʃ.
姑娘-PL 那里-ALL 火-ACC 取-VBN-ALL 去-PST
姑娘们为了取火到了那里。

4.宾格

宾格表示行为与客体的关系。宾格在句子中做宾语，回答kimni“把谁”、naŋnə“把什么”的问题。伊宁撒拉语的宾格附加成分为-ni/-nə。当词末音节中的元音为前元音时缀加-ni；当词末音节中的元音为后元音时缀加-nə，有时在辅音后出现-ə这样的变体形式。例如：

bala-nə把孩子 孩子-ACC	kim-ni把谁 谁-ACC
anatʃyk-ni把小女孩 小女孩-ACC	qo-nə把门 门-ACC
oʰt-nə把火 火-ACC	leme-ni把饭 饭-ACC

宾格的用法有以下几种：

（1）带宾格附加成分的词表示行为动作的直接受事者，在句子中做宾语。例如：

hɛsɛn-ø　　baʁləχ-ni　　jeʃ-miʃ.

阿山–NOM　绳子–ACC　解开–LAT.PST

阿山把绳子解开了。

dadyj-din　me-ni　daŋna-miʃ　ta　liuʂi　niɛndɛj　nuŋdʒi　ʃøʃio-ʁa

大队–ELA　我–ACC　选–LAT.PST　CONJ　六十　年代　农机　学校–ALL

jyr-myʃ.

走–LAT.PST

60年代大队选我去了农机学校学习。

ørgen-i　ʃyeʃidzəŋ-ni　ɛkil-i　jan　gɛ-sɛ　ɛt-kusə　guŋzo

学习–ADVL　学习证–ACC　带–ADVL　回　来–COND　做–ADJL　工作

joχ.

没有

学习完后带着学习证回来没有工作可干。

（2）名词泛指一般事物，若名词与动词之间没有其他修饰语时宾格附加成分可以省略。例如：

bir　ana　palan-ə　ʂu-ø　oχə-bər.

一　女孩　趴–ADVL　书–ACC　读–PROG

一个女孩儿在趴着看书。

tʃoʁ-u-na　ɢormuʃ-ø　ve-miʃ.

勺子–POS.3sg-ALL　炒麦–ACC　给–PST

把炒麦盛入她的炒勺里。

（3）若名词表示完整概念，表行为状态的宾动词组中动词和名词结合得非常紧密，此时也不需要缀加宾格附加成分。例如：

emine　leme-ø　et-ba.

艾米娜　饭–ACC　做–PROG

艾米娜在做饭。

5. 位格

位格表示动作行为或事物存在的时间、地点、范围等。位格在伊宁撒拉语的句子里做状语，回答ɢada“在哪儿”、kimdɛ“在谁的那儿”、naŋda“在什么东西的那儿”、ɢaj vaχda“什么时候”等问题。

位格附加成分有-da/-dɛ、-nda/-ndɛ两个。其中-nda/-ndɛ加在从属第三人称词干后，-da/

-dɛ加在没有第三人称的词干后。例如：

ɢɛlɛm-dɛ用笔　　mørɛn-dɛ在河里
笔-LOC　　河-LOC

iʃ-i-ndɛ在……的里面　　jol-da在路上
里-POS.3sg-LOC　　路-LOC

sarə-sə-nda在……方面　　geʃaŋ-da在县城
方向-POS-LOC　　县城-LOC

位格的用法有以下几种：

（1）表示地方。例如：

indʒi　jidzi̥　ʃiodyj-de　iʃli-dʒi.
然后　一直　小队-LOC　工作-PST
然后一直在小队里工作。

pise-nəŋ　bu　aʁəl-da　sɛkis　millɛt　var.
我们-GEN　这个　村子-LOC　八　民族　有
我们这个村子有八个民族。

hɛsɛn　altaj-da　goŋzo　et-ba.
阿山　阿勒泰-LOC　工作　做-PROG
阿山在阿勒泰工作。

u-niŋ　øj-y-ndɛ　taʁar-taʁar　aʃliχ　var　a.
他-GEN　家-POS.3sg-LOC　麻袋　粮食　有-INF　MOOD
他家有成袋成袋的粮食。

（2）表示时间。例如：

pisər-gɛ　seŋχuofij　bir　jil-də　jitʃiɛn-dən　atuʁ-raχ　helli　ba.
我们-ALL　生活费　一　年-LOC　一千-ELA　多-DIM　钱　有
我们一年有一千多块钱的生活费。

hɛsɛn-ø　ɛhtɛ　yjle-dɛ　gi-ga.
阿山-NOM　明天　中午-LOC　来-FUT
阿山明天中午要来。

（3）表示动作的方式。例如：

mɛn-ø　tyx　qɛlɛm-dɛ　jaz-dʒi.
我-NOM　毛　笔-LOC　写-PST
我是用毛笔写的。

hɛsɛn-ø tʃitʂe-də øj-ɛ jan-dʒi.
阿山－NOM 汽车－LOC 家－ALL 回－PST
阿山乘车回家了。

6. 从格

从格表示行为或状态发生的始点和时间、地点、经过、原由、被比较的对象等。从格在句子中做状语，回答kimden“从谁”、ɢadən“从哪儿”、naŋdan“从什么”等问题。

从格附加成分有-dan/-dɛn、-ndan/-ndɛn两个。其中-ndan/-ndɛn加在带从属第三人称的词干后，-dan/-dɛn加在不带从属第三人称的词干后。因受维吾尔语的影响，伊宁撒拉语也会出现维吾尔语从格附加成分的变体形式-din/-tin。例如：

øj-y-ndɛn从他的家里
家－POS-ELA

daʁ-dan从山上
山－ELA

ili-din从伊犁
伊犁－ELA

ama-sə-ndan从他妈妈那儿
妈妈－POS.3pl-ELA

kim-dɛn从谁那里
谁－ELA

从格的用法有以下几种：

（1）表示行为或状态发生的起点。例如：

hɛsɛn ili-din gi-miʃ.
阿山 伊犁－ELA 来－LAT.PST
阿山来自伊犁。

mɛn jiraχ-dən gɛl-gɛn-dɛ.
我 远处－ELA 来－ADJL-LOC
我从远方来的时候

（2）表示行为或状态开始的时间。例如

mɛn mun-din ili bir dʒøŋgy kiʃi i-dir.
我 这－ELA 以前 一 庄稼 人 是－COP
以前我是一个农民。

bu-lar ohol-dan øjitʃi kuli-dɛn gɛl-sɛdɛ mun-da otur-sada bu
这－PL 很久－ELA 家人 内地－ELA 来－CONJ 这－LOC 住－CONJ 这
islam din-i-nɛ eriʃ-ba.
伊斯兰教－POS.3sg-ALL 跟随－PROG
这些人的家人尽管很久以前从内地迁移在这儿定居，却信仰伊斯兰教。

（3）表示比较的对象。例如：

men-ø　　inі-m-den　　bidʒɛ　　bik-ɑ.

这-NOM　弟弟-POS-ELA　一点儿　高-INF.AUX

我比弟弟高一点儿。

ana-sə　　ama-sə-ndan　　jaχtʃuχ-ɑ.

女儿-POS.3sg　妈妈-POS.3sg-ELA　漂亮-INF.AUX

他的女儿比妈妈漂亮。

7. 工具格

工具格表示行为动作发生时所使用的工具及手段，有时也表示和他人一起进行某行为。工具格在句子中做状语。伊宁撒拉语工具格形式由词干缀加附加成分 -lɑ/-lɛ 构成。例如：

oraχ-la 用镰刀　　urχan-la 用绳子

镰刀-INSTR　　绳子-INSTR

sɑvɑχdaʃ-la 和同学　　ɢɛlɛm-lɛ 用笔

同学-INSTR　　笔-INSTR

工具格的用法有以下几种：

（1）表示工具。例如：

u　ɢuʃ-nə　oχjɑ-lɑ　øldər-miʃ.

他　鸟-ACC　弓箭-INSTR　杀死-LAT.PST

他用箭射死了鸟。

vu　onbɛʃ　mo　jɛr-lɑ　mɛn-dɛ　bɛʃ　ɑnɑ　vɑr,　bɛʃ　ɑnɑ-nə

这　十五　亩　地-INSTR　我-LOC　五　女儿　有　五　女儿-ACC

je-dər-e　oχu-t-ə.

吃-CAUS-ADVL　读书-CAUS-ADVL

我利用十五亩土地供我五个女儿吃喝、上学。

（2）表示和他人一起进行某行为。例如：

u　bɑl-lɑr-lɑ　ojnɑ-bɑ.

他　孩子-PL-INSTR　玩-PROG

他在和孩子们一起玩。

emine-ø　ini-si-lɛ　salasun-a　gi-miʃ.

艾米娜-NOM　弟弟-POS-INSTR　撒拉村-ALL　来-LAT.PST

艾米娜和她弟弟一起到撒拉村来了。

8. 地点标志格

地点标志格表示事物或行为的空间时间特征。在句子中做定语。地点标志格由词干缀加附加成分 -daʁə/-dɛgi 构成。-dɛgi 中的 ɛ 可弱化为 i，变为 -digi。例如：

asman-daʁə 天上的　　jɛr-dɛgi 地上的

天-LQ　　地-LQ

puldur-daʁə 去年的　　øj-digi 家里的

去年-LQ　　家-LQ

地点标志格的用法有以下几种：

（1）表示空间特征。例如：

tʃiŋχɛj minzu ʃyejɛn-diki-lɛr iʃki ytʃ gɛz gɛl-dʒi.

青海 民族 学院-LQ-PL 两 三 次 来-PST

青海民族学院的人来了两三趟。

pise-nigi bu aʁəl-daʁə-sə iʃki məŋ bɛʃ jyz-dən artuχ-tur.

我们-GEN 这 村子-LQ-POS.3sg 两 千 五 百-ELA 多-COP

我们这村子的（人口）有两千五百多。

jarəm-ə-sə baʃqa jɛr-digi jogu daʁal-ə tur-ba.

一半-POS.3sg-POS.3sg 其他 地方-LQ 都 分散-ADVL 居住-PROG

一半在其他各地分散居住。

（2）表示时间特征。例如：

ozaʁəl-daʁə iʃ-i-ni ed-i vol-ma-miʃ.

去年-LQ 事-POS.3sg-ACC 做-ADVL AUX-NEG-PST

去年的活还没干完。

二　形容词

（一）形容词的分类

伊宁撒拉语中的形容词根据其意义和语法特点可分为性质形容词和关系形容词两类。

1. 性质形容词

性质形容词表示事物的特征和性质。例如：

ɢara 黑　　sarə 黄　　gøk 蓝

jaʃəl 绿　　zədi 紫　　uzun 长

χəsqa 短　　jiraχ 远　　sɛmimi 诚实

2. 关系形容词

关系形容词表示事物之间的关系。伊宁撒拉语的关系形容词，通过在词根上缀加一些构词附加成分来构成。

（1）在表示时间和空间的词干后面缀加附加成分 -ʁə/-ɢə/-gi-/-ki，构成与某时间有关的关系形容词。例如：

bygyn + -ki → bygynki 今天的
今天-SUFF

ohol + -ɢə → oholɢə 从前的
从前-SUFF

puldur + -ɢə → puldurɢə 去年的
去年-SUFF

basagyn + -gi → basagyngi 后天的
后天-SUFF

（2）在名词、形容词词干后面缀加附加成分 -li/-lə，表示具有某种事物或与某种事物有关的特征。因受维吾尔语的影响伊宁撒拉语中出现了 -lik/-ləχ/-lyk 并用现象。例如：

dyr + -lyk → dyrlyk 各种
种类-SUFF

dyr + -li → dyrli 各种
种类-SUFF

aqəl + -lə → aqəllə 聪明的
智慧-SUFF

aqəl + -ləχ → aqəlləχ 聪明的
智慧-SUFF

dyrlyk ɑlmɑ 各种水果
各种苹果

tʃetɛllik ɢonɑχ 外宾
外国的客人

dyrli-dyrli　ɛmɛk-lɛ-ni　piʃir-bɑ.
各种各样　馕-PL-ACC　烤熟-PROG
做各种各样的馕。

hɛsɛn　tai　ɑqilli　i-dir.
阿山　太　聪明　是-COP
阿山很聪明。

jeŋijer-de　salaliχ　var.
叶尼叶尔-LOC　撒拉人　有
叶尼叶尔（地名）也有撒拉村的人。

（二）形容词的级范畴

伊宁撒拉语的性质形容词有级的范畴。按照形容词所表示特征的程度，性质形容词可分为原级、减弱级、加强级。

1. 原级

原级形容词为形容词的原形。例如：loʂə“老实、乖”、dafaŋ“大方”、ɢara“黑”、sarə“黄”、jaŋə“新的”、dʒadaχ“大”、joʁan“粗”、aruχ“瘦”、semiz“胖”、jaman“凶恶”、

køn“宽”、jɑχʃi“好”。

2. 减弱级

形容词减弱级是由原形后面缀加-rɑχ/-rɛk的方式构成。伊宁撒拉语中这种形式使用频率较低。例如：

ɑχ＋-rɑχ→ɑχrɑχ白点儿
白-DIM

kitʃi＋-rɛk→kitʃirɛk小点儿
小-DIM

ji　tʃiɛn-dən　ɑtuʁ-rɑχ　helli　bɑ.
一　千-ELA　多-DIM　钱　有
有一千多一点儿的钱。

3. 加强级

加强级是性质形容词所表示特征的强化。由形容词词根后加-tʃuk/-tʃyk或-dʒyk/-dʒuʁ构成。例如：

kitʃi＋-tʃyk→kitʃitʃyk小小的
小-SPL

jɑχʃi＋-tʃyk→jɑχʃitʃyk好好的
好-SPL

leʃgi＋-tʃyk→leʃgitʃyk细细的
细的-SPL

uzun＋-tʃuk→uzuntʃuk长长的
长的-SPL

三　数词

（一）数词的定义

数词是表示事物的数量、顺序的词类。伊宁撒拉语的数词与其他突厥语族语言基本相同。

（二）数词的种类

伊宁撒拉语的数词有基数词、序数词、集合数词、约数词和分数词。

1. 基数词

基数词表示事物的数量，并为形成其他数词做基础。例如：

bir一	iʃki二	ytʃ三
døt四	bɛʃ五	ɑltə六
jedi七	sɛkis八	doqus九
on十	on bir十一	on iʃki十二
on ytʃ十三	on døt十四	on bɛʃ十五
on ɑltə十六	on jedi十七	on sɛkiz十八
on doqus十九	jigirmɛ二十	ottus三十

ɢerəχ 四十	ɛllik 五十	ɑltməʃ 六十
jetmiʃ 七十	sɛksɛn 八十	doχsɛn 九十
jyz 一百	iʃki jyz 二百	yʃ jyz 三百
døt jyz 四百	bɛʃ jyz 五百	ɑltə jyz 六百
miŋ 千	on miŋ 万	jyz miŋ 十万
bir miljon 百万	on miljon 千万	jyz miljon 亿

基数词在句子中有时跟量词结合组成数量词结构。例如：

iʃki kilometir liɑŋ guŋli vɑr.

二 公里 两 公里 有

有两公里。

iʃki zɛnzi-dɛn yʃ zɛnzi-din itʃ-ir-i jogosə qɑrəʃ-bər

两 碗-ELA 三 碗-ELA 喝-CAUS-ADVL 全-POS.3sg 参与-PROG

jɑχʃi iʃ ɑ.

好 事-INF MOOD

两碗、三碗地给喝，全部过来参与，这是好事啊。

ɑrdɑ-ɑrdɑ bu ɛŋgɛk vol-u bu iʃki jil juɢɑl-miʃ.

渐渐 这 难 发生-ADVL 这 两 年 消失-LAT.PST

这种事渐渐地变得比较难，近两年就消失了。

2. 序数词

序数词表示事物的顺序、等级或者号码。伊宁撒拉语中的序数词由基数词加-indʒi/-ndʒi构成。例如：

iʃki məŋ on døt-indʒi jil-i bu tʂe-nə sɑt-dʒi.

两 千 十 四-SUFF 年-POS.3sg 这 车-ACC 卖-PST

2014年把这个车卖了。

døt-indʒi ɑj bɛʃ-indʒi ɑj vo-ʁɑn-dɑ dɛjkuɛn ɑl-bɑ.

四-SUFF 月 五-SUFF 月 到-ADJL-LOC 贷款 拿-PROG

四五月份借贷款。

序数词在句子中主要做定语。例如：

ɑlti-ndʒi jil-i gɛ-gən-dɛ ɑltə oʁrə tʃiχ-miʃ.

六-SUFF 年-POS.3sg 来-ADJL-LOC 六 劫匪 出-LAT.PST

第六年出现了六个土匪。

3. 集合数词

集合数词表示若干人或者事物的整体。伊宁撒拉语保留了撒拉语基数词后加 -tʃo 的方法来构成集合数词。除此之外，伊宁撒拉语还吸收了维吾尔语表示集合数词的附加成分 -(i)lɛn。例如：

bɛʃ-tʃo 五个人
五-SUFF

iʃki-tʃo 俩（两人）
二-SUFF

yʃ-tʃo 三个人
三-SUFF

ɑltə-tʃo 六个人
六-SUFF

pisɛr ikki-jlɛn paχulaʃ-dʒi.
我们 两-SUFF 聊天-PST
我们两个人交谈了。

基数词缀加从属人称附加成分也可以构成集合数词。例如：

pisɛr ikki-miz jogo joχ kiʃ-dir.
我们 两-POS.1pl 全都 没有 人-COP
我们两个人都是穷人。

4. 约数词

约数词表示人或者事物的大概数量。伊宁撒拉语中构成约数词的方式有以下几种：

（1）两个相邻的基数词连用可以构成约数词。例如：

bɛʃ-ɑltə kiʃ 五六个人
五-六 人

uʃ-døt ɢoj 三四只羊
三-四 羊

tort jyz bɛʃ jyz bala var a.
四 百 五 百 孩子 有-INF MOOD
有四五百个学生。

（2）基数词后加名词复数附加成分表示约数。约数后通常连用位格附加成分和助词 vara 表示人的大约年龄段。不过，在口语中这种方式构成的约数词会发生音变。例如：

on + -lar + -da → onlarda → onaba（口语中）十左右
十-PL-LOC

ɢərəχ + -lar + -da → ɢərəχlarda 四十左右
四-PL-LOC

u-nigi jaʃ-i ɢərəχ-lar-da var a.
他-GEN 年龄-POS.3sg 四十-PL-LOC 有-INF MOOD
他大概四十来岁。

（3）可以在数词或者量词修饰的数词后加kamasər 表示约数。例如：

ɢadən kiʃi bir aj kamasər a-nə tʃala-ʁu mu-nə tʃala-ʁu eti
女 人 一 月 好像 那-ACC 请-FUT 这-ACC 请-FUT 做着
ajət-ni øtyr-ba.
节日-ACC 度过-PROG
女人们差不多一个月都在串门过节。

liu dʒi niɛn ʃøʃiav-ʁa var-ə døt jil kamasər ørgɛn-i gɛl-dʒi.
六 几 年 学校-ALL 去-ADVL 四 年 大概 学习-ADVL 来-PST
60年代去学校，大概学了四年回来。

（4）基数词后加nɛtʃtʃɛ“几个”组合来表示事物的大概数目。例如：

atmiʃ nɛtʃtʃɛ pirsɛn vo-ba.
六十 几 百分之 有-PROG
大约占百分之六十。

vejven-la-niki-dɛ ohol-da var-atʃi øtyr-mɛ bir on nɛtʃtʃɛ
维吾尔-PL-GEN-LOC 从前-LOC 有-ADVL 过-NEG 一 十 几
jil-din ili bu anda-sarda si øtyr-ba.
年-ELA 前 这 零星 才 过-PROG
维吾尔人（过纳乌茹孜节的习俗）是很久之前就有的，但这十几年来才开始庆祝。

on nɛtʃtʃɛ ʃargərt-ni tʃiχ-ar-ʁan i-dir de.
十 几 徒弟-ACC 出-CAUS-ADJL 是-COP MOOD
曾培养了十几个徒弟。

该组合的约数表示从基数单位到下一个单位之间的数字。例如jyz nɛtʃtʃɛ是表示一百到两百之间的数词。

（5）基数词缀加从格附加成分，再加atuχ构成表示约数的结构。该组合表示比基数只大一点点的数目。例如：

pise-nigi bu aʁəl-daʁə-sə iʃki məŋ bɛʃ jyz-dən artuχ-tur.
我们-GEN 这 村子-LQ-POS.3sg 两 千 五 百-ELA 多-COP
在我们这个村子的是两千五百多点儿。

jyz-dɛn artuχ bal-lar var a.
一百-ELA 多 孩子-PL 有-INF MOOD
有一百多个孩子。

5. 分数词

伊宁撒拉语中基数词的从格形式做分数的分母，基数词原形做分子。例如：

yʃ-tɛn　bir 三分之一		døt-tɛn　bir 四分之一	
三-ELA　一		四-ELA　一	
bɛʃ-dɛn　iʃki 五分之二		iʃki-dɛn　bər 二分之一	
五-ELA　二		二-ELA　一	

新疆伊宁县撒拉村的年轻人绝大部分都用汉语数词来表示这些数字，甚至于“十”之前的数字他们也经常用汉语来表示。在序数词当中，除了在表达月份时还有部分人使用撒拉语外，在其他方面都已不使用撒拉语了，而全部转用汉语。其他的数词，如分数词等也都基本上使用汉语。

四　量词

伊宁撒拉语中的量词按照其来源可分为专用量词和转化量词。专用量词指只能用作量词或者大多情况下用作量词的词汇。例如：ɢoʃ“双”、dɑsər“块”、kɛn“件”、gɛz“趟”。伊宁撒拉语中量词的使用频率极低，而且很多量词都从伊宁撒拉语中消失了。

转化量词指原本具有一定体积或者表示时间的名词可当作量词来用。这类量词失去自己原有的名词词性而具有量词的特征。例如：

oχəʃi　bir　guruppɑ　er　ɑ.

文字　一　组　是-INF　MOOD

文字属于一个组。

bir　ɑʁəz　ji-sɛ　ɑdʒi(i)r　ɑri.

一　口　吃-COND　苦-COP　MOOD

吃一口却是苦的。

iʃki　zɛnzi-dɛn　yʃ　zɛnzi-din　itʃ-ir　i?

两　碗-ELA　三　碗-ELA　喝-PRES　MOOD

（每人）喝两三碗吗？

伊宁撒拉语的量词还可按照其意义及结合的对象分为物量词和动量词。跟名词结合表示事物计算单位的量词叫作物量词。表示动作次数和发生的时间总量的量词叫作动量词。例如：

eli　et-i　bu　tʃiŋχɛj　minzu　ʃyejɛn-diki-lɛr　iʃki　ytʃ　gɛz　gɛl-dʒi.

这样　做-ADVL　这　青海　民族　学院-LQ-PL　两　三　次　来-PST

然后这青海民族学院的人来了两三趟。

χɑmi-ʁɑ bir tʂer bogu hɑr-dʒi.
哈密-ALL 一 车 玉米 运-PST
往哈密运了一车玉米。

名词根据是否可数可分为可数名词和不可数名词，前者如kiʃi“人”、ɑʁəl“村子”，后者如su“水”。一般情况下，伊宁撒拉语中的可数名词不使用量词，也即数词不需要量词就可以直接修饰名词。但不可数名词都要与作为度量单位的量词搭配使用。例如：

mɛn bir tʂer ɑl-dʒi.
我 一 车 买-PST
我买了辆车。

ɑrdʒi iʃki ɑnɑ-sə ɢɑl-məʃ.
然后 两 女儿-POS.3sg 留-LAT.PST
然后剩下了两个女儿。

五 副词

副词是不发生形态变化的词类，在句子中修饰形容词、动词，用来表示行为、状态的时间、地点、范围、程度、方式和形状等。

伊宁撒拉语的副词按照其表示的意义可分为时间副词、方位副词、程度副词、状态副词等。

（一）时间副词

时间副词表示动作行为发生的时间或者事物特征存在和持续的时间，如bygyn“今天”、yjleden ili“上午”、geʃ“傍晚”、ili“从前”、indʒi“现在，马上”、gɛʃkyndʒyk“总是”、ilindʒɛ“首先”、si“刚”等。例如：

hɛsɛn-ø bygyn gi-gɑ.
阿山-NOM 今天 来-FUT
阿山今天来。

hɛsɛn-ø bu nɛtʃi kyn gɛʃkyndʒyk jol vo-ʁɑn χɛntɛr-ni gij-bɑ.
阿山-NOM 这 几 天 总是 道 有-ADJL 衬衫-ACC 穿-CONT
阿山近来总是穿着一件满是道道儿的衣衫。

pisɛr si gɛl-dʒi.
我们 刚 来-PST
我们刚来。

（二）方位副词

方位副词表示动作行为发生或者存在的地点方位，如øre“上面”、enʃe“下面”、iʃi“里面”、daʃi“外面”、ardʒi“后面”、janə“旁边”、munda“在这里”、anda“在那里”等。例如：

mɛn　se-nigi　qiliʃ-iŋ-ni　ɢo　ardʒi-na　as-ə　ɢal-dʒi.

我　你-GEN　刀-2sg.POS-ACC　门　后-ALL　挂-CONV　留-PST

我把你的马刀挂到门后边了

an-dən　ardʒi　ɢal-ʁan　iʃki　ana-sə　ɢo-nə　da　aʃ　be-ma-miʃ.

那-ELA　以后　留下-ADJL　二　女儿-POS.3sg　门-ACC　也　开　给-NEG-PST

从那以后剩下的两个女儿没有给（它）开门。

（三）程度副词

程度副词表示动作行为和事物特征的程度，如hama“很”、χudu“非常”、dʒiχaŋ“更加”、te“太”、hɛmɛ“完全”、bidʒɛ“稍微”、ʃaŋdaŋ“相当”等。例如：

hɛsɛn-ø　jyz　nomur　al-miʃ　dɛ　te galə-ba.

阿山-NOM　一百　分　获得-PST　CONJ　太高兴-PROG

阿山得了一百分高兴坏了。

bygyn-ø　ʃaŋdaŋ　issi　a.

今天-NOM　相当　暖和-INF　MOOD

今天相当地暖和哟。

bu-ø　bidʒɛ　bik　a.

这-NOM　一点儿　高-INF　MOOD

这个高一点儿。

（四）状态副词

状态副词表示动作行为进行的状态，如lordʒiʁa“突然”、alajitɛn“特意”、mali“快”。例如：

u　abdu　kama　mali　jygər-al-mə-ʁa.

他　阿布都　POST　快　跑-ABIL-NEG-FUT

他跑得没有阿布都那么快。

doʃan-lar　χorʁa-miʃ　tə　lordʒiʁa　ɢaʃ-qur　de-miʃ.

兔子-PL　害怕-PST　CONJ　突然　跑-FUT　说-PST

这些兔子吓得突然说“快跑”。

六 代词

伊宁撒拉语中的代词按照其意义可分为人称代词、指示代词、疑问代词、反身代词、全指代词、不定代词、否定代词和性质代词等八类。

（一）人称代词

人称代词的种类：

人称	单数	复数
第一人称	mɛn	piser
第二人称	sɛn	seler
第三人称	vu	vulɑr

伊宁撒拉语的人称代词有着不同于维吾尔语等其他突厥语族语言的特点，如伊宁撒拉语的第二人称代词单数、复数都没有尊称形式，即用一个sɛn，有时词末的n脱落。例如：

mɛn mun-din ili bir dʒøŋgy kiʃi i-dir.
我 这-ELA 以前 一 庄稼 人 是-COP
以前我是一个农民。

sɛn mɛnden bik ɑ.
你 我-ELA 高-INF MOOD
你比我高。

hɛsɛn vulɑr kiʃ kup ɑ.
阿山 他们 人 多-INF MOOD
阿山他们人多。

sɛ vɑr mɛn dɛ vɑr.
你 去 我 也 去
你去我也去。

silɛr hɛsɛn gi-gusi-ni bil-ir u bil-mes i?
你们 阿山 来-VBN-ACC 知道-PRES-Q MOOD 知道-NEG-Q MOOD
你们知道阿山来不来？

（二）指示代词

指示代词是用来指示或识别人或事物的代词。伊宁撒拉语中指示代词有bu“这”、u“那”、diu“那个”。指示代词bu“这”变格时，辅音b变为m（主格除外）。在语流中指示代词u“那”会增加v音，如bu“这个”、vu“那个”、vulɑr“那些”等。例如：

mun-dɑn ili nɑŋ oχu-ʁu-ŋ vɑr-sɑ jirɑq-qɑ vɑr-ər.
这-ELA 前 什么 读-VBN-POS.2 有-COND 远方-ALL 去-PRES

在这之前谁想读书都要去很远的地方。

mun-dɑ　pise-ni　ɑʁəl-dɑ　sɛkis　millɛt　vɑr　ɑ.

这-LOC　我们-GEN　村子-LOC　八　民族　有-INF　MOOD

我们这个村子有八个民族。

ɑŋnə-ʁən　kɑmɑ　vosɑ　diu　hɛsɛn-ø　onbɛʃ　jil-dɛ,

听-ADJL　POST　TOP　那个　阿山-NOM　十五　年-LOC

o-si-ni　oχu-t-ə　dynjɑ-dɛ　bilimlik　kiʃi　ɛht-miʃ.

儿子-POS-ALL　读-CAUS-CONV　世界-LOC　有知识的　人　成为-LAT.PST

听说，那个阿山用十五年时间把他的孩子培养成了一名国际知名学者。

（三）疑问代词

疑问代词用于表示代替疑问内容，包括人、事物、地点、时间、数量、原因等。伊宁撒拉语的疑问代词主要有：kim“谁”、nɑŋ“什么”、ɢɑjsə“哪个”、netʃikli“怎样”、nɛtʃtʃɛ“几个，多少”、niʃlɛ“是怎样的”、nɛgɛ“为什么”、ɢɑtʃɑn“什么时候”、ɢɑdɑ“在哪儿”、ɢɑlɑ“到哪儿”、ɢɑdɑn“从哪儿”、ɢɑj vɑχdɑ“在什么时候”等。

因为疑问代词代替的内容一般不能预知其数量，所以不是所有疑问代词都有数的范畴，只有个别疑问代词有数的变化。例如：

øj-ɛ　kim-lɛr　vɑr-miʃ?

家-ALL　谁-PL　去-LAT.PST

谁去了家里？

sɛn　nɑŋ　ɑl-ʁur?

你　什么　买-FUT

你要买什么？

伊宁撒拉语疑问代词的重叠也可以表达复数意义。例如：

u　kim-kim-ni　kør-gɛn-i-ni　jiʃɑ-bɑr.

他　谁-谁-ACC　见到-ADJL-POS.3-ACC　讲-PROG

连见到了哪些人他也都说了。

ɢɑdɑ-ɢɑdɑ　vɑr?

在哪儿-哪儿　有

在哪些地方有？

sɛn-ø　gedʒɛ　negɛ　gɛ-mɑ-dʒe?

你-NOM　昨天　为什么　来-NEG-PST

你昨天怎么没来呀？

siz-niŋ nɛtʃɛ bɑlɑ-ŋ vɑr i?

您-GEN 几个 孩子-POS.2 有 MOOD

您有几个孩子?

（四）反身代词

反身代词用于表示人或事物自身。反身代词由ij、iz加领属人称附加成分来构成，有单复数形式。伊宁撒拉语反身代词有øz这样的变体形式。反身代词有人称、从属和格的变化，如ij/iz“自己”、izim“我自己”。

反身代词的从属人称变化：

单数	复数
第一人称ijim、izim“我自己”	ijimiz、izimiz“我们自己”
第二人称ijiŋ、iziŋ“你自己”	ijiŋ、iziŋ“你们自己”
第三人称iji、izi“他自己”	iji、izi“他们自己”

带有领属人称附加成分的反身代词单数形式可以缀接格附加成分。例如：

第一人称	第二人称
领格ij-im-nigi	ij-iŋ-nigi
向格ij-im-ɑ	ij-iŋ-ɑ
宾格ij-im-nə	ij-iŋ-nə
位格ij-im-dɛ	ij-iŋ-dɛ
从格ij-im-dɛn	ij-iŋ-dɛn

下面略举几个例句以说明其具体用法：

men ij-im gel-dʒi.

我 自己-1sg.POS 来-PST

我自己来了。

hɛsɛn-ø ez-i jɑχʃi ørgɛn-gɛn-den bɑʃqɑ kiʃ-ler-gɛ

阿山-NOM 自己-POS.3sg 好 学习-ADJL-ELA 除了以外 人-PL-ALL

bɑŋnɑʃ-miʃ.

帮忙-LAT.PST

阿山除了自己学习好外还帮助别人。

反身代词与动词连用时，可以代替人称代词，以强调人称意义。例如：

mu-ni iz-əŋ-ɑ uzat ber-dʒi.

这个-ACC 自己-POS.2sg-ALL 送 给-PST

把这个送给你了。

（五）全指代词

全指代词用于表示所指对象的全部。伊宁撒拉语中全指代词有hɛr“每”、hɛmmɛ“全部”、jogo“所有”等。全指代词hɛmmɛ可以结合人称、数、从属附加成分和格附加成分，在句中常起修饰其他词的作用。全指代词hɛr不变格、不带从属性附加成分，句中只修饰年、月、日和次数。全指代词jogo可以加从属性附加成分和格的附加成分。例如：

dʐuŋgu-nigi　hɛmmɛ　jɛr-i-nɛ　vɑ-bɑr.

中国-GEN　全部　地方-POS.3sg-ALL　去-PROG

去中国的所有地方。

jogo-sə-nə　sɛndir-miʃ.

全部-POS.3sg-ACC　弄灭-LAT.PST

全部都弄灭了。

jogo-nə　ɑʃkirɑ　jeʃɑ　be-miʃ.

全部-ACC　清楚　说　给-LAT.PST

全部都说清楚了。

doʃɛn　indʒi　hɛr　gyni　etʃəχ　bɑʃ-ə-nɑ　gel-i　zəqərɑ-miʃ.

兔子　于是　每　天　房　顶-POS.3sg-ALL　来-ADVL　喊-LAT.PST

这兔子每天到房顶喊。

bɑl-lɑr-niŋ　jogo-si　gi-miʃ.

孩子-PL-GEN　全部-POS.3sg　来-LAT.PST

孩子们都来了。

（六）不定代词

不定代词用于表示说话者不清楚的人、事物等。伊宁撒拉语中不定代词有kimdər“不知是谁”、nɑŋortʃyx“某东西”、bir kiʃ“一个人”、bir kiʃor“某一个人”、bir nɑŋor“某物”、bir ɢɑjsə“某个”、ɢɑjsortʃyk“不知哪个”、her ɢɑjsə“各自”、bir vodʒɛn“某个东西”、tʃɑmɑt kiʃ“某人”等。不定代词一般有格和数的变化。例如：

bir　kiʃ　sen-i　tʃalə-ba.

一　人　你-ACC　叫-PROG

有个人在叫你。

ohol-da　bir　kiʃor　wu-meʃ,　aŋ-a　jaχtʃuχ　ana　vu-meʃ.

很久-LOC　一　某人　有-PST　他-ALL　漂亮　女儿　有-PST

很久以前有个人，他有个漂亮女儿。

（七）否定代词

用于否定，表示“什么也（不）”“任何……都不”的意思。伊宁撒拉语的否定代词主要有her kim“任何人（都不）”、ɢɑlɑdɑ“任何地方（都不）”、nitʃiksi“任何事情（都不）”、ɢɑtʃɑŋ vosədɑ“任何时候（都不）”、kim vosɑ“任何一个（都不）”等。例如：

puldur　ɑltaj-ʁɑ　var　gel-dʒinɛ　indʒi　mɛ　qɑlɑ　de　vɑ-mɑ-dʒi.

去年　阿勒泰-ALL　去　来-ADVL　就　我　任何地方　也　去-NEG-PST

自去年去阿勒泰以来，我哪儿也没去。

ma-ŋa　hemeneme　joχ-dər.

我-ALL　什么都　没有-COP

我什么也没有。

（八）性质代词

性质代词用来代替表示事物性质、程度、行为特征等概念的形容词、副词。常见的性质代词主要有belixsi/belisi/bejsi“这种的”、besgi/-beligi/-bele“这样的”、elisi/eligi/ele“那样的”等。例如：

hɛsɛn-ø　gɛ-gɛn-din　ili,　pise-niŋ　mun-dɑ　beliski　donʃi　joχ.

阿山-NOM　来-ADJL-ELA　前　我们-GEN　这里-LOC　这种　东西　没有

阿山来之前，我们这里没有这种东西。

beliɣi　ɛt-sɛ　vo-mi-ʁɑ.

这样　做-COND　可以-NEG-FUT

这样做是不行的

hɛsɛn-ø　ʃɛntʂɑŋ-ø.　hɛsɛn-ø　ʃɛntʂɑŋ　vu-ʁɑnnigi　beligi　et-ki

阿山-NOM　县长-CO P　阿山-NOM　县长　当-ADVL　这样　做-VBN

keli-gɑ.

需要-FUT

阿山是县长。正由于阿山是县长，他才需要这样做。

七　动词

（一）概述

伊宁撒拉语的动词有语态、肯定-否定、能动、式、时态等语法变化。此外还有形动词、动名词、副动词、系动词等形式变体。动词的各种语法范畴主要通过附加成分表示。伊宁撒拉语和青海撒拉语与西部裕固语一样，动词没有人称和数的变化，这一点与其他突厥语族语言不同。

（二）动词的语态

行为、动作或者状态与主体的关系被称为语态。伊宁撒拉语有五个语态：主动态、被动态、反身态、使动态、交互–共同态。

1. 主动态

主动态表示行为、动作是由主体自己进行的。主动态没有特殊的语法标志，其形态标志为零形式。例如：

hɛsɛn-ø　var-dʒi.

阿山　去–PST

阿山去了。

bal-lar-niŋ　jogo-si　gi-miʃ.

孩子们–PL-GEN　全部–POS.3pl　来–LAT.PST

孩子们都来了。

mɛn　kitap-nə　oχu-dʒi.

我　书–ACC　读–PST

我读书了。

2. 被动态

被动态表示动作行为被主语承受，主语不是动作的实施者，而是承受者。伊宁撒拉语的被动态是由动词词干加 -l/-il/-əl 构成。例如：

baʁlaχ　jeʃ-il-miʃ.

绳子　解开–PASS-LAT.PST

绳子解开了。

ɢo　aʃ-il-miʃ.

门　开–PASS-LAT.PST

门开了。

urχan　dʒadə-l-miʃ.

绳子　断–PASS-LAT.PST

绳子断了。

3. 反身态

表示主体既是动作的实施者，又是承受者。附加成分有 -n、-in、-ən、-yn、-un、-l、-il、-əl 等形式。例如：

dara- + -n → daran- 梳妆

梳–REFL

garla- + -n → garlan- 分离

分开–REFL

bugun　aʁəl-da　gør-ən-miʃ.

今天　村子-LOC　出现-REFL-LAT.PST

他今天在村里出现了。

ɢadən　kiʃ-ler　jasla-n-dʒanə　doj-a　va-miʃ.

女　人-PL　打扮-REFL-ADVL　婚礼-ALL　去-PST

女人们打扮之后去了婚礼。

4. 使动态

使动态表示主体强制他人实现动作、行为或状态。伊宁撒拉语使动态构成形式有以下几种：-dir/-dər/-tər/-tir、-ir/-ar。

（1）动词词干加 -dir/-dər/-tər/-tir。有时在口语中 -dər/-dir 位于词末时 r 脱落变成 -də/-di。例如：

bal-lar-ʁa　gij-dər-e　je-dər-e　jidzi̯ elige　iʃ　et-ə

孩子-PL-ALL　穿-CAUS-ADVL　吃-CAUS-ADVL　一直这样　事　做-ADVL

basɛn　niɛn　vo-muʃ.

八三　年　到-PAST

靠做这个事情供孩子们吃、穿，一直到 1983 年。

anan-ə　palan-dər-ə　pit　vaχ-bur-da　a-nəŋ　ɢanə-nə

姑娘-ACC　趴下-CAUS-ADVL　虱子　看-PROG-LOC　她-POS.2　血-ACC

ʃymyr-myʃ.

吸吮-LAT.PST

那姑娘趴下看虱子吸吮她的血。

kovsi　ɛt-tir-mɛ　jyri　joχ　a.

考试　做-CAUS-VBN　去　没有　MOOD

（父母）不让孩子去考试。

mɛn　a-nə　kitap　oχu-dər-dʒi.

我　他-ACC　书　读-CAUS-PST

我让他读书了。

（2）动词词干加 -ir/-ar。例如：

bular-nə　jogo　okoŋ-ʁa　tʃəq-ər-miʃ.

这些-ACC　全部　炕-ALL　坐-CAUS-LAT.PST

让他们都坐在炕上。

mɛn　a-nə　ɢola-dʒina　tʃiχ-ar-dʒi.

我　他-ACC　赶-ADVL　出-CAUS-PST

我赶他出去了。

toχ-nə dʒɑ-ʁɑ tʃiχ-ɑr-miʃ.

鸡-ACC 架子-ALL 拉出-CAUS-LAT. PST

他把鸡赶上架。

5. 交互-共同态

交互-共同态表示动作、行为或状态由两个或以上的主体相互或者共同进行。伊宁撒拉语交互-共同态是由动词词干加-ʃ/-iʃ/-əʃ及其语音变化形式构成。例如：

ulɑr vur-uʃ-dʒi.

他们 打-RECIP-PST

他们打架了。

pisɛr ikkilɑ gɑtʃɑlɑ-ʃ-dʒi.

我们 俩 说话-RECIP-PST

我们两个交谈了。

伊宁撒拉语也与其他突厥语族语言一样，动词中的几个态的附加成分可以同时缀加在同一个动词词干上表达几种不同的意义。例如：

me-ni sim-ni dyzɛ-t-dir-dʒi.

我-ACC 铁丝-ACC 变直-CAUS-CAUS-PST

他让我把铁丝弄直了。

（三）动词的式

伊宁撒拉语动词的式有陈述式、条件-假设式、祈使式和愿望式。

1. 陈述式

陈述式表示说话人在陈述动作行为或状态时的客观叙述。伊宁撒拉语陈述式分为过去时、现在时、将来时。

（1）过去时

过去时表示过去的时间里发生的动作、行为或者出现的状态。伊宁撒拉语的过去时有已知和后知、曾经三种传据范畴。已知过去时表示说话人以亲身经历、目睹或主观有把握的语气陈述说话前发生的行为状态。后知过去时表示说话人以后来知道的语气陈述说话前发生的行为状态。曾经过去时表示行为动作在说话前曾经发生、存在或进行过。

① 已知过去时

A. 构成方式：动词词干＋-dʒi。例如：

ɑl-拿

mɛn ɑl-dʒi. 我拿了。 piser ɑl-dʒi. 我们拿了。

我	拿-PST	我们	拿-PST
sɛn	ɑl-dʒi. 你拿了。	sɛler	ɑl-dʒi. 你们拿了。
你	拿-PST	你们	拿-PST
vu	ɑl-dʒi. 他拿了。	vulɑr	ɑl-dʒi. 他们拿了。
他	拿-PST	他们	拿-PST

B. 否定式：动词词干＋-mɑ/-mɛ/-mi＋-dʒi。例如：

mɛn	ɑl-mɑ-dʒi. 我没有拿。	pisɛr	gɛl-mɛ-dʒi. 我们没有来。
我	拿-NEG-PST	我们	来-NEG-PST
sɛn	piʃti-mi-dʒi. 你没有写。	sɛler	piʃti-mi-dʒi. 你们没有写。
你	写-NEG-PST	你们	写-NEG-PST
vu	ɑl-mi-dʒi. 他没有拿。	vulɑr	ɑl-mi-dʒi. 他们没有拿。
他	拿-NEG-PST	他们	拿-NEG-PST

C. 疑问式

a. 动词词干＋-dʒi＋-mo/-mu/-mi。例如：

mɛn	jɑnʃɑ-dʒi-mu? 我说了吗？	pisɛr	piʃti-dʒi-mo? 我们写了吗？
我	说-PST-Q	我们	写-PST-Q
sɛn	ɑl-dʒi-mi? 你拿了吗？	sɛler	ɑl-dʒi-mi? 你们拿了吗？
你	拿-PST-Q	你们	拿-PST-Q
vu	ɑl-dʒi-mu? 他拿了吗？	vulɑr	ɑl-dʒi-mu? 他们拿了吗？
他	拿-PST-Q	他们	拿-PST-Q

b. 动词词干＋-do/-domo。例如：

mɛn	jɑnʃɑ-domo? 我说了吗？	pisɛr	piʃti-domo? 我们写了吗？
我	说-Q	我们	写-Q
sɛn	jɑnʃɑ-do? 你说了吗？	sɛler	piʃti-domo? 你们写了吗？
你	说-Q	你们	写-Q
vu	jɑnʃɑ-do? 他说了吗？	vulɑr	piʃti-domo? 他们写了吗？
他	说-Q	他们	写-Q

D. 已知过去时的用法和意义

a. 强调动作发生的事实。例如：

mørɛn	su-nə	tʃym-e	gɛl-dʒi.
江河	水-ALL	游-ADVL	来-PST

游过大河来了。

døt jil kamasər ørgɛn-i gɛl-dʒi.

四 年 大概 学习–ADVL 来–PST

大概学了四年回来了。

aʁəl-ʁa gømyr daʃə-dʒi jiraχ jɛr-ɛ bogu daʃə-dʒi.

村子–ALL 煤 运–PST 远 地方–ALL 玉米 运–PST

给村子运煤，给远方运玉米。

puldur piser noruz øtyr-dʒi.

去年 我们 诺如孜 举办–PST

我们去年举办了诺如孜节。

ili-diki vaχtən-da suliɛn-nigi konsuldʒi linʂiguɛn var-a a-nə

伊宁–LQ 时候–LOC 苏联–GEN 领事 领事馆 有–MOOD 它–GEN

itʃin-dɛ otur-dʒi.

里–LOC 住–PST

在伊宁有苏联领事馆，领事在里面住。

b. 陈述已经完成的动作、行为。例如：

indʒi jidzᶖ ʃiodyj-de iʃli-dʒi.

然后 一直 小队–LOC 工作–PST

然后一直在小队工作。

øj-lɛ-ni jaŋəla- bɛr-dʒi.

房子–PL-ACC 翻新–ADVL 给–PST

房子给翻新了。

② 后知过去时

A. 构成方式：动词词干＋-miʃ。例如：

mɛn al-miʃ. 我拿了。

我 拿–LAT.PST

sɛn al-miʃ. 你拿了。

你 拿–LAT.PST

vu al-miʃ. 他拿了。

他 拿–LAT.PST

piser al-miʃ. 我们拿了。

我们 拿–LAT.PST

sɛlɛr al-miʃ. 你们拿了。

你们 拿–LAT.PST

vular al-miʃ. 他们拿了。

他们 拿–LAT.PST

B. 否定式：动词词干＋-ma/-mɛ＋-miʃ。例如：

mɛn al-ma-miʃ. 我没有拿。

我 拿–NEG-LAT.PST

piser gɛl-mɛ-miʃ. 我们没有来。

我们 来–NEG-LAT.PST

sɛn	ɑl-mɑ-miʃ. 你没有拿。	seler	gɛl-mɛ-miʃ. 你们没有来。
你	拿-NEG-LAT.PST	你们	来-NEG-LAT.PST
vu	ɑl-mɑ-miʃ. 他没有拿。	vuler	gɛl-mɛ-miʃ. 他们没有来。
他	拿-NEG-LAT.PST	他们	来-NEG-LAT.PST

C. 疑问式

a. 动词词干＋-miʃ＋-u/-i/-mo/-mu/-mi。例如：

mɛn	jɑnʃɑ-miʃ-mu? 我说了吗？	pisɛr	piʃti-miʃ-mo? 我们写了吗？
我	说-LAT.PST-Q	我们	写-LAT.PST-Q
sɛn	al-miʃ-mi? 你拿了吗？	sɛler	al-miʃ-mi? 你们拿了吗？
你	拿-LAT.PST-Q	你们	拿-LAT.PST-Q
vu	al-miʃ-mu? 他拿了吗？	vulɑr	al-miʃ-mu? 他们拿了吗？
他	拿-LAT.PST-Q	他们	拿-LAT.PST-Q

b. 动词词干＋-do/-domo。例如：

mɛn	ɑl-domo? 我拿了吗？	pisɛr	jɑnʃɑ-domo? 我们说了吗？
我	拿-Q	我们	说-Q
sɛn	ɑl-do? 你拿了吗？	sɛler	jɑnʃɑ-domo? 你们说了吗？
你	拿-Q	你们	说-Q
vu	ɑl-do? 他拿了吗？	vulɑr	jɑnʃɑ-domo? 他们说了吗？
他	拿-Q	他们	说-Q

D. 后知过去时的用法或意义

a. 表示说话者没有目睹事情的发生，多用于讲述故事、传说等。例如：

ohol-dɑ　bovusur　vu-miʃ.
以前-LOC　老爷爷　有-LAT.PST
以前有个老爷爷。

guɑŋjin　tyjlɑ-ʁur-dɑ　ɑba-sə　ɑmɑ-sə　jirɑχ　jɛr-lɛr-ɛ
光阴　推-ADJL-LOC　爸爸-POS.3sg　妈妈-POS.3sg　远　地方-PL-ALL
iʃli-mɛ　vɑ-miʃ.
工作-VBN　去-LAT.PST
过一段时间后，父母去远方打工。

sor-sɑ　bu　ɑnɑ-tʃyk　dʒiŋdʒyg-i-ni　jeʃɑ-miʃ.
问-COND　这　姑娘-DEF　真实情况-POS.3sg-ACC　说-LAT.PST
问的时候这个女孩把真实情况都说出去了。

an-dən ardʒi ɢalʁan iʃki ana-sə ɢo-nə da aʃ
那–ELA 以后 留下–ADJL 二 女儿–POS.3sg 门–ACC 也 开
be-ma-miʃ.
给–NEG-LAT.PST
从那以后剩下的两个女儿没有给（它）开门。

b. 表示以事后才发现的语气陈述已经完成的行为，并且在说话时可以判断其结果。例如：

tʃivu niɛn kamasərda pise-nəŋ dadyj-ʁa toladʒi ake-miʃ.
七五 年 左右 我们–GEN 大队–ALL 拖拉机 运来–LAT.PST
七五年我们大队有了拖拉机。

øj-ym-ɛ on bɛʃ mo jɛr dɛg-miʃ.
家–POS.1sg-AL L 十 五 亩 土地 分得–LAT.PST
我家分得了十五亩地。

jaχʃi iʃ vo-miʃ.
好 事 有–LAT.PST
有好事了。

arda arda bu ɛŋgɛk vol-u bu iʃki jil u ɢal-miʃ.
越来越 这个 艰难 变成–ADVL 这 二 年 那 留–LAT.PST
这个事变得越来越难，于是这两年搁置下来了。

ular mun-dan ili oχu-ma-miʃ.
他们 这–ELA 前 读–NEG-LAT.PST
他们在这之前没有读书。

③ 曾经过去时

A. 构成方式：动词词干 + -ʁan/-qan/-gɛn/-kɛn + (var)。例如：

mɛn al-ʁan var. 我拿过。
我 拿–PST

pisɛr al-ʁan var. 我们拿过。
我们 拿–PST

sɛn al-ʁan var. 你拿过。
你 拿–PST

sɛler al-ʁan var. 你们拿过。
你们 拿–PST

vu al-ʁan var. 他拿过。
他 拿–PST

vular al-ʁan var. 他们拿过。
他们 拿–PST

B. 否定式：动词词干 + -ʁan/-qan/-gɛn/-kɛn + joχ。例如：

mɛn al-ʁan joχ. 我没拿过。

pisɛr al-ʁan joχ. 我们没拿过。

我　拿-PST. NEG　　我们　拿-PST. NEG

sɛn　ɑl-ʁɑn joχ. 你没拿过。　　sɛler　ɑl-ʁɑn joχ. 你们没拿过。

你　拿-PST .NEG　　你们　拿-PST. NEG

vu　ɑl-ʁɑn joχ. 他没拿过。　　vulɑr　ɑl-ʁɑn joχ. 他们没拿过。

他　拿-PST. NEG　　他们　拿-PST. NEG

C. 曾经过去时的用法和意义表示行为动作在较长时间以前发生过。例如：

mɛn　mu-ŋɑ　gɛl-gɛn vɑr.

我　这儿-ALL　来-PST

我来过这儿。

sɛn　gɛl-gɛn joχ　ɑ.

你　来-PST. NEG　MOOD

你没来过。

（2）现在时

伊宁撒拉语的现在时分为现在进行时和一般现在时两种形式。

① 现在进行时

A. 构成方式：动词词干＋-bɑ(r)/-bər。口语中r常脱落。例如：

mɛn　ɑl-bɑ(r)/-bə(r). 我在拿。　　pisɛr　iʃ-bɑ(r)/-bə(r). 我们在喝。

我　拿-PROG　　我们　喝-PROG

sɛn　ɑl-bɑ(r)/-bə(r). 你在拿。　　sɛler　iʃ-bɑ(r)/-bə(r). 你们在喝。

你　拿-PROG　　你们　喝-PROG

vu　ɑl-bɑ(r)/-bə(r). 他在拿。　　vulɑr　iʃ-bɑ(r)/-bə(r). 他们在喝。

他　拿-PROG　　他们　喝-PROG

B. 否定式的构成：动词词干＋joχ（dər）。例如：

mɛn　ɑl-joχ（dər）. 我没在拿。　　pisɛr　iʃ-joχ（dər）. 我们没在喝。

我　拿-PROG. NEG　　我们　喝-PROG. NEG

sɛn　ɑl-joχ（dər）. 你没在拿。　　sɛler　iʃ-joχ（dər）. 你们没在喝。

你　拿-PROG. NEG　　你们　喝-PROG. NEG

vu　ɑl-joχ（dər）. 他没在拿。　　vulɑr　iʃ-joχ（dər）. 他们没在喝。

他　拿-PROG. NEG　　他们　喝-PROG. NEG

C. 现在进行时的用法：

a. 表示说话时正在进行及说话结束后持续进行的行为动作。例如：

jɑrəm-ə-sə　bɑʃqɑ　jɛr-digi　jogu　dɑʁɑ-də　otur-bɑ.

一半-POS.3sg-POS.3sg　别的　地方-LQ　全都　分散-ADVL　居住-PROG

一半散居在其他的地方。

bir-si　hazir　yrymtʃi-de　daʃue　oχ-ba.

一个-POS.3sg　现在　乌鲁木齐-LOC　大学　读-PROG

一个（儿子）在乌鲁木齐上大学。

sɛn　ɢada　otur-bər?

你　在哪儿　住-PROG

你住哪儿?

nɛzir　ɛt-kyr　dijdʒi　vo-sa　hɛ　baʃqa-dən　ajit-bər.

葬礼　举办-FUT　说的　有-COND　嗯　另外-ELA　邀请-PROG

要举办葬礼还要单独邀请。

a-nə　al-ə　dʒar-ə　jij-i　jat-bər.

那-ACC　拿-ADVL　花-ADVL　吃-ADVL　躺-PROG

拿那些（养老金）花着（这个钱）过日子。

indʒi　baʃqa　iʃ　ta　ɛt joχ-tər.

现在　别的　事　也　干-NEG. COP

现在也没有其他事可干。

b. 表示说话当时正在进行的动作和行为。例如：

balə-lar　dombəχ　diŋnə-bar.

孩子-PL　故事　听-PROG

孩子们正在听故事。

② 一般现在时

A. 肯定式：动词词干＋-r/-ar/-ər/-er/-ir。例如：

mɛn　al-ər. 我在拿。

我　拿-PRES

sɛn　al-ər. 你在拿。

你　拿-PRES

vu　al-ər. 他在拿。

他　拿-PRES

pisɛr　gij-ir. 我们在穿。

我们　穿-PRES

sɛler　gij-ir. 你们在穿。

你们　穿-PRES

vular　gij-ir. 他们在穿。

他们　穿-PRES

B. 否定式：动词词干＋-mas/mɛs（第一人称）、-mər/-mar（第二、三人称）。伊宁撒拉语中第二、第三人称否定有时也用–mas/mɛs形式。例如：

mɛn　al-mas. 我不拿。

我　拿-PRES. NEG

pisɛr　gel-mɛs. 我们不来。

我们　来-PRES. NEG

sɛn al-mar. 你不拿。
你 拿−PRES. NEG
vu al-mar. 他不拿。
他 拿−PRES. NEG

sɛler gel-mər. 你们不来。
你们 来−PRES. NEG
vular gel-mər. 他们不来。
他们 来−PRES. NEG

C. 一般现在时的用法：

a. 陈述有规律地发生或经常发生的行为动作。例如：

pise-nigi bu aʁəl-da dødyndʒi aj-da ɢar-lar er-ɛr.
我们−GEN 这 村子−LOC 第四 月−LOC 雪−PL 融化−PRES
在我们这个村子里四月份雪都融化。

u iz-i aʁər-ər dij-dʒi.
他 自己−POS.3sg 生病−PRES 说−PST
他说："我（自己）常生病。"

这种形式在谚语中常用，否定式均用–mas/mɛs形式。例如：

dyz aʁər-sə χəsqəl-ər, diʃ aʁər-sə uzər-ər.
膝盖 疼−COND 变短−PRES 牙 疼−COND 变长−PRES
腿疼时短半截，牙疼时长半截。

loŋχə doχ-ə-nə bexdəl-ər, kiʃ-nigi aʁz-ə-nə tus-əl-mas.
花瓶 盖子−POS.3-ACC 盖−PRES 人−GEN 口−POS.3-ACC 阻挡−ABIL-PRES.NEG
瓶口好盖，人口难封。

b. 陈述在说话的瞬间发生的行为动作。例如：

ular mi-ni tʃala-r.
他们 我−ACC 叫−PRES
他们在叫我。

c. 陈述说话时尚未进行，说完以后将要进行的行为动作。例如：

mɛn gɛl-ɛr.
我 来−PRES
我要来。

mɛn gɛl-mɛs.
我 来−PRES.NEG
我不会去。

sen var-sə de ular-nə gør-el-mɛs.
你 去−COND CONJ 他们−ACC 看见−ABIL-PRES.NEG

你就是去了也不会见到他们的。

（3）将来时

将来时表示动作、行为或者状态在说话之后将要发生。伊宁撒拉语的将来时通过以下几种方式构成：

① 肯定式：动词词干 ＋-ʁur/-gyr/-ɢur/-kyr/-ʁɑr 构成。例如：

mɛn	vɑr-ʁur. 我要去。	pisɛr	vɑr-ʁur. 我们要去。
我	去–FUT	我们	去–FUT
sɛn	gɛl-gyr. 你要来。	sɛler	gɛl-gyr. 你们要来。
你	来–FUT	你们	来–FUT
vu	oχɑ-ʁɑr. 他要读。	vulɑr	oχɑ-ʁɑr. 他们要读。
他	读–FUT	他们	读–FUT

② 否定式：动词词干 ＋-mɑ/-mɛ/-mi＋-ʁur/-gyr/-ɢur/-kyr/-ʁɑr/-gɑr 构成。例如：

mɛn	vɑr-mɑ-ʁur. 我不去。	pisɛr	vɑr-mɑ-ʁur. 我们不去。
我	去–NEG-FUT	我们	去–NEG-FUT
sɛn	gɛl-mɛ-gyr. 你不来。	sɛler	gɛl-mɛ-gyr. 你们不来。
你	来–NEG-FUT	你们	来–NEG-FUT
vu	oχɑ-mɑ-ʁɑr. 他不读。	vulɑr	oχɑ-mɑ-ʁɑr. 他们不读。
他	读–NEG-FUT	他们	读–NEG-FUT

将来时多用于表示行为、动作将要实现，也可用来表达行为动作实施者的决定或意愿。例如：

mɛn hɑzir vɑr-ʁur.

我 现在 去–FUT

我现在要去。

mɛn hɑzir gɛl-gyr.

我 现在 来–FUT

我现在要来。

piser vɑχ-mɑ-ʁur.

我们 看–NEG-FUT

我们不看。

mɛn hɑzir gɛl-mɛ-gyr.

我 现在 来–NEG-FUT

我现在不来。

ɛdde mɛn gɛz-mɛ va-ʁur.

明天 我 旅行−ADVL 去−FUT

明天我要旅行。

u kitap oχa-ma-ʁa.

他 书 读−NEG-FUT

他不读书。

2. 条件−假设式

伊宁撒拉语的条件−假设式没有人称的变化，但是由于受维吾尔语的影响，有时也会出现人称形式。肯定式由动词词干附加 -sa/-sɛ 构成，否定式是在动词词干后加否定式 -ma/-mɛ 后再加 -sa/-sɛ 构成。例如：

al-sa 如果拿　　al-ma-sa 如果不拿

拿−COND　　拿−NEG-COND

vɛr-sɛ 如果给　　vɛr-mɛ-sɛ 如果不给

给−COND　　给−NEG-COND

条件−假设式有以下用法或意义：

（1）表示行为动作发生的条件，具有某种虚拟、假设的意义。受维吾尔语影响，强调条件时，动词前可使用 ɛgɛr “如果，要是”。例如：

ɛgɛr mɛn bygyn va-ma-sa-m, ɛtɛ nitʃikli vosa da va-ʁur.

如果 我 今天 走−NEG-COND-POS.1sg 明天 无论如何 走−FUT

如果我今天不走，明天怎么也得走。

rugo hɛsɛn var-sa, piser dɛ var-al.

如果 阿山 去−COND 我们 也 去−IMP-POS.1pl

如果阿山去，我们也去。

hɛsɛn var-sa va-mə-sa, piser jogo va-ʁal.

阿山 去−COND 去−NEG-COND 我们 都 去−IMP.POS.1pl

不管阿山去不去，我们都去。

（2）表示偶得式当时时间关系意义。前一分句的主体在正常进行自己的动作行为的同时，偶然得知不曾预料的后一分句的新情况。例如：

dʒadaχ ana-sə daʃ-ə-na tʃəχ-ə yʃyr-sɛ, bir χuj

大 女儿−POS.3sg 外面−POS.3sg-ALL 出去−ADVL 看−COND 一 森林

ara-sən-da tytyn tʃəχ-ba.

中−POS.3-LOC 烟 出−PRES

大女儿到外面一看，发现一片森林中一处冒着烟。

3. 祈使式

祈使式表示说话人的命令、请求、希望、建议等语气。伊宁撒拉语动词的祈使式构成形式有：第一人称单复数、第三人称单复数在动词词干后加 -ʁə/-ɢə/-gi/-ki；第二人称单复数命令语气为零形态动词词干；第二人称单、复数请求、希望语气为动词词干后加 -doʁu/-dəʁɑ 构成；第一人称复数包括式，即表示“咱们”时，动词词干后加 -ʁɑli/-ʁɑl/-ɑli/-ɑl 构成。

（1）第一人称单数：动词 + -ʁə/-ɢə/-gi/-ki。例如：

mɛn　vɑr-ʁə. 让我去吧。

我　　去-IMP

（2）第一人称复数（排除式）：动词 + -ʁə/-ɢə/-gi/-ki。例如：

pisɛr　vɑr-ʁə. 让我们去吧。

我们　去-IMP

（3）第一人称复数（包括式）：动词 + -ʁɑli/-ʁɑl/-ɑli/-ɑl。例如：

pisɛr　vɑr-ʁɑl. 让咱们去吧。

咱们　去-IMP

（4）第二人称单/复数（命令式）：动词 + 零形态。例如：

sɛn/selɛr　ɑl-ø. 你/你们拿吧。

你/你们　拿

（5）第二人称单/复数（请求式）：动词 + -doʁu。例如：

sɛn/selɛr　ɑl-doʁu. 请你/你们拿吧。

你/你们　拿-IMP

（6）第三人称单/复数：动词 + -ʁə/-ɢə/-gi/-ki。例如：

u/ulɑr　vɑr-ʁə. 让他/他们去吧。

他/他们　去-IMP

再如：

mɛn　geʃɑŋ-ə　vɑ-ʁə.

我　县城-ALL　去-IMP

让我去县城吧。

lɛmɛ　ɢɑjnɑt-ɢə　de-sɛ　ot　joχ　ɑ.

饭　煮-IMP　说-COND　火　没有　MOOD

打算做饭，但没有火。

mɛn　silɛr-gɛ　ɛt-ni　ɛki　bɛ-gi.

我　你们-ALL　肉-ACC　带　给-IMP

我去给你们拿肉来。

sili mun-dɑ jogosə otər-ø!

你们 这儿-LOC 全部 坐

你们都坐在这儿!

伊宁撒拉语动词祈使式否定形式由动词词干加否定形式-mɑ/mɛ构成。

（1）第一人称单数：动词-mɑ/-mɛ＋-ʁə/-ɢə/-gi/-ki。例如：

mɛn vɑr-mɑ-ʁə. 别让我去。

我 去-NEG-IMP

（2）第一人称复数（排除式）：动词＋-mɑ/mɛ＋-ʁə/-ɢə/-gi/-ki。例如：

pisɛr vɑr-mɑ-ʁə. 别让我们去。

我们 去-NEG-IMP

（3）第一人称复数（包括式）：动词＋-mɑ/mɛ＋-ʁɑli/-ʁɑl/-ɑli/-ɑl。例如：

pisɛr vɑr-mɑ-ʁɑl. 别让咱们去。

咱们 去-NEG-IMP

（4）第二人称单/复数（命令式）：动词＋-mɑ/mɛ。例如：

sɛn/selɛr ɑl-mɑ. 你/你们别拿。

你/你们 拿-NEG

（5）第二人称单/复数（请求式）：动词＋-mɑ/mɛ＋-doʁu。例如：

sɛn/selɛr ɑl-mɑ-doʁu. 请你/你们别拿。

你/你们 拿-NEG-IMP

（6）第三人称单/复数：动词＋-mɑ/mɛ＋-ʁə/-ɢə/-gi/-ki。例如：

u/ulɑr vɑr-mɑ-ʁə. 让他/他们别去。

他/他们 去-NEG-IMP

4. 愿望式

愿望式表达说话者希望实现某动作行为或者状态等语气，分肯定、否定两种形式。

（1）肯定式：动词词干＋-ʁu/-qu/-gu/-ku＋领属人称附加成分＋gibɑ(gɛl-＋bɑr)。例如：

mɛ-nigi vɑ(r)-ʁu-m gi-bɑ.

我-GEN 去-DES-POS.1sg 来-PRES

我想去。

ɑ-nigi geʃɑŋ-ɑ vɑ-ʁu-sə gi-bɑ.

他-GEN 城-ALL 去-DES-POS.3sg 来-PRES

他想到城里去。

（2）否定式是由其肯定形式后连用joχɑ“没有”而构成的。例如：

mɛ-nigi　gi-gu-m　joχ　ɑ.

我-GEN　来-DES.POS.1sg　没有　MOOD

我不想来。

ɑ-nigi　mi-la　jenʃa-ʁusə　gil　joχ　ɑ.

他-GEN　我-INSTR　说-DES　来　没有　MOOD

他不想和我说话。

（四）动词的体

动词的体是表示行为动作进行的状态的语法范畴。撒拉语动词的体是通过-p副动词和助动词组合的分析性结构来表达的。撒拉语动词的体根据所强调的语法意义的不同可分为能动体、完成体、为他体、离心持续体、向心持续体、尝试体、反身体等。

1. 能动体

表示主体能够或不能够进行某动作行为。其构成形式是“副动词-ɑ/-ɛ+ɑl-”。例如：

piser　vɑr-ɑl-er.

我们　去-ABIL-PRES

我们能去。

u　aʁər-er　ʃøʃo-ʁɑ　vɑr-ɑl-mɑs.

他　生病-PRES　学校-ALL　去-ABIL-PRES.NEG

他生病了，去不了学校。

2. 完成体

表示动作行为的完成，构成方式是“副动词-p+-bol/-vol”。例如：

mi-nigi　helle-ler-im-ni　sa-ŋa　vɛr　vol-dʒi.

我-GEN　钱-PL-POS.1sg-ACC　你-ALL　给　AUX-PST

我的钱全都给你了（给完了）。

bu　ʂu-ni　hɛsɛn-ø　oχu-u vol-dʒi.

这　书-ACC　阿山-NOM　读-PERF-PST

这本书阿山已经读完了。

3. 为他体

表示动作行为为他人而做。构成方式是“副动词p+ber-/-vij-/-bij-（给）”。例如：

sen　mɑ-ŋɑ　sɑt　bij-gi.

你　我-ALL　卖　AUX-IMP

你卖给我吧。

ɑmɑ-sə tʃel-den gɛ-gɛn-dɛ, lɛmɛ-nə zɛnzə-ʁɑ syt be-miʃ.

妈妈-3sg.POS 野外-ELA 来-ADJL-LQ 饭-ACC 碗-ALL 盛 AUX-PST

她的妈妈从野外回来时，把饭给她盛到碗里。

4. 离心持续体

表示某动作行为处在向着离说话人远去的方向持续进行状态中，强调动作行为的渐进性。其构成形式为“动词＋助动词bɑr-”。例如：

ulɑr gɑhdʒɑlɑʃ-i jyr bɑ-miʃ.

他们 说话-ADVL 走 AUX-PST

他们说着话往前走去。

øj iʃ-i-nɑ gir bɑ-miʃ.

房子 里-POS.3-ALL 进 AUX-PST

他朝屋里走去了。

5. 向心持续体

表示某动作行为突然形成某种结果，动力方向是朝说话人所在地而来；或某动作行为在时间上由过去到眼前处在向心的持续的状态中。向心持续体的构成形式是“副动词-p-ɑ/-e＋gel-”。例如：

jaŋe jil gir-ə gel-dʒi.

新 年 进入-ADVL AUX-PST

新年到来了。

bɑlə-lɑr øj sɑri jygyr-i ge-bər.

孩子-PL 家 POST 跑-ADVL AUX-PRES

孩子们朝家里跑来。

6. 尝试体

表示某动作行为尝试性、试探性地进行，构成形式“副动词-p＋-vɑχ”。例如：

bu leme-ni dɑt-əp vɑχ-doʁu.

这 饭-ACC 品尝-ADVL AUX-IMP.POS.2sg

请你尝一尝这个饭。

mɛn kuxʃe-ni tʃɑl-əp gør-dʒi.

我 口弦-ACC 弹奏-ADVL AUX-PST

我试着弹奏了一下口弦琴。

7. 反身体

表示动作行为的结果趋于主体本身或行为的发生是为了自己。构成形式是“副动词-p＋

ɑl- ”。例如：

emine　jɑn-ə-nɑ　iʃki　emex　ɑl-əp　ɑl-dʒi.

艾米娜　身边-3sg.POS-ALL　二　饼　拿-ADVL　AUX-PST

艾米娜随身带上了两个饼。

men　uzun　gøjnek　gej-ip　ɑl-dʒi.

我　长　裙子　穿-ADVL　AUX-PST

我穿上了长裙子。

（五）形动词

兼有动词和形容词功能的词叫形动词。

1. 形动词的类别

伊宁撒拉语的形动词可以分为过去时、现在时、将来时的形式。

（1）过去时形动词

由动词词干加 -ʁɑn/-qɑn/-gɛn 构成。否定式是“动词＋-mɑ/-mɛ＋-ʁɑn/-gɛn”。例如：

vɑr-＋-ʁɑn→vɑrʁɑn 去了的

去-ADJL

gɛl-＋-gɛn→gɛlgɛn 来了的

来-ADJL

uʃ-＋-qɑn→uʃqɑn 飞了的

飞-ADJL

vɑr-＋-mɑ＋-ʁɑn→vɑrmɑʁɑn 没有去的

去-NEG-ADJL

gɛl-＋-mɛ＋-gɛn→gɛlmɛgɛn 没有来的

来-NEG-ADJL

uʃ-＋-mɑ＋-ʁɑn→uʃmɑʁɑn 没有飞的

飞-NEG-ADJL

（2）现在时形动词

现在时形动词的构成方式是“动词＋-ʁutʃi(dʒi)/-qutʃi(dʒi)/-gytʃi(dʒi)/-kytʃi(dʒi)”。例如：

uʃ-＋-qutʃi→uʃqutʃi 飞的

飞-ADJL

gɛl-＋-gydʒi→gɛlgydʒi 来的

来-ADJL

vɑr-＋-ʁurdʒi→vɑrʁudʒi 去的

去-ADJL

kɛs-kytʃi→kɛskytʃi 砍伐的

砍伐-ADJL

（3）将来时形动词

伊宁撒拉语的将来时形动词是由动词词干加附加成分 -ʁusə/-qusə/-gysi 或 -ʁur/-gyr/-qur/-kyr＋-digɛn 构成，在语流中附加成分有相应的音变。例如：

uʃ-＋-qusə→uʃqusə 要飞的

飞-ADJL

gɛl-＋-gysi→gɛlgysi 要来的

来-ADJL

vɑr-＋-ʁur＋digɛn→vɑrʁur digɛn 要去的

去-ADJL

uʃ-＋-qur＋digɛn→uʃqur digɛn 要飞的

飞-ADJL

var- + -ʁusə→varʁusə要去的　　gɛl- + -gyr + digɛn→gɛlgyr digɛn要来的

去-ADJL　　来-ADJL

2. 形动词的用法

（1）过去时形动词表示说话之前已经完成的动作行为。用在名词性词语之前起修饰作用，并含有过去时意义。有的可以缀加位格附加成分表示“当……时候”。例如：

bu	etʃəχ	baʃənda	otur-ʁan	bir	doʃun-ur	vo-ʁan.
这	屋顶	上面-LOC	坐-ADJL	一个	兔子-DEF	有-ADJL

有一只坐在屋顶上的小兔子。

moŋqusqara	ɢormuʃ	jaz-əl-ʁan	jol	jyr-i	doʁri	a-niŋ
恶魔	炒麦仁	撒-PASS-ADJL	路	走-ADVL	直直地	她-GEN
øj-i-nɛ	ge-miʃ.					
家-POS.3-ALL	来-PST					

恶魔沿着撒了炒麦仁的路就直接到她家了。

（2）现在时形动词主要修饰名词，具有形容词、名词的功能。例如：

pise-niŋgi	mun-daʁə	bir-dɛn	bir	høkymɛt	danə-ʁudʒi	tamʁa	vu-ʁudʒi
我们-GEN	这里-LQ	一-ELA	一	政府	认识-ADJL	章子	打-ADJL
ornə	i	dir.					
地方	COP	MOOD					

我们这儿是唯一一个由政府盖章的并被政府承认的地方。

oj-ɛ	gir-gydʒi	kiʃ	kem-ar	i?
屋-ALL	进来-ADJL	人	谁-COP	MOOD

正在进屋的人是谁呢？

（3）将来时形动词表示说话之后将准备进行的动作行为，做修饰语，具有形容词的功能。例如：

ɛtɛ	gɛ(l)-gysi	kiʃ-ø	samijyz-nigi	damba-si	ir	a.
明天	来-ADJL	人-NOM	萨木于孜-GEN	领导-3sg.POS	COP	MOOD

明天要来的人是萨木于孜镇的领导。

vular-a	ɛt-kusə	guŋzo	joχ	a.
他们-ALL	做-ADJL	工作	没有	MOOD

他们没有可干的工作。

bir	bir-i-nɛ	ɛlɛgi	kɛmɛndʒilɛ-gysi	iʃ	joχ-muʃ.
一	一-POS.3-ALL	那样的	为难歧视-ADJL	事	没有-PST

互相为难、歧视的事情都没有了。

doj-ʁɑ　　vɑ(r)-mɑ-ʁusə　　kiʃ　joχ-dər.

婚礼-ALL　去-NEG-ADJL　人　没有-COP

没有不去婚礼的人。

（六）副动词

副动词是动词兼有副词功能的形式，表示与主要动词有关的辅助动作。伊宁撒拉语的副动词可分为六种。

1.-ɑ/-ɛ类副动词

此类副动词是由词干加词缀-ɑ/-ɛ/-ə/-i构成。例如：

sɛn　jiʃɑ-ɑ　　vɛr.

你　说-ADVL　AUX

你尽管说下去。

jogo-nə　　ɑʃkirɑ　jeʃɑ　be-miʃ.

全部-ACC　清楚地　说　AUX-PST

全部都说得很清楚了。

døt　jil　kɑmasər　ørgɛn-i　　gɛl-dʒi.

四　年　左右　学习-ADVL　来-PST

大概学习了四年回来了。

dʒɑdɑχ　ɑnɑ-sə　　dɑʃə-nɑ　tʃəχ-ə　　yʃyr-sɛ.

大　女儿-POS.3　外面-ALL　出去-ADVL　看-COND

大女儿出去到外面一看。

ɑ-nə　　ɑl-ə　　dʒɑr-ə　　jij-i　　jɑt-bər.

那-ACC　拿-ADVL　花-ADVL　吃-ADVL　躺-PRES

拿着那些，花啊，吃啊，过日子。

u　doʃɛn　indʒi　hɛr　gyn-i　　etʃəχ　bɑʃə-nɑ　　gel-i　　zəqərɑ-miʃ.

这　兔子　于是　每　天-POS.3　屋顶　上面-ALL　来-ADVL　喊-PST

这兔子每天到屋顶喊。

2. -dʒinɑ类副动词

此类副动词是由动词词干加附加成分-dʒinɑ构成。这类副动词是青海撒拉语-dʒɑ副动词的变体。

这一类副动词表示以下两种意义：

（1）表示动作的状态。例如：

bu-ni　al-dʒinɛ　mɛn　ʃynχua-ʁa　var-dʒi.

这-ACC　拿-ADVL　我　循化-ALL　去-PST

我就带着这个（我创造的文字）去了循化。

（2）表示主要动作发生在该副动词所表达的动作之后，相当于汉语的“在……以后，一……就”。例如：

u　χɛt-ni　gør-dʒinɛ　gɛl-dʒi.

他　信-ACC　看-ADVL　来-PST

他一看信就来了。

3. -guntʃyx类副动词

此类副动词是由动词词干加词缀-guntʃyx构成。该类副动词表示主要动作发生之前发生的次要动作行为。例如：

u　gɛ-guntʃyx　sɛn　va-ʁuma.

他　来-ADVL　你　去-IMP.NEG

他来之前你别走。

suχlən-ʁuntʃux　pisɛr　daʃ-in-digi　iʃ-ni　et-ə　dos-ɢula.

变冷-ADVL　我们　外-3sg.POS-LQ　事-ACC　做-ADVL　AUX-1pl.IMP

天冷之前我们把外面的事干完吧。

4. -ʁana/-gana/-ginɛ类副动词

此类副动词是由动词词干加词缀-ʁana/-gana/-ginɛ构成。在青海撒拉语中相应的形式较多。表示两个动作紧跟着发生以及动作行为的持续时间。例如：

u　taŋ at-ʁana　χop-ə　tʃiχi var-dʒi.

他　天亮-ADVL　起来-ADVL　去-PST

天一亮他就起床出去了。

sɛn　va-ʁa-lə,　vu　gel-miʃ.

你　走-ADVL　他　来-PST.

你刚走他就来了

5. -ma类副动词

此类副动词是由动词词干加附加成分-ma/-mɛ构成。伊宁撒拉语中的此类副动词仍然保留了青海撒拉语相应形式的用法和意义。例如：

mɛn　øj-im-ɛ　va-ʁan-əm-da　idʒam-nə　vaχ-ma　var-dʒi.

我　家-POS.1sg-ALL　去-ADJL-POS.3-LOC　母亲-ACC　看望-ADVL　去-PST

我一到家就去看望我母亲了。

ɑ-ŋɑ ot ɑl-mɑ vɑ-miʃ.

那−ALL 火 取−ADVL 去−PST

到那里去取火去了。

6. -ʁɑʃli/-gɛʃli类副动词

此类副动词是由动词词干加词缀-ʁɑʃli/-gɛʃli构成，主要表示完成一个动作时顺便进行另一个动作。例如：

u gɑtʃɑ jiʃɑ-ʁɑʃli otur-dʒi.

他 话 说−ADVL 坐−PST

他说着话坐下了。

sɛn gejʃaŋ-ɑ vɑ-ʁɑʃli mɑ-ŋɑ χɑχət ɑl-ø də gɛl-ø.

你 城−ALL 去−ADVL 我−ALL 纸 买−2sg.IMP CONJ 来−2sg.IMP

你去城里时顺便给我买纸来。

（七）动名词

动名词是具有名词性质的动词所体现出来的形态变化形式。它在句子中起名词的作用，但还是有很多动词的特征。伊宁撒拉语中的动名词构成形式主要有以下两种：

1. 动词词干加附加成分-ʁu/-gy

动名词具有名词的特征，因此它可以缀加名词的领属人称附加成分。例如：

tʃəχ-ur-ʁu tʃɑj订婚茶 neme iʃ-ku-sə jaht-qusə饮食起居

出−CAUS-VBN 茶 饭 喝−VBN-3sg.POS 躺−ADVL-3sg.POS

mun-dɑn ili nɑŋ oχu-ʁu-ŋ vɑr-sɑ jirɑq-qɑ vɑr-ər.

这−ELA 之前 什么 读−VBN-POS.2sg 有−COND 远方−ALL 去−PRES

在这之前谁想读书就要去远的地方。

vɑχ-nə zynʃu eh-ku kele-bɑ.

时间−ACC 遵守−VBN 应该−PRES

应该遵守时间。

2. 动词词干加-ʃ/-iʃ/-uʃ/-yʃ

伊宁撒拉语中构成动名词的另一种形式是动词词干加-ʃ/-iʃ/-uʃ/-yʃ构成。动名词的这种构成方法与维吾尔语相同。但在伊宁撒拉语中，此类动名词不常见，只在构成由动词转用的抽象名词时使用。例如：

ørgɛn-iʃ uχturuʃ学习通知 ɑ-nigi kyl-iʃ-i他的笑容

学习−VBN 通知 他−GEN 笑−VBN-POS.3sg

ɢonaχ-nigi nɛgɛ ɑ-ni ɛk-bar-sɑ ɑ-nigi bidʒɛ gil-iʃ-i

玉米−GEN 什么 那个−ACC 种−PROG-COND 他−GEN 一点 来−VBN-POS.3sg

bidʒe ɑrtuχ-tur.

一点 多−COP

种玉米的话收入就高点儿。

mɛn var-əʃ-nə var-dʒi, iʃ vol-ən-ma-dʒi.

我 去−VBN-ACC 去−PST 事 成−PASS-NEG-PST

我去是去了，但事情没有办成。

（八）助动词

助动词是指一些失去自己实义的、辅助其他词表达特殊意义的动词，也称为辅助动词。助动词是突厥语族语言中一个特殊语法范畴。助动词一般有两个作用。一是与副动词结合，给动词所表示的动作行为或者状态补充情貌的意义；二是跟某些静词结合，使这些静词得到动词的功能和意义。伊宁撒拉语中的助动词主要有vɛr-“给”、ɑl-“拿”、ɢɑl-“留下”、vol-“成为”、vɑr-“去”、gɛl-“来”、vɑχ-“看”七种。

1. vɛr-“给”（在口语中因为语流变化有时可读作bɛr）

该助动词与-ɑ副动词连用，表示动作从内向外进行和继续。例如：

jol-lar-imiz-ne jogo-sə-nə jasɑ vɛr-dʒi.

路−PL-POS.1pl-ACC 全部−POS.3-ACC 修 AUX-PST

路都给我们修好了。

øj-lɛ-ni jaŋəla bɛr-dʒi.

房子−PL-ACC 翻新 AUX-PST

房子给翻新了。

sɛn maŋ-ɑ sat-ə vɛr-doʁu!

你 我−ALL 卖−ADVL 给−IMP.POS2

请你卖给我吧！

2. ɑl-“拿”

该助动词同样与-ɑ副动词结合，表示动作从外往里，或者为主体而发生。例如：

mɛn sat-ə al-dʒi.

我 卖−ADVL 拿−PST

我买下了。

mɛn ɛmɛx-ni bir tʃillɛ-p ɑl-dʒi.

我 饼−ACC 一 咬−ADVL AUX-PST

我把饼咬了一口。

3. ɢɑl- “留下”

该助动词表示动作行为的完成而且结果还在持续。例如：

mɛn se-nigi qiliʃ-iŋ-ni ɢo ɑrdʒi-nɑ ɑs-ə ɢɑl-dʒi.

我 你-GEN 刀-ACC 门 后-ALL 挂-ADVL 留-PST

我把你的马刀挂到门后边了。

u ɢuʃ-ni loŋzi iʃi-nɛ bixli ɢɑl-dʒi.

他 鸟-ACC 笼子 里-ALL 关 AUX-PST

他把鸟关在笼子里了。

4. vol- “成为”

该助动词表示动作行为的完成。语流中l有时会脱落。例如：

mɛn ojnɑ vol-dʒi.

我 玩 AUX-PST

我玩完了。

mɛn bu kino-nə gøri vol-dʒi.

我 这 电影-ACC 看 AUX-PST

我看完这个电影了。

5. vɑr- “去”

该助动词一般与-ɑ副动词连用，且在口语中有语音变化。例如：

ulɑr jɑn-ə bɑr-dʒi.

他们 回-ADVL 去-PST

他们返回去了。

su ɢɑjnɑ vɑr-dʒi.

水 沸腾 AUX-PST

水开了。

6. gɛl- “来”

该助动词与-ɑ副动词连用。例如：

beli χo joχ ɢuru jɑn gɛl-dʒi.

这样的 货 没有 空 回 AUX-PST去

没货就空着回来了。

bu ɑnɑ-tʃyk bil-mej indʒɛ ɑn doʁri yj-i-ni jɑn ge-miʃ.

这 姑娘-DEF 知道-NEG 然后 那里 直接 家-POS.3sg-ACC 回 AUX-PST

这姑娘没发现那个（事）就直接回到家了。

aral-daʁə　otur-ʁutʃi-lar　da-ʁə　daʁal-ə　oturʁutʃi-lar-nə

平原-LQ　居住-ADJL-PL　山-ALL　分散-ADVL　居住的人-PL-ACC

øj-i-nɛ　var-ə　gɛl-ir.

家-POS.3sg-ALL　去-ADVL　来-PRES

平原地区居住的人到山区散居的人家里拜年。

7. vaχ-“看”

该助动词与-ɑ副动词连用，表示对动作行为或状态的尝试。例如：

an-da　var-mu　mɛn　sor-ə　vaχ-ʁə!

他-LOC　有-Q　我　问-ADVL　看-IMP.1sg

他那儿有没有我问问！

pisɛr　maʃina-nə　hɛjdɛ-ø　vaχ-ʁə.

我们　车-ACC　开-ADVL　AUX（看）-IMP.POS.1pl

让我们试着开一下汽车吧。

八　后置词

后置词是虚词的一种，位于名词或静词性词语之后，标记名词或静词性词语在句子中的句法功能。撒拉语的后置词要求其前面的词要有一定的格身份。后置词按其支配不同的格的情况，可分为支配主格的后置词、支配从格的后置词、支配向格的后置词三类。

（一）支配主格的后置词

主要有bile“用”、vilɛn“用”、sari“沿着……，向……”、kama/kamasər“像……，大概”等。例如：

mɛn　tyx　qɛlɛm　bilɛn　jaz-dʒi.

我　毛　笔　POST　写-PST

我是用毛笔写的。

u　abdu　kama　mali　jygər-al-mə-ʁa.

他　阿布都　POST　快　跑-ABIL-NEG-FUT

他跑得没有阿布都那么快。

（二）支配从格的后置词

主要有ili“以前”、baʃɢa“除……以外”、soŋə“……以后”、bele“以来”、ardʒi“……以后”等。例如：

mɛn　mun-dən　ili　bir　dʒøŋgy　kiʃi　i-dir.

我　这-ELA　POST　一　庄稼　人　是-COP

我之前是个农民。

mun-dən ardə sɛn bu iʃ-ni sor-ɢumɑ.

这-ELA POST 你 这 事-ACC 问-NEG.2sg.IMP

以后你不要再问这事儿了。

bir ɑj-dɑn bele pisɛr daʁ-ɢa va-ʁan joχ ɑ.

一 月-ELA POST 我们 山-ALL 去-NEG.PST MOOD

一个月以来我们没有到山里去过。

（三）支配向格的后置词

主要有asasɛn“根据”、vaχanda“与……相比”等。例如：

ɑʁəl-niŋ dɑmba-si-nigi piker-i-nɛ asasɛn døt jil

村-GEN 领导-3sg.POS-GEN 意见-3sg.POS-ALL POST 四 年

kamasər ørgɛn-i gɛl-dʒi.

POST 学习-ADVL 来-PST

按照村领导的意见，我大概学了四年回来了。

mɛn va-ʁan-ɑ vaχanda sɛn var-sa jaχʃi vo-ʁɑ.

我 去-ADJL-ALL POST 你 去-COND 好 COP-FUT

与其我去，不如你去好。

九 连接词

伊宁撒拉语的连接词按照其表达的意义可分为表示并列的连接词、表示选择的连接词、表示转折的连接词等。

（一）表示并列的连接词

主要有ve“和”、hɛm“又，也”、bilɛn“和”、jɛnɛ“又，还”、daʁə“还”、indʒi“于是”、ʃuŋa“因此”等。例如：

salar kiʃi bu az sanlə millɛt-lɛ-ni iʃ-in-dɛ. hɛm az-dər.

撒拉 人 这 少 数的 民族-PL-GEN 里-3sgPOS-LOC CONJ 少-COP

撒拉族在少数民族中少之又少。

doj-ni eligi øtyr-ba hɛm jaχʃi.

婚礼-ACC 这样 办-PRES CONJ 好

这样办婚礼也好。

mu-nuŋ ardə hɛm jaχʃi vo-mə-ʁɑ.

这-GEN 后 CONJ 好 成为-NEG-FUT

这样也不太好。

balə-lar-ə hɛm oχu-t-ba.

孩子-PL-ACC CONJ 读-CAUS-PRES

还有供孩子读书。

ɛli ɛti munɛvɛr ɛpɛndim bilɛn minɛvɛr dʒiavʃov vilɛn bøgøsi ytʃyndʒi

就这样 米娜瓦尔 先生 CONJ 米娜瓦尔 教授 CONJ 这次 第三

gɛz gøryʃ-bar.

次 见面-PRES

这次跟米娜瓦尔先生，跟米娜瓦尔教授见面算是我们第三次见面了。

geʃaŋ bilɛn piser-nəŋ aʁəl sə sɛksɛn kilometir idir.

城 CONJ 我们-GEN 村 是 八十 公里 COP

我们和城里的距离有八十公里。

（二）表示选择的连接词

最典型的表示选择的连接词是ja…jaki“或者”。例如：

jaʁmur gɛ-sɛ ja dʒɛnub sarə-na daʁ-qa øt-yp bar-ər,

雨 来-3sg CONJ 南 方向-ALL 山-ALL 过-ADVL 去-PRES

jaki vomәsa ʃimali sarə-na daʁ-qa øt bar-ər.

CONJ 要么 北 方向-ALL 山-ALL 过 去-PRES

雨水来的话要么飘到南边去，要么就飘到北边的山那边去。

minzu ʃiaŋ-a dol-ʁa ja aʃaʁ-ən-daʁə ʃəsaʁu-nə ɢoʃ-qur mu

民族 乡-ALL 满-FUT 要么 下面-3sg-POS-LQ 什萨古-ACC 加-FUT MOOD

ja ørɛ-si-nɛ sepil-ni ɢoʃ-sa vu-ʁa ɛdi-dʒi.

CONJ 上面-3sg-POS-ALL 赛皮尔-ACC 加-3sg-COND 可以-FUT 这样说-PST

要成为民族乡，要么让什萨古合并进来，或者让赛皮尔村合并进来才可以。

（三）表示转折的连接词

主要有daʁə“但是，而且”、biraχ“可是”、amma“但是”、sa/sɛ…da“虽然……但是”、tʃili“虽然”等。例如：

daʁ-qa tʃəq-əp daʃ-nə bas-əp, øʃyr-sɛ dɛ gør-ɛl-mɛs.

山-ALL 登-ADVL 石头-ACC 踏-ADVL 看-COND CONJ 见-ABIL-NEG.FUT

即使登高山攀石头，但还是看不到你的身影。

pisɛr vaʁəʃ-qan atuχ-dər-tʃili, daʁə udʒi joχ a.

我们 试-ADJL 多-COP-CONJ CONJ 结果 没有 MOOD

我们试过多次，但没有结果。

men sɛ-ni jarəm gyn gyj-dʒi, biraχ sen gɛ-mɛ-dʒi.

我 你-ACC 半 天 等-PST CONJ 你 来-PST

我等了你半天，但是你没有来。

u aʁrəχ vo-sa da bugyn daʁə mɛktɛp-gɛ gɛl-dʒi.

他 病 有-COND MOOD 今天 CONJ 学校-ALL 来-PST

他虽然有病，但是今天还是来学校了。

十 语气助词

伊宁撒拉语的语气助词有疑问语气助词、祈使语气助词等。

（一）疑问语气助词

典型的疑问语气助词是mu/ma/-mi/u/o/i“吗，呢”，一般用于疑问句的末尾，表示疑问语气。例如：

siz-niŋ netʃɛ bala-ŋ var i?

您-GEN 几个 孩子-2sg-POS 有 MOOD

您有几个孩子？

hɛsɛn gɛl-dʒi mu?

阿山 来-PST MOOD

阿山来了吗？

hɛsɛn va-ʁu mu jasin va-ʁa?

阿山 去-FUT MOOD 亚森 去-FUT

阿山去呢还是亚森去呢？

silɛr hɛsɛn gi-gusi-ni bil-ir u bil-mes i?

你们 阿山 来-VBN-ACC 知道-FUT MOOD 知道-NEG-FUT MOOD

你们知道阿山来不来吗？

（二）祈使语气助词

最典型的是ba,ju/ja,doʁo/duʁo“吧”“请求……”，表示恳求、嘱咐等语气。例如：

bu iʃ-ni mɛn ɛt-gi ba!

这 事-ACC 我 做-1sg-IMP MOOD

这事让我做吧！

mɛn mɛktɛp-gɛ oχ-ma va-ʁə ju.

我 学校-ALL 上学-ADVL 去-IMP MOOD

让我去学校上学吧。

sɛn　mɑ-ŋɑ　sɑt　bij-gi　jɑ.

你　我-ALL　卖　AUX-IMP　MOOD

你卖给我吧。

bu　leme-ni　dat-əp　vaχ-doʁu.

这　饭-ACC　品尝-CONV　AUX-IMP.POS.2sg

请你尝一尝这个饭。

（三）其他语气助词

1. ɑ/jɑ,ʁu,mɑ用于陈述句句末，表示强调、已知情或提醒。例如：

jyz-dɛn　artuχ　bal-lar　var　ɑ.

一百-ELA　多　孩子-PL　有-INF　MOOD

有一百多个孩子。

jogo-sə　baŋəʃ-bər,　bu　jaχʃi　iʃ　ɑ.

全都-POS.3sg　帮忙-PRES　这　好　事-INF　MOOD

全部过来帮忙，这是个好事啊。

hɛsɛn　vulɑr　kiʃ　kup　ɑ.

阿山　他们　人　多-INF　MOOD

阿山他们人多。

hɛsɛn-ø　ɛhtɛ　yjle-dɛ　gi-gar　jɑ.

阿山-NOM　明天　中午-LOC　来-FUT　MOOD

阿山明天中午要来。

pisɛr　ikki-miz　jogo　joχkiʃ-dir　mɑ.

我们　两-POS.1pl　全都　穷人-COP　MOOD

我们俩都是穷人嘛。

sɛn　izi-ŋ　vɑ-mɑs　di-dʒi　ʁu.

你　自己-2sg.POS　去-NEG.FUT　说-PST　MOOD

你自己不是说你不去嘛。

2. dɛ表示加强语气，tʃi“原来是……”表示后知情。例如：

on　netʃtʃe　ʃargərt-ni　tʃiχ-ar-ʁan　i-dir　dɛ.

十　几　徒弟-ACC　出-CAUS-ADJL　是-COP　MOOD.

曾培养了十几个徒弟。

ot-ni　sɛndir-gɛn　myʃyk　ir　ɑ　tʃi.

火-ACC　弄灭-ADJL　猫　是-INF　MOOD　MOOD

原来是猫把火弄灭了。

十一　感叹词

感叹词是表示说话人的各种感情或呼唤、应答的词类。伊宁撒拉语的感叹词可分为以下几类：

（一）表示情感的感叹词

1. 表示赞叹、惊奇、喜悦的词。例如：

oh“哟，啊”表示赞叹，惊奇。

ɑkɑkɑ“好啊”表示喜悦。

2. 表示不满、疼痛等的词。例如：

ɛʃ“咳”表示不满、责备、惋惜。

ɛjo“哎哟”表示疲劳。

ɑdodo“哎哟”表示疼痛。

ɛdʒedʒu“啊呀”表示恐惧。

ɛjo,　men　jɑdɑ-dʒi.

哎哟　我　累-PST

哎哟，我累了。

ɑdodo,　ɛl-im-ni　køj-dər-dʒi.

哎哟　手-1sg.POS-ACC　烫-CAUS-PST

哎哟，我的手烫了。

（二）表示呼唤、应答的感叹词

1. 表达呼唤或用以应答的词。例如：

jɑ“好，是，行”表示应答。

ɛj“喂”表示唤人。

ɛj,　sɛn　bər　gyj　doʁo.

喂　你　一　等-INF　MOOD

喂，你等一下吧。

2. 唤动物的词，如 diudiu（唤鸡）、dʒɑʁɑ（赶狗）、piʃʃu（赶猫）等。

十二　模拟词

用来模拟动作或事物的声音以及模拟各种状态和人体感受的词。撒拉语的模拟词按其所表示的不同意义可分为模拟声音的、模拟状态的、模拟人体感受的三类。

（一）模拟声音的模拟词

1. 人的（动作所发出的）声音

χaχa 哈哈（笑声）

əə 呜呜（哭声）

iŋa-iŋa 哇哇（婴儿哭声）

ɢədʒər-ɢədʒər 咯吱咯吱（咬牙声）

lab-lab 沙沙（脚步声）

ʃydo-ʃydo 叽叽咕咕（低声说话声）

hi-hi 嘻嘻（女笑声）

χurχur 呼呼（呼噜声）

loʁ-loʁ 怦怦（心跳声）

tʃaχ 啪（耳光声）

2. 动物的声音

dʒir-dʒir 啁啾（鸟鸣声）

gugu 喔喔（公鸡叫声）

ɢoɢo 咯咯（母鸡叫声）

miao-miao 喵喵（猫叫声）

mɛ-mɛ 咩咩（羊叫声）

mo-mo 哞哞（牛叫声）

ɢi-ɢur 嘎嘎（大雁叫声）

vava 呱呱（蛤蟆叫声）

au-au 汪汪（狗叫声）

ɢa-ɢa 嘎嘎（乌鸦叫声）

haŋ-haŋ 昂昂（驴叫声）

3. 自然现象的声音

dʒororo 哗哗（流水声）

taχ-taχ 啪啪（滴水声）

ʃər-ʃər 唰唰（风吹树叶声）

ɢororo 轰隆隆（雷声）

poχpoχ 咕嘟咕嘟（水滚沸声）

horoŋ–horoŋ 呼呼（风声）

ʃororo 潺潺（流水声）

（二）模拟状态的模拟词

oŋʁul-doŋʁul 凹凸

jildər-jildər 闪耀状

palaχ-puluχ 扑棱

miʃ-miʃ 无精打采状

ʃeleŋ-ʃeleŋ 摇摇摆摆

kot-kot 喋喋不休

（三）模拟人体感受的模拟词

laʁ-laʁ 身体发抖状

zəʁ-zəʁ 眼皮跳动状

zəŋ-zəŋ 耳朵嗡嗡响的感觉

loʁ-loʁ 怦怦心跳的感觉

第二节

短语

伊宁撒拉语的短语结构主要包括联合、偏正、宾动、主谓四种语法关系。根据这四种语法关系，可以相应地把伊宁撒拉语的短语分成联合短语、偏正短语、宾动短语、主谓短语四类。

一　联合短语

由两个或两个以上的词语并列组成，两个直接成分之间关系是平等的。例如：

sorɑ	ɑŋnɑʃ 访问，探访	ɑrdə	ɢurʁu 最后
问	打听	后	尾巴
ɛr kiʃ	ɢɑdən kiʃ 男女	gølex	ɢoj 牛羊
男人	女人	牛	羊
iʃtə	tiun 上下	ɑχ	qɑrɑ 黑白
上面	下面	白	黑
gel-en	gel-me-ɣen 乱七八糟	gedʒe-si	gyndis-i 日夜
来–ADJL	来–NEG-ADJL	夜–3sg.POS	白天–3sg.POS

二　偏正短语

偏正短语的修饰语位于被修饰的词之前。主要有两个小类：定语 + 中心语；状语 + 中心语。

（一）定语 + 中心语

前一部分修饰限定后一部分，后一部分中心语是名词性词语充任的。例如：

dʒøŋgy	kiʃi 种地的人	jedi	ɑnɑ 七个女儿
庄稼	人	七	女孩
sɑrə	ɑrmut 黄梨	beligisi	kijnə 这样的媳妇
黄	梨	这样的	媳妇
zoʁzə-ʁɑn	bɑlɑ 会坐的孩子	onbɛʃ-nigi	getʃi-si 十五的晚上
坐-ADJL	孩子	十五-GEN	夜-3sg.POS
pise-nigi	ʃøʃo 我们的学校	dɑl	ɢoʁ-ə 树皮
我们-GEN	学校	树	皮-3sg.POS

（二）状语＋中心语

前一部分修饰限定后一部分，后一部分中心语常常是动词、形容词等。例如：

yrymtʃi-den	gɛl- 从乌鲁木齐来	mɛktɛp-gɛ	vɑr- 到学校去
乌鲁木齐-ELA	来	学校-ALL	去
oχu-mɑ	gɛl- 为学习而来	ɑn-dɑ	otur- 坐那边
学习-ADVL	来	那-LOC	坐
tɑŋnəntʃux	orgɛn- 努力学习	hɑsgen	gɛl- 赶快来
努力地	学习	赶快	来
jɑχʃi tʃyχ	jeʃɑ- 好好说	rigi	jɑχʃi 非常好
好好地	说话	非常	好

三　宾动短语

由有支配、涉及关系的两个部分组成。短语中有支配地位的成分由动词充当，被支配的成分由名词和代词充当，被支配成分位于支配成分前面。例如：

ɢo-nə	ɑʃ- 开门	helli-ni	tʃəχ-ɑr- 把钱拿出来
门-ACC	开	钱-ACC	出-CAUS
leme-ni	iʃ- 吃饭	jol-ni	jɑsɑ- 修路
饭-ACC	吃	路-ACC	修
ɑ-nə	gør- 看见他	ɑʁərəχ-nə	sɑqɑjt- 把病治好
他-ACC	看见	病-ACC	治愈
su-ni	iʃ- 喝水	bu	dʒidʒek-lɛr-ni gɑlɑ- 喜欢这些花儿
水-ACC	喝	这	花儿-PL-ACC 喜欢

四 主谓短语

这类短语的前一部分是主语部分，可以由名词、代词等充当；后一部分是谓语部分，由动词、形容词等充当。例如：

ɢonaχ	gɛl-dʒi 客人来了	balə-lar	tʃəŋna-dʒi 孩子长大了
客人	来−PST	孩子−PL	成长−PST
bu	jaŋə kitap 这是新书	turmuʃ	rigi jaχʃi 生活非常好
这个	新的书	生活	非常好
dʒidʒek-lɛr	atʃəl-dʒe 花儿开了	mɛn	otus jaʃ-im-da 我三十岁
花儿−PL	开−PST	我	三十岁−1sg.LOC
asman	a-tʃil-dʒi 天晴了	gyn	tʃəχ gɛl-dʒi 太阳出来了
天空	开−REFL-PST	太阳	出来−PST

第三节

句子

一　句子成分

伊宁撒拉语的句子成分分为主要成分和次要成分。主要成分包括句子的主语和谓语，次要成分包括宾语、定语和状语。

（一）句子的主要成分

1. 主语

主语是句子的陈述对象。主语由主格形式的静词或词组充当。例如：

hεsεn　εrkin-niŋ　gaga-si　ira.

阿山　艾尔肯−GEN　哥哥−3sg.　POS.COP

阿山是艾尔肯的哥哥。（“阿山”做主语）

hεsεn　ali　mεχtεp　oqa-ʁudʒi.

阿山　高等　学校　读−VBN

阿山是大学生。（“阿山”做主语）

2. 谓语

谓语陈述主语发出的动作及主语的状态、性质和特征等。伊宁撒拉语的谓语可分为静词性谓语和动词性谓语两类。

（1）静词性谓语

在名词、形容词、数词等静词后结合不同语气的系动词构成。例如：

salar　kiʃi　bu　az　sanlə　millεt-lε-ni　iʃ-in-dε　hεm　az-dər.

撒拉　人　这　少　数的　民族−PL-GEN　里−3sgPOS-LOC　CONJ　少−COP

撒拉族在少数民族中少之又少。（形容词“少”做谓语）

biz-niŋ aʁəl ili mørɛn ɢərʁ-ən-da-dər.

我们-GEN 村 伊犁 河 岸-3sgPOS-LOC-COP

我们村在伊犁河岸边上。（名词“河岸”做谓语）

ula-nə gatʃa-sə χɛnzu gatʃa-dər.

他们-GEN 语言-3sg.POS 汉族 语言-COP

他们的语言是汉语。（名词“汉语”做谓语）

mɛn mun-dən ili bir dʒøŋgy kiʃi idir.

我 这-ELA 前 一 庄稼 人 COP

我以前是个农民。（名词“农民”做谓语）

mɛn ørgɛngydʒi-dir.

我 学生-COP

我是学生。（名词“学生”做谓语）

hɛsɛn vular kiʃ kup a.

阿山 他们 人 多 MOOD

阿山他们人多。（形容词“多”做谓语）

（2）动词性谓语

动词性谓语以动词的陈述式、命令式、愿望式形式充当。例如：

hɛsɛn gɛl-dʒi.

阿山 来-PST

阿山来了。（动词“来”做谓语）

hɛsɛn jyz nomur al-miʃ tɛ te galə-ba.

阿山 一百 分 得-PST CONJ 太 高兴-PRES

阿山得了一百分高兴坏了。（动词“高兴”做谓语）

hɛsɛn a-niŋ lemi-si-ni iʃ-miʃ.

阿山 他-GEN 饭-3sg.POS-ACC 喝-PST

阿山吃了他的饭。（动词“喝”（吃）做谓语）

bir χuj ara-sən-da tytyn tʃəχ-ba.

一 树林 中间-3sg.POS-LOC 烟 出-PRES

森林中有个地方冒着烟（动词“冒出”做谓语）

bu anatʃyk dʒiŋdʒygi-ni jeʃa-miʃ.

这 小女孩 整个的-ACC 说-PST

这个女孩儿把全部说出去了。（动词“说”做谓语）

qari nina jiʁla jiʁla gøz-ɬ ɢoru vu-miʃ.

老 奶奶 哭 哭 眼睛-3sg.POS 瞎-PST

老太婆哭啊哭啊眼睛变瞎了。（动词“变瞎”做谓语）

（二）句子的次要成分

1. 宾语

伊宁撒拉语的宾语在谓语动词前面，由宾格形式的词充当。例如：

hɛsɛn ɑ-niŋ lemi-si-ni iʃ-miʃ.

阿山 他-GEN 饭-3sg.POS-ACC 喝-PST

阿山吃了他的饭。（名词“饭”做宾语）

hɛsɛn nolɑne ros gɑhtʃɑ-ni ørgɛn-miʃ.

阿山 努力 俄罗斯 话-ACC 学习-PST

阿山刻苦学习了俄语。（名词“俄语”做宾语）

dɑdyj-din me-ni dɑŋnɑ-miʃ.

大队-ELA 我-ACC 选-PST

从大队里选出了我。（人称代词“我”做宾语）

piser bogu-lar-nə sɑt-dʒi.

我们 玉米-PL-ACC 卖-PST

我们把玉米给卖了。（名词“玉米”做宾语）

2. 定语

定语在句子中标明或凸显所修饰或限制中心语的性质、特征、数量等信息。伊宁撒拉语句子中的定语一般由形容词、数词、名词、代词、形动词充当。例如：

ɑ-nəŋ dʒɑdɑχ ɑnɑ-sə myʃyk-ni døj-miʃ.

他-GEN 大 女儿-POS.3sg 猫-ACC 打-PST

他的大女儿打了猫。（形容词“大”做定语）

mɛn mun-dən ili bir dʒøŋgy kiʃi i-dir.

我 这-ELA 前 一 庄稼 人 是-COP

我之前是个农民。（名词“庄稼”做定语）

øj-ym-ɛ on bɛʃ mo jɛr dɛg-miʃ.

家-1sg.POS-ALL 十 五 亩 地 分得-PST

给我家分了十五亩土地。（数量结构“十五亩”做定语）

mɛn-dɛ bɛʃ ɑnɑ vɑr.

我-LOC 五 女儿 有

我有五个女儿。（数词“五”做定语）

pise-nigi　əχsadij　iʃ　jogo-sə　dʒøŋgyly　iʃ-tir.

我们-GEN　经济的　事　全都-3sg.POS　农　活-COP

我们这边的经济活动主要是农耕。（人称代词的领属格形式“我们的”做定语）

hɛsɛn　jaχʃi　kiʃi　ira.

阿山　好　人　是

阿山是好人。（形容词“好”做定语）

3. 状语

状语表示句子谓语中表达的动作、行为的特征，以及发生的时间、地点、目的、原因、方式、程度、数量等。副词、副动词、形容词、（位格、向格、从格）名词、数词、代词、后置词词组等，均可做状语。伊宁撒拉语状语在谓语前面。例如：

oholda　bovu-sur　vu-miʃ.

从前　爷爷-INDF　有-PST

从前有一位老爷爷。（副词“从前”做状语）

hɛsɛn　bygyn　gi-ga.

阿山　今天　来-FUT

阿山今天来。（时间名词“今天”做状语）

hɛsɛn　giʃaŋ-ə　var-dʒi.

阿山　县城-ALL　去-PST

阿山去城里了。（向格名词“到县城”做状语）

hɛsɛn　bidʒin-dɛ　oqu-ba.

阿山　北京-ALL　学习-PRES

阿山在北京上学。（位格名词“在北京”做状语）

二　句子的类别

伊宁撒拉语的句子按照其语气可分为陈述句、疑问句、祈使句和感叹句四类。

（一）陈述句

陈述句说明或陈述某事或某种情况。例如：

hɛsɛn　bidʒin-dɛ　oqu-ba.

阿山　北京-LOC　学习-PRES

阿山在北京上学。

mɛn　ana-nəŋ　gøŋl-ə-nə　bil-ma-dʒi.

我　姑娘-GEN　心意-ACC　明白-NEG-PST

我没有明白姑娘的心意。

hɛsɛn nɛtʃɛ gahtʃa-ni bil-ɛr.

阿山 几个 语言-ACC 会-PRES

阿山懂得好几种语言。

hɛsɛn ɛhti ge-mi-ga.

阿山 明天 来-NEG-FUT

阿山明天不来。

（二）疑问句

疑问句通过疑问代词、疑问语气词和疑问语调等手段表达疑问。伊宁撒拉语的疑问句可分为特殊疑问句、一般疑问句（是非疑问句）、选择问句、正反问句等。

（1）特殊疑问句

特殊疑问句是疑问代词充任疑问焦点的句子。例如：

hɛsɛn naŋ ɛt-ba?

阿山 什么 做-PROG

阿山在干嘛？

si gir-gudʒi kem ari?

刚 进-VBN 谁 MOOD

刚进来的人是谁呢？

（2）一般疑问句

又叫是非疑问句，是只能以“是”或“否”来回答的疑问句。例如：

sɛn abdu-ni gør do?

你 阿布都-ACC 看见 MOOD

你看见阿布都了吗？

（3）选择问句

有两个或两个以上的可能选项供选择的疑问句。例如：

tʃəχ ke-gan-ə kiʃ-or mu, baʃɢa naŋ ari?

出 来-ADJL-3sg.POS 人-INDF MOOD 别的 什么 MOOD

出现的是人呢，还是别的东西呢？

（4）正反问句

又叫反复问句，是用谓语或谓语中的一部分组成肯定与否定相叠的方式提问，要求听话人从肯定或否定中挑选一项回答。例如：

u geʃaŋ-a va-ʁur mi, va-ma-ʁur i?

他 县城-ALL 去-FUT MOOD 去-NEG-FUT MOOD

他到县城去呢，还是不去？

siler-ø hɛsɛn gi-gusi-ni bil-ir-u bil-mes-i?
你们-NOM 阿山 来-VBN-ACC 知道-PRES-Q NEG-Q
你们知道阿山来不来？

tʃəχ ge-gɛn kiʃ-or mu? baʃɢa naŋ ari?
出 来-ADJL 人-INDF MOOD 其他的 什么 MOOD
出现的是人呢还是别的什么呢？

（三）祈使句

祈使句表示命令、请求、愿望、劝告等意义。伊宁撒拉语中祈使句一般通过动词的命令式或愿望式表达。例如：

sɛ vɑr-ø!
你 去-2sg.IMP
你去！

suχlɑn-ʁuntʃux dɑʃ-in-diki iʃ-ni et-ə dos-ɢulɑ.
变冷-ADVL 外-3sg.POS-LQ 事-ACC 做-ADVL AUX-1pl.IMP
天冷之前我们把外面的事干完吧。

（四）感叹句

感叹句表示说话人喜悦、愤怒、惊讶、感激、后悔、恐惧等强烈的情感反应。例如：

guntʂ̩ɛndɑŋ-nə dʐ̩ense jɑχʃi er ɑ!
共产党-GEN 政策 好 是 MOOD
共产党的政策好啊！

jogo-sə bɑŋnəʃ-bər jɑχʃi iʃ ɑ!
全都-3sg.POS 帮忙-PRES 好 事 MOOD
全都过来帮忙，这是好事啊！

三 复句

复句指两个或两个以上分句构成的句子。伊宁撒拉语的复句各分句之间的联系主要以连词、语调和语序来表示，可分为联合复句和偏正复句两大类。

（一）联合复句

联合复句又可分为并列、递进、选择、顺承四种。

1. 并列关系复句

并列关系复句中，各个分句之间的关系是并列或者相对的。例如：

sɛ-ø vɑ-miʃ, mɛn-ø dɛ vɑr-dʒi.
你-NOM 去-LAT.PST 我-NOM 也 去-PST
你去了，我也去了。

sɛ-ø vɑr-ø, mɛn dɛ vɑr-ʁə.
你-NOM 去-IMP.2sg 我 也 去-IMP.1sg
你去，我也去。

sɛn myʃyk-ni døj-mɛ, ot-nə sɛndir-er.
你 猫-ACC 打-NEG.IMP 火-ACC 弄灭-FUT
你不要打猫，它会把火弄灭的.

sɛn mɑŋ-ɑ hɛlli vɛr-dʒi, si-nigi hɛlli-lɑ ʂu oχu-dʒi.
你 我-ALL 钱 给-PST 你-GEN 钱-INSTR 书 读-PST
你给了我钱，我用你的钱读了书。

mɛn sɑŋ-ɑ jɑʃɑ-mɑ-dʒi, abudu-ʁɑ jɑʃɑ-dʒi.
我 你-ALL 说-NEG-PST 阿布都-ALL 说-PST
我没有给你说，而是给阿布都说。

2. 递进关系复句

后一小句比前一小句意义更进一层，句子语义的重心在后头。例如：

hɛsɛn-ø ez-i jɑχʃi, ørgɛn-gɛn-den bɑʃqɑ kiʃ-ler-gɛ bɑŋnɑʃ-miʃ.
阿山-NOM 自己-POS.3sg 好 学习-ADJL-ELA 以外 人-PL-ALL 帮忙-PST
阿山不仅自己学习好，还为他人提供了很多的帮助。

balə-lɑr jɑχʃitʃux ørgɛn-gɛn-den dɑʁə duanliɛn et-bɑ.
孩子-PL 好好地 学习-ADJL-ELA CONJ 锻炼身体-PROG
孩子们不仅好好学习，而且还常锻炼身体。

3. 选择关系复句

选择关系复句表示言说者提供两种或者两种以上的情况供听话人选择。例如：

dʒɑtʃi-dɑ mɛn jɑ yrymtʃi-gɛ vɑ-ʁur jɑ ʃynχuɑ-ʁə vɑ-ʁur.
假期-LOC 我 或 乌鲁木齐-ALL 去-FUT 或 循化-ALL 去-FUT
假期我或者去乌鲁木齐，或者去循化。

jɛ hɛsɛn-ø vɑ-ʁe, jɛ jɑsin-ø gi-ge.
或者 阿山-NOM 去-IMP 或者 亚森-NOM 来-IMP
或者阿山去，或者亚森来。

4. 顺承关系复句

顺承指按照动作或事件的先后关系顺序排列。顺承关系复句中，表示发生在前的动作或事件的小句排列在前，表示发生在后的小句排列在后。例如：

hɛsɛn-ø　tʃɑ　iʃ-tʃinɑ,　dɑgɛj　sɑɑt　doqus-dɑ　gi-gɑ.
阿山-NOM　茶　喝-CONV　大概　时　九-LOC　来-FUT.
阿山喝完茶，大概九点钟来。

bɑlə-lɑr　tɛjjɑr vo-miʃ,　indʒi　jɑχʃitʃyk　ornəʃ-dər-ʁur.
孩子们PL　准备-PST　然后　好好地　安排-CPO-FUT
孩子们准备好了，下一步要好好地安排。

（二）偏正复句

伊宁撒拉语的偏正复句可分为八个小类，即条件复句、因果复句、转折复句、目的复句、让步复句、时间复句、补充复句、理由复句。

1. 条件关系复句

在这类复句中，为达成主句的结果，从句提出所需要满足的条件。条件关系分有条件和无条件两类。

（1）条件关系复句。又可分为充分条件和必要条件两个小类。

①充分条件关系复句。这类复句的数量较多。例如：

hɛsɛn-ø　vɑ-mi-sɑ　mɛ　vɑ-ʁur.
阿山-NOM　去-NEG-COND　我　去-FUT
如果阿山不去，那我就去。

rugo　hɛsɛn-ø　vɑr-sɑ　piser　dɛ　vɑr-ɑl.
如果　阿山-NOM　去-COND　我们　也　去-IMP.1pl
如果阿山去，那么我们也去。

nɛzir　ɛt-kyr　dijdʒi　vo-sɑ　hɛ　bɑʃqɑ-dən　ɑjit-bər.
葬礼　举办-FUT　说的　有-COND　嗯　另外-ELA　邀请-PROG
若要举办葬礼，还要单独邀请。

②必要条件关系复句。这类条件复句出现频率相对较低。例如：

hɛsɛn-ø　vɑr-sɑ,　ɑndən　piser　dɛ　vɑr-ɑl.
阿山-NOM　去-COND　然后　我们　CONJ　去-IMP.1pl
只有阿山去，我们才去。

（2）无条件关系复句。例如：

hɛsɛn-ø　vɑr-sɑ　vɑ-mə-sɑ,　piser　jugo　vɑ-ʁɑl.
阿山-NOM　去-COND　去-NEG-COND　我们　都　去-DES-IMP.1pl
无论阿山去不去，我们都去。

2. 因果关系复句

这类复句的从句表示原因或理由，主句表示结果。例如：

bilim-nigi ɢərʁə joχ-tur, elikenigi ørgynyʃ-nigi dɛ ɢərʁə joχ-tur.
知识-GEN 边际 没有-COP 因此 学习-GEN 也 边际 无-COP
知识是无边际的，因此学习也是无止境的。

jinvej hɛsɛn-ø uda-bər dɛ jogo iʃ-lir-i-ni dɛnvu ɛt-miʃ.
因为 阿山-NOM 迟到-PROG CONJ 所有的 事-PL-POS-ALL 耽误-PST
因为阿山迟到，整个事情被耽误了。

u salar gahdʒa bil-mi-gana, mɛn a-ŋa tʃiur-ə bɛr-dʒi.
他 撒拉 语 会-NEG-ADVL 我 他-ALL 翻译-ADVL AUX-PST
因为他不懂撒拉语，就由我给他翻译了。

hɛsɛn-ø ʃɛntʂaŋ vu-ʁan-nigi beligi et-ki keli-ga.
阿山-NOM 县长 当-ADJL-GEN 这样 做-VBN 需要-FUT
正由于阿山是县长，他才需要这样做。

3. 转折关系复句

转折关系复句的后一个分句表达的意思与前一个分句相离相悖。例如：

hɛsɛn dʒataχ vo-ʁan bilɛn, gør-gen iʃ-i az-ø.
阿山 大成为 COP-ADJL POST 看-ADJL 事-3sg.POS 少-COP
阿山虽说是人高马大，但是见识短。

mɛn var-dʒi tʃili, a-la gøriʃ-al-ma-dʒi.
我 去-PST CONJ 他-INSTR 见面-ABIL-NEG-PST
我去是去了，但没能跟他见面。

4. 目的关系复句

从句表示行为，主句表示行为的目的。例如：

ʂu al-ma vulə mɛn geʃaŋ-a ba-ʁu-dər.
书 买-ADVL 为了 我 城-ALL 去-FUT-COP
为了买书，我要去城里。

ata ana-nəŋ umət-ə-nə ɛmɛlgɛ aʃur-uʃ ytʃyn, pisɛr taŋnəntʃanə
父母-GEN 希望-3sg.POS-ACC 实现-VBN POST 我们 努力地
orgeng-u kele-ba.
学习-VBN 需要-PRES
为了实现父母的希望，我们需要努力地学习。

5. 让步关系复句

从句表达退一步或正视现实的意思，主句表达的行为动作或事件不受从句所表达命题的影响。例如：

sɛn　var　sada　ula-nə　gør-əl-mɛs.
你　去–COND　MOOD　他们–ACC　看见–ABIL-NEG.PRES
你就是去了也不会见到他们的。

6. 时间关系复句

从句做状语表示主句发生的特定时间。例如：

vaχ　jɛt-kuntʃuk,　mɛn　jan　kɛ-ga.
时间　到–ADVL　我　回　来–FUT
时间到之前我要回来的。

u　var-sa,　kyz-i　gør-mɛ-miʃ.
他　去–COND　眼睛–3sg.POS　看见–NEG-PST
他去时眼睛却看不见了。

ili-diki　vaχtən-da,　suliɛn-nigi　konsuldʒi　linşiguɛn　var　a　a-nə
伊宁–LQ　时候–LOC　苏联–GEN　领事　领事馆　有　MOOD　它–GEN
itʃin-dɛ　otur-dʒi.
里–LOC　住–PST
在伊宁有苏联领事馆，领事在里面住。

7. 补充关系复句

从句表示对主句具体内容的表达。例如：

sɛn　bu　iʃ-ni　jaχʃitʃuk　et-i　tos-qusə-nə　mɛn　jila-bər.
你　这　事–ACC　好好地　做–ADVL　AUX-VBN-ACC　我　相信–PRES
我相信，你能很好地完成这个任务。

u　iz-i　aʁər-ər　dij-dʒi.
他　自己–POS.3sg　生病–PRES　说–PST
他说："我（自己）常生病。"

8. 理由复句

从句认定一个既成的事实，以便为主句动作行为的实施提供理由。例如：

ɛht-kur　di-miʃ　indʒi　ɛ^{h}t-ø.
做–FUT　说–PST　CONJ　做–2sg.IMP
既然你说了要干，那就干。

第六章 语料

第一节

语法例句

001 **阿山是艾尔肯的哥哥。**

hɛsɛn-ø	ɛrkin-niŋ	gaga-si	ir	a.
阿山-NOM	艾尔肯-GEN	哥哥-POS.3sg	是-INF	MOOD

002 **孩子们都来了。**

bala-lar-niŋ	jogo-si	gi-miʃ.
孩子-PL-GEN	全部-3sg	来-LAT.PST

003 **阿山有三个哥哥。**

hɛsɛn-niŋ	yʃ	gaga-si	var	a.
阿山-GEN	三	哥哥-3sg	有-INF	MOOD

004 **阿山是大学生。**

hɛsɛn-ø	ali	mɛχtɛp	oχaʁudʒi.
阿山-NOM	高等	学校	学生

005 **阿山的哥哥来了。**

hɛsɛn-niŋ	gaga-si	gi-miʃ.
阿山-GEN	哥哥-3sg	来-LAT.PST

006 **阿山去了城里。**

hɛsɛn-ø	giʃaŋ-ə	var-dʒi.
阿山-NOM	城-ALL	去-PST

007 **阿山请了亚森。**

hɛsɛn-ø	jasin-ni	qonaq ɛt-miʃ.
阿山-NOM	亚森-ACC	请客-LAT.PST

008 **阿山来自伊犁。**

hɛsɛn-ø ili-din gi-miʃ.

阿山-NOM 伊犁-ELA 来-LAT.PST

009 **阿山在北京读书。**

hɛsɛn-ø bidʒin-dɛ oqu-bɑ.

阿山-NOM 北京-LOC 读-PROG

010 **我是用圆珠笔写的。**

mɛn-ø tɛnzə bi bilɛn jɑz-dʒi.

我-NOM 碳素 笔 POST 写-PST

011 a. **您有几个孩子？** b. **我有两个孩子。**

siznitŋ nɛtʃɛ bɑlɑ-ŋ vɑr i? men-iŋ iʃki bɑlɑ-m vɑr.

您-GEN 几个 孩子-2sg? 有 MOOD 我-GEN 二 孩子-1sg 有

012 **阿山的孩子在北京读书。**

hɛsɛn-niŋ bɑlɑ-si bidʒin-dɛ oχu-bɑ.

阿山-GEN 孩子-2sg 北京-LOC 读-PROG

013 **我是学生。**

mɛn-ø ørgɛngydʒi-dir.

我-NOM 学生-COP

014 **你比我高。**

sɛn-ø mɛn-den bik ɑ.

你-NOM 我-ELA 高-INF MOOD

015 **阿山他们人多。**

hɛsɛn-ø vu-lɑr kiʃ kup ɑ.

阿山-NOM 他-PL 人 多-INF MOOD

016 **这个高。**

bu-ø bik ɑ.

这-NOM 高-INF MOOD

017 **这个高一点儿。**

bu-ø bidʒɛ bik ɑ.

这-NOM 一点儿 高-INF MOOD

018 **屋里干干净净。**

øj iʃ-i ɑri-tʃuk ɑ.

屋 里-3sg 干净-SPL-INF MOOD

019 **阿山解开了绳子。**

hɛsɛn-ø　baʁləχ-ni　jeʃ-miʃ.

阿山-NOM　绳子-ACC　解开-PST

020 **绳子被解开了。**

baʁlaχ-ø　jeʃ-il-miʃ.

绳子-NOM　解开-PASS-PST

021 **阿山解开了衣服。**

hɛsɛn-ø　baʁdaχ-ni　tiʃ-tʃi.

阿山-NOM　衣服-ACC　解开-PST

022 **阿山帮他解开了绳子。**

hɛsɛn-ø　a-niŋ-ʁa　baŋnaʃ-i　urχan：ni　tiʃ-tʃi.

阿山-NOM　他-GEN-ALL　帮忙-ADVL　绳子-ACC　解开-PST

023 **阿山叫人解开了绳子。**

hɛsɛn-ø　kiʃ　tʃala-a　urχan-ni　tiʃ-tʃi.

阿山-NOM　人　叫-ADVL　绳子-ACC　解开-PST

024 **这本书阿山已经读完了。**

bu　ʂu-ni　hɛsɛn-ø　oχu-u vol-dʒi.

这　书-ACC　阿山-NOM　读-PERF-PST

025 **游行的人群开始走了。**

namajiʃ ɛtgydʒi-lɛr　jyr-yʃ-ni　baʃla-dʒi.

游行者-PL　走-VBN-ACC　开始-PST

026 **阿山正在做什么?**

hɛsɛn-ø　naŋ　ɛt-ba?

阿山-NOM　什么　做-PROG

027 **阿山能做。**

hɛsɛn-ø　ɛt-ɛl-ɛr.

阿山-NOM　做-ABIL-PRES

028 **阿山把亚森的地址记下来了。**

hɛsɛn-ø　jasin-niŋ　orun-i-ni　gila-miʃ.

阿山-NOM　亚森-GEN　位置-3sg-ACC　记-LAT.PST

029 **阿山来了。**

hɛsɛn-ø　gi-miʃ.

阿山-NOM　来-LAT.PST

030 **阿山懂得很多种语言。**

hɛsɛn-ø nɛtʃɛ gahtʃa-ni bil-ɛr.

阿山-NOM 几个 语言-ACC 知道-PRES

031 **阿山在等你。**

hɛsɛn-ø sen-ni saχlə-ba.

阿山-NOM 你-ACC 等-PROG

032 **阿山明天要来。**

hɛsɛn-ø ɛhtɛ gi-ga.

阿山-NOM 明天 来-FUT

033 **阿山去了。**

hɛsɛn-ø var-dʒi.

阿山-NOM 去-PST

034 **阿山没有去。**

hɛsɛn-ø var-ma-dʒi.

阿山-NOM 去-NEG-PST

035 **如果阿山不去，那我去。**

hɛsɛn-ø va-mi-sa mɛ va-ʁur.

阿山-NOM 去-NEG-COND 我 去-FUT

036 **但愿您不要忘了我。**

men-i unut-ma-χusi-ni ymyt ɛt-bər.

我-ACC 忘-NEG-VBN-ACC 希望-PROG

037 **你去了，我也去了。**

sɛ-ø va-miʃ mɛn-ø dɛ var-dʒi.

你-NOM 去-LAT.PST 我-NOM 也 去-PST

038 **你去，我也去。**

sɛ-ø var-ø， mɛn dɛ var-ø.

你-NOM 去-IMP.2sg 我 也 去-IMP.1sg

039 **阿山来了吗？**

hɛsɛn-ø gɛl-dʒi-mu?

阿山-NOM 来PST-Q?

040 **你昨天怎么没来呀？**

sɛn-ø gedʒɛ negɛ gɛ：ma-dʒe?

你-NOM 昨天 为什么 来-NEG-PST

041 **是阿山去呢，还是亚森去呢？**

hɛsɛn-ø va-ʁu-mu jasin va-ʁa?

阿山 去-FUT-Q 亚森 去-FUT

042 **阿山是个好人诶。**

hɛsɛn-ø jaχʃi kiʃ-dir.

阿山-NOM 好 人-COP

043 **阿山和亚森他们俩是同学。**

hɛsɛn-ø jasin-ø iʃki-si savaχdaʃ-dir.

阿山-NOM 亚森-NOM 两-3sg 同学-COP

044 **知识是无边际的，因此学习也是无止境的。**

bilim-nigi ɢərʁə joχ-tur, elikenigi ørgynyʃ-nigi dɛ ɢərʁə joχ-tur.

知识-GEN 边际 没有-COP 因此 学习-GEN 也 边际 无-COP

045 **好孩子。**

jaχʃi bala.

好 孩子

046 **太好了。**

te jaχʃi-dir.

太 好-COP

047 **刚来。**

si gɛl-dʒi.

刚 来-PST

048 **听说昨天那个阿山跟亚森说他要学俄语。**

mɛ-ø aŋnə-ʁən kama vo-sa hɛsɛn jasin-ʁa ros dil-i ørgɛn-gyr di-miʃ.

我-NOM 听-ADJL 一样 是-COND 阿山 亚森-ALL 俄语-3sg 学习-FUT 说-PST

049 **阿山刻苦学习了俄语。**

hɛsɛn-ø nolan-e ros gahtʃa-ni ørgɛn-miʃ.

阿山-NOM 努力-CONV 俄 语-ACC 学习-PST

050 **他家有成麻袋成麻袋的粮食。**

u-niŋ øj-yn-dɛ taʁar-taʁar aʃliχ var-a.

他-GEN 房子-3sg-LOC 成麻袋 粮食 有-INF.MOOD

051 **阿山近来总是穿着一件满是道道儿的衣衫。**

hɛsɛn-ø bu nɛtʃi kyn gɛʃkyndʒyk jol vo-ʁan χɛntɛr-ni gij-bɑ.

阿山–NOM 这 几 天 总是 道 有–ADJL 衬衫–ACC 穿–CONT

052 **阿山大概喝完茶什么的九点左右会来吧。**

hɛsɛn-ø tʃɑ iʃ-tʃinɑ dagɛj saat doqus-dɑ gi-gɑ.

阿山–NOM 茶 喝–CONV 大概 时 九–LOC 来–FUT

053 **电话“叮铃铃”地响着。**

diɛnχuɑ-ø doʃi-bɑ.

电话–NOM 响–CONT

054 **今天相当地暖和诶。**

bygyn-ø ʃɑŋdɑŋ issi-ɑ.

今天–NOM 相当 暖和–INF.MOOD

055 **这伙人人手一支花儿。**

bu kiʃ-lɛr-niŋ odʒ-in-dɛ jogo-si-nigi dʒidʒɛk var-ɑ.

这 人–PL-GEN 手–3sg-LOC 都–3sg-GEN 花儿 有–INF.MOOD

056 **你们两个两个地进。**

silɛr-ø iʃki iʃki-den gir-ø.

你们–NOM 二 二–ELA 进–IMP.2sg

057 **发生了一大堆如此这般的趣事儿。**

biliski dʒadɑχ kalɑχusi iʃ-ler jyz vi-miʃ.

这般的 大 有趣的 事–PL 发生–PST

058 **你都请了谁？**

sɛn-ø kim-lɛr-ni tʃala-dʒi?

你–NOM 谁–PL-ACC 叫–PST

059 **老太婆哭啊哭，哭瞎了双眼。**

qari ninɑ jiʁla jiʁla gøz-i ɢoru vu-miʃ.

老 奶奶 哭 哭 眼睛–3sg 瞎–LAT. PST

060 **你们知道阿山来不来？**

silɛr-ø hɛsɛn gi-gusi-ni bil-ir-u bil-mes-i?

你们–NOM 阿山 来–VBN-ACC 知道–PRES-Q 知道–NEG-Q

061 **你们谁知道阿山这次去没去阿勒泰？**

silɛr-ø hɛsɛn-niŋ bu gɛz altaj-ʁɑ vɑ-ʁan

你们–NOM 阿山–GEN 这 次 阿勒泰–ALL 去–ADJL

va-mi-ʁan-ni kim bil-ir i?

去-NEG-ADJL-ACC 谁 知道-PRES MOOD

062 **阿山必定获胜。**

hɛsɛn-ø tʃoqum jeŋ-ɛr.

阿山-NOM 必定 胜-PRES

063 **阿山或许会来。**

hɛsɛn-ø gi-gɑ bɑ.

阿山-NOM 来-FUT MOOD

064 **阿山来了。**

hɛsɛn-ø geldʒi.

阿山-NOM 来-PST

065 **阿山来了诶。**

hɛsɛn-ø gi-miʃ.

阿山-NOM 来-PST

066 **我去。**

mɛ-ø vɑ-ʁə.

我-NOM 去-IMP.1sg

067 **我想去。**

mɛ-ø vɑ-ʁim gi-bɑ.

我-NOM 去-DES.1sg-PROG

068 **我得去。**

mɛ-ø vɑ-ʁə kɛle-gɑ.

我-NOM 去-VBN 必须-FUT

069 **你去。**

sɛ-ø vɑr.

你-NOM 去-IMP.2sg

070 **阿山不错。**

hɛsɛn-ø jamɑn ɛmɛs.

阿山-NOM 坏 COP.NEG

071 **阿山去伊犁，亚森从伊犁回来。**

hɛsɛn-ø jili-ʁɑ vɑ-miʃ, jasin-ø jili-din jɛŋgɛ-miʃ.

阿山-NOM 伊犁-ALL 去-PST 亚森-NOM 伊犁-ELA 回来-PST

072 **阿山不仅自己学习好，还为他人提供了很多的帮助。**

hɛsɛn-ø ez-i jaχʃi ørgɛn-gɛn-den baʃqa kiʃ-ler-gɛ
阿山-NOM 自己-POS.3sg 好 学习-ADJL-ELA 以外 人-PL-ALL
baŋnaʃ-miʃ.
帮忙-PST

073 **阿山有两个弟弟，一个在县里工作，一个在学校上学。**

hɛsɛn-ø ini iʃki var a, bir-si ʃɛn-dɛ goŋzo ɛt-ba，
阿山-NOM 弟弟 两 有-INF MOOD 一-POS.3sg 县-LOC 工作-PROG
bir-si ʃøʃo-dɛ oχu-ba.
一个-POS.3sg 学校-LOC 读-PROG

074 **或者阿山去，或者亚森来。**

jɛ hɛsɛn-ø va-ʁe, jɛ jasin-ø gi-ge.
或者 阿山-NOM 去-IMP 或者 亚森-NOM 来-IMP.

075 **阿山来之前，我们这里没有这种东西。**

hɛsɛn-ø gɛ-gɛn-din ili, pise-niŋ mun-da beliski donʃi joχ.
阿山-NOM 来-ADJL-ELA 前 我们-GEN 这里-LOC 这种 东西 没有

076 **阿山来时，我不在。**

hɛsɛn-ø gɛ-gɛn-dɛ mɛ-ø joχ-tur.
阿山-NOM 来-ADJL-LOC 我-NOM 不在-COP

077 **阿山走了之后，我也就回家了。**

hɛsɛn-ø var-ə, mɛn-ø dɛ øj-ɛ jan-dʒi.
阿山-NOM 走-ADVL 我-NOM 也 家-ALL 回-PST

078 **阿山和亚森来了。**

hɛsɛn-ø jasən bilɛn gi-miʃ.
阿山-NOM 亚森 和 来-PST

079 **阿山的老师来了。**

hɛsɛn-niŋ loşə-si gi-miʃ.
阿山-GEN 老师-POS.3sg 来-PST

080 **阿山找了亚森。**

hɛsɛn-ø jasin-ni iʃti-miʃ.
阿山-NOM 亚森-ACC 找-PST

081 **阿山写了一篇文章。**

hεsεn-ø bir vəndʐaŋ piʃti-miʃ.

阿山-NOM 一 文章 写-PST

082 **阿山是好人。**

hεsεn-ø jaχʃi kiʃi ir ɑ.

阿山-NOM 好 人 COP-INF MOOD

083 **牧村的旁边是一条深山沟。**

mutʃun-niŋ ɢərʁə-ən-dɑ dʒadoχ tʃoldoŋ-or vɑr ɑ.

牧村-GEN 边-POS.3sg-LOC 大 山沟-INDF 有-INF MOOD

084 **阿山今天来。**

hεsεn-ø bygyn gi-gɑ.

阿山-NOM 今天 来-FUT

085 **阿山在阿勒泰工作。**

hεsεn-ø ɑltaj-dɑ goŋzo et-bɑ.

阿山-NOM 阿勒泰-LOC 工作-PROG

086 **阿山是坐飞机来的。**

hεsεn-ø fidʒi-gε otur gi-bɑ.

阿山-NOM 飞机-ALL 坐 来-PROG

087 **阿山在我们家待了三天。**

hεsεn-ø pis-ni øj-dε yʃ gyn otur-dʒe.

阿山-NOM 我们-GEN 家-LOC 三 天 坐-PST

088 **阿山得了一百分高兴坏了。**

hεsεn-ø jyz nomur ɑl-miʃ tε te gɑlə-bɑ.

阿山-NOM 一百 分 获得-PST CONJ 太高兴-PROG

089 **阿山说他明天不来。**

hεsεn-ø jeʃi-bɑ εhti ge-mi-gɑ.

阿山-NOM 说-PROG 明天 来-NEG-FUT

090 **听说，那个阿山用十五年时间把他的孩子培养成了一名国际知名学者。**

ɑŋnə-ʁən kɑmɑ vosɑ diu hεsεn-ø onbεʃ jil-dε o-si-ni

听-ADJL POST TOP 那个 阿山-NOM 十五 年-LOC 儿子-POS-ALL

oχu-t-ə dynjɑ-dε bilimlik kiʃi ε^{h}t-miʃ.

读-CAUS-ADVL 世界-LOC 有知识的 人 成为-PST

091 **阿山把他的饭吃了。**

hεsεn-ø ɑ-niŋ lemi-si-ni iʃ-miʃ.

阿山-NOM　他-GEN　饭-POS-ALL　喝-PST

092　很好。

te　jaχʃi　ɑ.

太　好　MOOD

093　夜。

gɛʃ.

夜

094　这样做是不行的。

bɛligi　e^{h}-se　jarə-mə-ʁɑ.

这样　做-COND　合适-NEG-FUT

095　因为阿山迟到，整个事情被耽误了。

jinvej　hɛsɛn-ø　udɑ-bər　dɛ　jogo　iʃ-lir-i-ni　dɛnvu ɛt-miʃ.

因为　阿山-NOM　迟到-PROG　CONJ　所有的　事-PL-POS-ALL　耽误-PST

096　如果阿山去，那么我们也去。

rugo　hɛsɛn-ø　var-sɑ　piser　dɛ　var-ɑl.

如果　阿山-NOM　去-COND　我们　也　去-IMP.1pl

097　只有阿山去，我们才去。

hɛsɛn-ø　var-sɑ,　ɑndən　piser　dɛ　var-ɑl.

阿山-NOM　去-COND　然后　我们　CONJ　去-IMP.1pl

098　无论阿山去不去，我们都去。

hɛsɛn-ø　var-sɑ　vɑ-mə-sɑ　piser　jugo　vɑ-ʁɑl.

阿山-NOM　去-COND　去-NEG-COND　我们　都　去-IMP.1pl

099　看来阿山虽说是人高马大，但是见识短。

beligi　yʃyr-sɛ　hɛsɛn　dʒɑtɑχ　vo-ʁɑn　bilɛn　gør-gɛn　iʃ-i

这样　看来-COND　阿山　大　COP-ADJL　POST　看-ADJL　事-POS.3sg

ɑz-ø.

少-COP

100　阿山说："他们做得了，我们也做得了。"

hɛsɛn-ø　jɑʃi-bɑ　bu　iʃ-ni　vulɑr　ɛt-ɛl-ɛr,　pisɛr　dɛ

阿山-NOM　说-PROG　这　事-ACC　他们　做-ABIL-FUT　我们　MOOD

ɛt-ɛl-ɛr.

做-ABIL-FUT

第二节

话语材料

一 谚语

01 iʃt aʁz-ə-nə aʃ-sa tʃiʃ-i-ni gø-gɛz-sɛ,

狗 口-3sgPOS-ACC 开-COND 牙-3sgPOS-ACC 看-CAUS-COND

kyl-gɛn-i ɛmɛs-tir.

笑-ADJL-3sgPOS AUXNEG-COP

如果狗张开嘴露出牙齿，不表明它在笑。

02 tʃiχqut arχan-dʒa uzal-sa, øl-gɛn-i ɛmɛs-tir.

虫子 绳子-EQUI 伸展-COND 死-ADJL-3sgPOS AUXNEG-COP

虫子像绳子一样伸展，不表明它是死的。（不要被表象迷惑）

03 døvy-ni bojn-ə netʃe uzun vo-sa da, garlan-ʁan daʁ-nigi

骆驼-GEN 脖子-3sgPOS 多 长 有-COND CONJ 隔开-ADJL 山-GEN

tʃøb-i-ni je-l-mes.

草-3sgPOS-ACC 吃-ABIL-NEG.PRES

骆驼的脖子再长，吃不了对面山上的草。

04 vur-a bil-mɛ-gydʒi kiʃi-nigi daʃ-ə dʒadaχ, ɛt-ɛ bil-mɛ-jidʒi

打-ABIL-NEG-ADJL 人-GEN 石-3sgPOS 大 做-ABIL-NEG-ADJL

kiʃi-nigi søz-i dʒadaχ.

人-GEN 话-3sgPOS 大

不会打架的人拿着大石头壮胆，无能的人说大话吹牛。

05 iʃt-ɛ ɢuruχ joχ-mə-sa bidʒin-ɛ oχʃa-r, kiʃi-jɛ ujat
狗−ALL 尾巴 没有−NEG-COND 猴子−ALL 像−PRES 人−ALL 羞耻
joχ-mə-sa iʃt-ɛ oχʃa-r.
没有−NEG-COND 狗−ALL 像−PRES
狗如果没有尾巴会像猴子，人如果没有羞耻就会像狗。

06 jaχʃi iʃ-ni ɛt-kysi ɛŋgɛk i-dir, jemen iʃ-ni ɛt-kysi məndaŋ
好 事−ACC 做−VBN 难 是−COP 坏 事−ACC 做−VBN 容易
i-dir.
是−COP
做好事很难，做坏事容易。

07 jyrdin jasə-ma-ʁan jɛr qal-ma-miʃ, kinə-dən χorχ-ma-ʁan ɛr
麦场 作−NEG-ADJL 地 留−NEG-PST 媳妇−ELA 怕−NEG-ADJL 丈夫
qal-ma-miʃ.
留−NEG-PST
没有未作过麦场的地，没有不怕媳妇的丈夫。

08 sorma iʃ-sɛ kiʃ jemen, jaʁmur jaʁ-sa jol jemen.
酒 喝−COND 人 坏 雨 下−COND 路 糟糕
人在喝酒的时候会变坏，路在下雨的时候会变糟。

09 jaχʃi dʒøŋgej jaχʃi tys-tɛ, jaχʃi bala ørgɛt-kɛn-dɛ.
好 庄稼 好 肥−LOC 好 孩子 教养−ADJL-LOC
好庄稼是好肥养出来的，好孩子是教养出来的。

10 bala tʃəŋna-ʃ kitʃi-den, dʒøŋgi tʃəŋna-ʃ nizix-den.
孩子 成长−VBN 小−ELA 庄稼 成长−VBN 娇嫩−ELA
儿女成长在小的时候，庄稼长势在幼苗的时候。

11 oht ota-sə boʃ vo-ʁə, kiʃi jirig-i dʒəŋ vo-ʁə.
火 中间−3sg-POS 空 成为−IMP 人 心−3sg-POS 真 成为−IMP
火心要空，人心要真。

12 dal-nəŋ ɢoʁ-ə χətə-dər, kiʃi-niŋ jyz-i miʃəχ-tər.
树−GEN 皮−3sg-POS 硬−COP 人−GEN 脸−3sg-POS 软−COP
树皮厚，人脸薄。

13 baʃ tiʃlen-se zoraχ itʃ-in-dɛ, odʒə-ŋ sun-sa
头 穿孔−COND 帽子 里−3sg-POS-LOC 手−2sg.POS 折−COND

jɛŋ itʃ-in-dɛ.
袖子 里-3sg.POS-LOC
头破了藏在帽子底下，胳膊折了隐进袖子里。

14 jemɛn kiʃi jut buz-ar, jemen-harva jol buz-ar.
坏 人 家乡 破坏-PRES 坏车 路 破坏-PRES
坏人败坏家乡的名声，坏车破坏行车的路。

15 jaχʃi gahtʃa ɢo-ʁə tʃəχ-mas, jemɛn gahtʃa jel qama dol-ar.
好的 话 门-ALL 出-NEG.PRES 坏 话 风 像 满-PRES
好话不出门，坏话一股风。

16 baʁzuχ tʃyr-se χusaχ-ta, pitʃaχ sun-sa ɢən-ən-da.
肠子 腐烂-COND 肚子-LOC 刀 折-COND 鞘-3sg.POS-LOC
肠子烂了（就烂）在肚子里，刀子折了（就放）在刀鞘里。

17 altən sar tʃiʃ gør-yn-miʃ, dezɛχ joɦor gør-yn-miʃ.
金子 黄 铜 看-PASS-PST 驴粪 麝香 看-PASS-PST
金子看成了黄铜，驴粪看成了麝香。

18 baʃ-dan ɢarən χəttə, iji-si-dən joʁtʃə χəttə.
头-ELA 肚子 硬 主人-3sg.POS-ELA 仆人 硬
肚子比头硬，奴才欺主人。

19 bərmaχ uzun χəsqa var, ərlin bijix aʃaχ var.
手指 长 短 有 学识 高 低 有
手指有长短，学识有高低。

20 aqəl vo-ʁan aqəl je-r, aqəl joχ-ma-ʁan hal-ən je-r.
智慧 有-ADJL 智慧 吃-PRES 智慧 有-NEG-ADJL 力-ACC 吃-PRES
有智慧的人凭智慧吃饭，无智慧的人凭力气吃饭。

21 engeχ gørgydʒi barlan-mas, barlanʁudʒi engeχ gør-mɛs.
苦 受 变富-NEG.PRES 变富的人 苦 受-NEG.PRES
受苦的人不挣钱，挣钱的人不受苦。

22 tʃijiχ ɢoʁudʒi-ʁə tʃijiχ joχ-tər, dus tutqudʒi tam itʃ-ɛr.
毡子 做的人-ALL 毡子 没有-COP 盐卖的人 淡 喝-PRES
做毡的人没有毡子，卖盐的人吃得淡。

23 dal χarə-sa yzɛχ køp, kiʃi χarə-sa aʁrəχ køp.
树 变老-COND 根 多 人 变老-COND 病 多

树老根多，人老病多。

24 boj ɢarɑχ ɑl-sɑ jiŋ-ə-nə øʃɛr-ø, kijin ɑl-sɑ ɑdʒu-sə-nɑ
衣服 买-COND 袖子-3sg.POS 看-IMP 媳妇 娶-COND 舅舅-3sg.POS-ALL
øʃɛr-ø.
看-IMP
买衣服要看袖子，娶媳妇要看舅舅。

25 yʂyr-se vo-ba tut-sa vol joχ-ɑ. — tok.
看-COND 可以-PRES 抓-PRES 可以 不-PRES 电
可以看，不能摸。——电。（谜语）

26 ama-sə øz-i uχlə-bɑ bala-sə gez-ba. — qulup.
妈妈-3sg.POS 自己-3sg.POS 睡-PRES 孩子-3sg.POS 逛-PRES 锁
妈妈自己睡觉，孩子到处闲逛。——锁。（谜语）

27 gyndiz gyni doχli-tʃyx geʃ-de aʃli-dʒyx. — tʃapan.
在白天 白天 饱的-STR 晚上-LOC 饿-STR 衣服
白天肚子鼓鼓的，晚上肚子瘪瘪的。——衣服。（谜语）

二 歌谣

1. 歌谣（一）

dʒidʒɛk baʁ-qɑ nige gir-diŋ?
花 园子-ALL 为什么 进-PST.2sg
你为什么走进了花园？

nige gør-myʃ mɛn sen-ni?
为什么 见-PST 我 你-ACC
我为什么看到了你？

bir gør-yn-yp bir gør-yn-mɛ-j,
一 见-REFL-ADVL 一 见-REFL-NEG-PRES
在我眼前时隐时现，

χoʁla-ʁur u sɛn men-ni.
烧焦-FUT MOOD 你 我-ACC
你要让我受煎熬。

ɢarɑ-ɢarɑ saʃ-lar-əŋ-nə,
黑（周遍性） 头发-PL-2sg-ACC

你的乌发，

dara-ma da fyr-ɛl-mɛs.

梳-NEG CONJ 编-ABIL-NEG.FUT

不梳理就编不成发辫。

daʁ-qa tʃəq-əp daʃ-nə bas-əp,

山-ALL 登-ADVL 石头-ACC 踏-ADVL

哪怕登高山攀石头，

øʃyr-sɛ dɛ gør-ɛl-mɛs.

看-COND CONJ 见-ABIL-NEG.FUT

还是看不到你的身影。

2. 歌谣（二）

mɛn jiraχ-dən gɛl-gɛn-dɛ,

我 远处-ELA 来-ADJL-LOC

我从远方来的时候，

ez-iŋ men-i gør-ma du?

自己-2sg 我-ACC 见-NEG-PST MOOD

你没看到我吗？

mɛn jan-əŋ-a va-ʁan-da,

我 身边-2sg-ALL 去-ADJL-LOC

我去你身边的时候，

gahtʃa-nə ez-iŋ aʃ-ma du?

话-ACC 自己-2sg 开-NEG-PST MOOD

你怎么没有开口说话？

asman-da bulut, jɛr-dɛ duman,

天-LOC 云 地-LOC 雾

天上有云，地上有雾，

ana-nəŋ gøŋl-ə-nə bil-ma-dʒi.

姑娘-GEN 心-2sg 知道-NEG-PST

不知姑娘的心意。

tʃik alma-nə gillɛ tada-dʒi,

生 苹果-ACC 急忙-ADVL 摘-PST

迫不及待地摘了青苹果，

bir aʁəz ji-sɛ adʒi ira ri?

一 口 吃-COND 苦 是 MOOD

吃一口是不是苦涩的?

daʁ-da jyr-sɛ baʁ-da jyr-sɛm,

山-LOC 漫步-COND 花园-LOC 漫步-COND.1sg

我漫步在高山上还是在花园里,

mɛn ez-əŋ-ni sumurla-dʒi.

我 自己-2sg-ACC 想-PST

我想念你了。

sɛn gøŋl-yŋ-dɛ kim-lɛr var əri?

你 心-2sg-LOC 谁-PL 有-INF MOOD

你心里有谁?

sɛn kim-lɛr-ni sumurla-dʒi?

你 谁-PL-ACC 想-PST

你想念的是谁?

3. 歌谣(三)

gøŋl-yŋ gɛl-sɛ salar-nigi jaʃ-lar-ə,

心里-2sg.POS 来-COND 撒拉-GEN 青年人-PL-3sg.POS

撒拉青年人你若有梦想,

køplɛn-ge tʃoʁadə vo-ʁan aʃ-lar-ə.

变多-IMP 臊子 有-ADJL 饭-PL-3sg.POS

丰盛的菜肴更加丰富。

jantʃuχ-lar-ə gyn-din gyn-ɛ dol-gɛ-sɛ,

口袋-PL-3sg.POS 天-ELA 天-ALL 满-AUX-COND

如果口袋里的钱一天天多起来,

jyryʃ bar-ər gohpa ɛt-kɛn iʃ-lar-ə.

顺利 AUX-FUT 计划 制定-ADJL 事-PL-3sg.POS

制定的目标会顺利实现。

歌谣（三）的一个变体

努力吧，撒拉青年

təŋnan-ø,　salar　jaʃ-lar-ə!
努力−2sg.IMP　撒拉　青年−PL-3sg.POS
努力吧，撒拉青年！

salar　vo-saŋ　gøŋyl ɢoj-ø　salar　kiʃ-ɛ.
撒拉　COP-2sg.COND　关注−2sg.IMP　撒拉　人−ALL
如果你是撒拉人，请你关心撒拉族吧。

kiʃ-den　ardə　qal-ma-ʁə　hɛmmɛ　iʃ-tɛ.
人−ELA　后　落−NEG-2pl.IMP　所有的　事−LOC
不要总是事事落后。

oʁul　vol-u　jaral-miʃ　bu　dunja-ʁa,
男儿　作为−ADVL　出生−LAT.PST　这　世界−ALL
作为男儿降生到这个世界上，

lidan　ʁoru　bu　gyn-ler　hemme　kiʃ-ɛ.
礼物　隙地　这　日子−PL　所有的　人−ALL
岁月为所有人馈赠施展才能之地。

baʃɢa-lar-a　sɛn　øʃyr-ø　gøz-yŋ　vo-sa.
其他的−PL-ALL　你　看−2sg.IMP　眼睛−2sg.POS　有−3sg.COND
如果你有双眼，看看外面的世界吧。

jaʃir-ma　dɛ　sɛn　jiʃɛ-ʃ-ø　søz-yŋ　vol-sa.
遮掩−NEG-2sl.IMP　MOOD　你　说−RECIP-2sg.IMP　话−2sg.POS　有−3sg.COND
敞开心扉，有话不要遮掩。

salar-nigi　baʃ-in-den　naŋ　øt-mɛ-miʃ.
撒拉−GEN　头−3sg.POS-ELA　什么　经过−NEG-LAT.PST
还有什么艰辛撒拉人没有经历过。

salar　kiʃ-ɛ　gyʃ　tʃiɢ-ar-ø　dʒan-əŋ　vol-sa.
撒拉　人−ALL　力　出−CAUS-2sg.IMP　生命−2sg.POS　有−3sg.COND
在你有生之年为撒拉人出一把力吧。

təŋnan-ø　keler　salar-nigi　jaʃ-lar-i.
努力−2sg.IMP　需要　撒拉−GEN　青年−PL-3sg.POS

你们需要努力，撒拉族青年。

atuχlan-ʁə dahli dahli aʃ-lar-y,

变多-IMP 香甜 美味的 食物-PL-3sg.POS

让盘中的美食更加丰盛，

jantʃuχ-lar-y gyn-den gyn-ɛ dol-u gɛt-sɛ,

衣兜-PL-3sg.POS 日-ELA 日-ALL 满-ADVL AUX-3sg.COND

让衣兜里的金钱越来越满，

jyryʃ bar-ar gohba ɛt-kɛn iʃ-lar-ə.

顺利 进行-NPST 计划-ADJL 事-PL-3sg.POS

美好的事业将会蒸蒸日上。

4. 向远方来的客人致辞

seler ge-gɛn-ɛ tʃin jyrex-ten søjin-bar,

你们 来-ADJL-ALL 衷 心-ELA 高兴-CONT

因你们的到来我由衷地高兴，

ɛssalamu ɛlɛjkum ʃynχua kiʃi-lɛr!

向你们致敬 循化 人-PL

向你们致敬，循化人！

selɛr bu gez jet ge-ɣen ulə kiʃi-lɛr,

你们 这 次 到 来-ADJL 高贵 人-PL

这次到来的每一位都是我们的贵客，

gɛl-ɛr dɛ-p aŋnə-ʁan-ə døt jil vu-miʃ.

来-FUT 说-CONV 听-ADJL-ALL 四 年 有-PST

得到你们要来的消息已有四年。

tʃin jyrɛχ-den saʁən-dʒi mun-da kiʃ-lɛr.

真心-ELA 想念-PST 这-LOC 人-PL

这里的乡亲们真心想念和盼望。

sɛn tʃo-səŋ ʃynχua-nigi dɛnba-sə-dər,

你 几位-2sg.POS 循化-GEN 领导人-3sg.POS-COP

你们几位都是循化的领导，

tʃuχurʁə aqəl vo-ʁən bala-sə-dər.

现在的 智慧 有-ADJL 孩子-3sg.POS-COP

你们是如今的循化有才智的儿女。

sɛn-lɛr gɛ-sɛ søjyn-mij otur-əl-ʁar u?

你-PL 来-COND 高兴-NEG.ADVL 坐-ABIL-FUT MOOD

你们到来，我们怎能不高兴？

piser-de salar-nigi bala-sə-dər,

我们-CONJ 撒拉人-GEN 孩子-3sg.POS-COP

我们也是撒拉人的后代，

salər kiʃi-ni saʁən-mej otər-əl-ʁar u?

撒拉 人-ACC 思念-NEG. ADVL 坐-ABIL-FUT MOOD

怎能不思念撒拉人？

ɛʒdad-əməz bir i-dər untəl-ʁar u?

祖辈-1pl.POS 一 是-COP 忘-FUT MOOD

我们来自同一个先辈，怎能忘记？

ɦɛr gyn-ni bilɛ øt-sɛ jaχʃi-dər-tʃi.

每 日-ACC 一起 过-COND 好-COP-CONJ

共度每一个日子该多么惬意。

daʁ-lar artəχ jol jiraχ gøryʃ-ɛl-ʁar u?

山-PL 多 路 远 相见-ABIL-FUT MOOD

山高路远怎能相见？

gi-gudʒi-lɛr gaga-dər hɛm ini-dir,

来-VBN-PL 哥哥-COP CONJ 弟弟-COP

来到这里的人们既是哥哥也是弟弟，

biri-si adʒi-dir, biri-si dada-dər.

有人-3sg.POS 母亲-COP 有人-3sg 父亲-COP

有人是母亲，有人是父亲。

sɛn-lɛr-ni saʁən-mej kim-ni saʁən-ʁur?

你-PL-ACC 思念-NEG.ADVL 谁-ACC 思念-FUT

不思念你们，还能思念谁？

biri-si bovu-dər, biri-si baba-dər.

有人-3sg.POS 爷爷-COP 有人-3sg.POS 祖父-COP

有人是爷爷，有人是姥爷。

ipsər-nə sɛn tʃo-səŋ vaχ-ma gi-miʃ,
我们-ACC 你 几位-2sg.POS 看-ADVL-PST
你们几位来看望我们，
jol jiraχ vo-sə-da unut-ma-miʃ.
路 远 是-COND-CONJ 忘-NEG-PST
尽管路途遥远，你们却没有忘记我们。
garlan-ə ɛlgyr jil øt ba-sə-da,
分离-ALL 这么些 年 过-ASP-COND-CONJ
虽然分离这么多年，
mehr-imiz bir birin-den yzyl-ma-miʃ.
亲情-1pl.POS 相互-ELA 断-NEG-PST
我们相互之间的亲情却没有断。
alla-ʁa ʃykyr et-i dos-al joχ-tur.
上天-ALL 感恩-ADVL 完-ABIL 无-COP
谢天谢地，我们感恩不尽。
søjyn-y gala-ʁan-ə bas-al joχ-tur.
喜悦-ADVL 高兴-ADJL-ACC 压-ABIL 无-COP
按捺不住心中的喜悦，我们欢天喜地。
dunja-ʁa-da iʃ ɛt-mɛg-e jyr-gɛnnigi,
世界-ALL-CONJ 做事-ADVL-ALL 行走-ADVL
生来就要工作、干活，
ɛr ɢadən kiʃ uzən-ə tʃəχ-al-ə joχ-tur.
男 女 人 远处-ALL 出-ABIL-ADVL 没有-COP
无论男女都无法出门远行。
gunsɛndaŋ ɢəja jol-nə dyzɛt bɛr-dʒi,
共产党 山崖 路-ACC 修 AUX-PST
共产党在山崖上修了公路，
gør-mi-gɛn-ni gør dɛ gɛl dɛ-p gø-gez bɛr-dʒi.
看-NEG-ADJL-ACC 看 CONJ 来 说-CONV 看-CAUS AUX-PST
让我们出去见识没见过的世面。
aqəl vo-ʁan sɛn tʃo-səŋ bir-ɛ gɛl-ip,
智慧 有-ADJL 你 几位-2sg.POS 一-ALL 来-ADVL
有智有勇的你们共同商定，

tɛvɛkkul dɛ-p sɛn ʃindʒaŋ-a bu gɛz geldʒi.
冒险-ADVL 你 新疆-ALL 这 次 来-PST
冒着风险这一次来到了新疆。

maveiʃənŋ, χɛnʃiŋvaŋ, χɛnjuŋduŋ-lar,
马维胜 韩兴旺 韩永东-PL
马维胜、韩兴旺、韩永东等人，

baʃla gɛl-miʃ ʃindʒaŋ-da salar-lar var dɛ-p.
带领 来-PST 新疆-LOC 撒拉尔-PL 有 说-ADVL
带领大伙到此，只因新疆有撒拉人。

baʃɢa-sə mun-dan ili aŋnə-sa-da,
其他-sg.POS 这-ELA 前 听-COND-CONJ
其他人也听到这个消息，

billɛ gi-miʃ ezi-miz var-ə gør-ɛli dɛ-p.
一起 来-PST 自己-1pl.POS 去-ADVL 看-1pl .IMP 说-ADVL
都一起来，想亲眼看看。

gi-gudʒi iʃ joli-ni bil-gudʒi-dər,
来-VBN 事 方法-ACC 知道-VBN-COP
来此的人都是明事理的人，

issi soχ hɛmmɛ iʃ-ni gør-gydʒi-dir.
热 冷 所有 事-ACC 见-VBN-COP
是经历过很多的艰辛，深知生活冷暖的人。

baʃɢa millɛt iʃ-ni gøz-i gør-e,
其他 民族 事情-ACC 眼睛-3sg.POS 看-CONV
他们是为了亲眼看看兄弟民族的情况，

piser-de bir gør-ɛli dɛ-p gi-gudʒi-dir.
我们-CONJ 一 看-1pl.IMP 说-NEG 来-VBN-COP
特意来此地看望。

høkymɛt-den hɛr gyn-i gøryʃ də-ba,
政府-ELA 每 日-3sg.POS 见面 说-PRES
政府的人每天要和他们见面，

bir bir-den soruʃ-di iʃleʃ də-ba.
互相-ELA 商量-PST 合作 说-PRES
一起商量相互合作的事。

ulu-raq birer iʃ et-kur di-sɛ,
大-DIM 某一 事 做-FUT 说-COND
如果想做一件大一点的事儿，
biri-nɛ jaχʃitʃuk baŋnaʃ də-ba,
某一-ALL 好好地 帮助 说-PRES
他们说要大力帮助。
gi-miʃ mantʃi tʃo-siŋ gilla-ʃ-quma,
来-PST 全都 几位-2sg.POS 着急-RECIP-NEG.2sg.IMP
来了以后你们几位都不要着急，
var-ali dɛ-p bir biri-ni bil-iʃ-quma.
走-1pl.IMP 说-ADVL 相互-ACC 知道-RECIP-NEG.2sg.IMP
不要互相商量说，咱们走吧。
øj itʃ-iŋ-ni guŋn-i vol-ə saʁən-sə-da,
家 里-2sg.POS-ACC 心-3sg.POS 有-ADVL 思念-COND-LOC
尽管内心思念家人，
χusaʁ-lar-əŋ-ə køn-tʃix ɢoj-ø ɢəzəʃ-quma.
肚子-PL-2sg.POS-ACC 宽-DIM 放-2sg.IMP 焦虑-NEG.2sg.IMP
请你们放宽心，不要焦虑。
mənʁə salər kiʃ-ler gøryʃ-du ʁu,
这边的 撒拉 人-PL 见面-2sg .IMP MOOD
跟这边的撒拉人好好见个面吧，
ɢajsə aʁəl danəʃ-du ʁu,
哪个 村 认识-2sg.IMP MOOD
相互认识，问一下谁来自哪个村，
χarə-χurə jogo-si bir utʃraʃ-sa,
老少 全部-3sg.POS 一 相见-COND
全村老少一起相见，
bir biri-nə salam-lir-i-ni ver-iʃ-du ʁu!
互相-ALL 问候-PL-3sg.-ACC 给-RECIP-2sg .IMP MOOD
你们相互尽情问候吧！
mən-dən ardə jol-lar-ə yzyl-mi-gej,
这-ELA 后 路-PL-3sg .POS 断-NEG-IMP
愿今后相互来往的路不要断，

ɢatʃaŋ gel-sɛ jol-lar-əŋ-ə yʃyr-yl-gej.
什么时候 来-COND 路-PL-2sg.POS-ALL 看-PASS-IMP
无论何时我们都盼望你们到来。

ɛr ɢatən kiʃ kim ge-se birtʃik-tər.
男 女 人 谁 来-COND 一样-COP
无论是谁，不管是男还是女都一样欢迎。

gɛlɛr-daʁə ymyd-imiz-ni yz-mi-gej,
未来-LQ 希望-1PL.POS-ACC 断-NEG-IMP
让我们不要失去对未来的希望，

pisɛr dɛ an-daʁə-nə aŋnaʃ-ɢoʁə,
我们 CONJ 那里-LQ-ACC 了解-IMP
让我们也了解一下那边的情况，

jirɛx-niŋ saʁən-ʁan-ə bil-dir-ɢoʁə,
心-GEN 想念-ADJL-ACC 知道-CAUS-IMP
让我们互表心中的思念，

an-dən mu-ŋa ɦal sora-p ge-gɛn-i,
那里-ELA 这里-ALL 慰问-ADVL 来-ADJL-ACC
专程从那里（循化）来此慰问这里的情况，

abduqadər jaχʃitʃyk gila-p ɢo-ʁə.
阿布都卡德尔 要好好地 记录-ADVL AUX-IMP
（我）阿布都卡德尔要好好地记录下来。

5. 看一次孟达树林

ɛsalamu ɛlɛjkum tʃizi kiʃ-lɛr.
你们好 孟达 人-PL
你们好，孟达人。

ad-əŋ-lar-ə ohol-da gudər bil-ɛr,
名字-2sg.POS-PL-ACC 以前-ACC 一点儿 知道-PRES
过去对你们只是一知半解，

danəʃ-al-me-j elegur jyr-i bar-miʃ.
认识-ABIL-NEG-ADVL 那样 走-ADVL AUX-LAT.PST
就这样一路走来，我们一直未能相识。

piser indʒi paχunə vur-ʁu kɛlɛr.
我们 现在 叙谈-VBN 应该
现在我们应该好好叙谈。

oholda ma er po-dan øt ba-ʁan-da,
很久以前 马 儿 坡-ELA 过 AUX-ADJL-LOC
当走过马儿坡的时候，

ʂulinzi-lɛr-ni ijlan-ə øt bo-ʁan-da,
树林子-PL-ACC 绕-ADVL 过 AUX-ADJL-LOC
当绕过树林的时候，

goŋn-uŋ-a naŋ-lar gel-er naŋ-nə ojla-doŋ?
心-2sg.POS-ALL 什么-PL 来-PRES 什么-ACC 想-2sg.PST
你心里曾想些什么？

bir jyx odun-ə køtir-i jada-ʁan-da,
一 驮 柴-ACC 背-ADVL 疲劳-ADJL-LOC
背着一驮柴疲劳的时候，

jyruŋɢo daʁ-ə kitʃi daʁ ɛmɛs-tər,
玉荣谷 山-3sg.POS 小 山 不是-COP
玉荣谷山不是一座小山，

bu daʁ-dan øt-kysi da oŋaj ɛmɛs-tər.
这 山-ELA 过-VBN MOOD 容易 不是-COP
爬过这座山多么不容易。

odun-ə dereʃdir-i bir jyk ed-e,
柴-ACC 拾-ADVL 一 驮 做-ADVL
山上拾柴捆扎成一驮，

øj-e jet-kysi oŋaj ɛmɛs-tər.
家-ALL 到-VBN 容易 不是-COP
背到家里多么不容易。

aχvar jol øttix-in-den øt-y gel-gen-de,
白庄 路 过道-3sg.POS-ELA 过-ADVL 来-ADJL-LOC
当走过白庄路口，

lamu bojla-p dermen ɢol-nə tʃøj-i ke-gen-de,
拉姆 沿着-ADVL 水磨 谷-ACC 抛下-ADVL 来-ADJL-LOC

沿着拉姆（河）把水磨谷抛在身后的时候，

jada-ø　Gal-ə　ez　ez-iŋ-e　jete-l-mes.

疲劳-ADVL　AUX-ADVL　自己　自己-2sg.POS-ALL　跟-ABIL-NPST.NEG

拖着疲惫的脚步艰难地行走。

teŋge　gel-er　piʃa Gol-a　jet-gen-de.

田盖　来-NPST　劈峡谷-ALL　到-ADJL-LOC

到了劈峡谷，前方就是田盖。

toŋri　daʁ　jazaʁəl-da　Gala-ʁa,

彤力　山　草滩坝-LOC　留-FUT

将要留宿在彤力山、草滩坝，

a-ŋa　jet-i　der-ler-i-ni　sala-ʁa.

那里-ALL　到-ADVL　汗-PL-3sg.POS-ACC　擦-FUT

到了那里要擦擦汗。

molan-əp　bir　jyk　otuni　ɛkil-i,

辛苦-ADVL　一　驮　柴　带来-ADVL

辛辛苦苦带回一驮柴，

tʃaj　Gajnat-i　χopuŋzini　Gala-ʁa.

茶　烧-ADVL　火盆子-ACC　烧-FUT

烧一壶茶要点燃火盆。

χuj　iʃin-de　iʃtan-əŋ-ə　tatə-ba.

树林　里-LOC　裤子-2sg.POS-ACC　划破-PRES

在树林里裤子常被划破。

jyr-e-jyr-e　hal-dan　war-ə　jatə-ba.

走-ADVL-走-ADVL　力气-ELA　去-ADVL　躺-PRES

走着走着无力地躺下。

molan-ʁalə　øj-e　jet-i　ke-gen-de,

辛苦-ADVL　家-ALL　到-ALL　来-ADJL-LOC

辛辛苦苦到家的时候，

iʃ-yr　joχ-qan　adʒəʁə gel-i　padə-ba.

事-INDF　没有-ADJL　生气-ADVL　爆炸-PRES

没事儿就发脾气。

ulaʁəl　judʒiaʁəl　seler　bil-er,

大庄　汗坪　你们　知道-NPST

大庄、汗坪你们很熟悉，

iʃki aʁaʃli doŋdoŋ senler bil-er.

两个 木厂 索同 你们 知道-NPST

（上木厂）塔撒坡、（下木厂）木厂和索同你们很熟悉。

taqi-dʒa tʃoŋ vo-ʁan bir-si jol-uŋ bu-dər,

现在-LMT 长大-ADJL 一-3sg.POS 路-2sg.POS 这-COP

长大后至今走过的就是这一条路，

jene bir-si jaŋraχ digen jol-da jyr-er.

还有 一-3sg.POS 阳拉克 叫作 路-LOC 走-NPST

还有一条常走的路叫作阳拉克。

三 故事

蟒恶斯哈尔的故事

ohol-da bosur vu-miʃ, ninusor vo-miʃ, aniŋ-ʁa je-di ana vo-miʃ.

从前-LOC 老爷爷 有-PST 老奶奶 有-PST 他们的-ALL 七个 女儿 有-PST

从前有个老爷爷和老奶奶，他们有七个女儿。

ana-lar-ə tʃaŋna-miʃ. guaŋjin tyjla-ʁur-da aba-sə

女儿-PL-3pl.POS 长大-PST. 光阴 推移-ADJL-LOC 爸爸-3pl.POS

ama-sə ʒiraχ jɛr-lɛr-ɛ iʃli-mɛ va-miʃ. a ʒiraχ jɛr-ɛ

妈妈-3pl.POS 远 地方-PL-ALL 干活-ADVL 去-PST 嗯 远 地方-ALL

iʃli-mɛ va-ʁan-da, ana-sə-lar-ʁa kolə ba-miʃ. “myʃyk-ni døj-mɛ,

干活-ADVL 去-ADJL-LOC 女儿-3pl.POS-PL-ALL 嘱咐 给-PST 猫-ACC 打-NEG

ot-nə sɛndir-er” dɛ.

火-ACC 灭掉-FUT” CONJ

他们的女儿们长大了。为了生计，爸爸妈妈就到很远的地方去干活。嗯，去远方干活的时候，嘱咐女儿们：“不要打猫，（否则）会把火灭掉。”

ɛ, bu-nəŋ dʒadaχ ana-sə myʃyk-ni døj-bər-dɛ, ot-ni

嗯 他-GEN 大 女儿-3sg 猫-ACC 打-PROG-CONJ 火-ACC

jogo-sə-nə sɛndir-miʃ. indʒe ama-sə gɛ-gyntʃyk lɛmɛ ɢajnat-ɢə

都-3pl-ACC 弄灭-PST 然后 妈妈-3sg.POS 回来-ADVL 饭 烧-IMP

de-sɛ ot joχ a.

说-COND 火 没有-INF MOOD

他们的大女儿打猫时就把火都弄灭了。然后，妈妈回来后要做饭却没有火。

dʒadaχ　ana-sə　daʃən-a　tʃəχ-ə　yʃyr-sɛ,　bir　χuj
大　女儿–3sg.POS　外面–ALL　出去–ADVL　看–COND　一个　森林
ara-sən-da　tytyn　tʃəχ-ba,　a-ŋa　ot　al-ma-a　va-miʃ.　aŋa
中间–3sg.POS-LOC　烟　冒着–PROG　那–ALL　火　取–VBN-ALL　去–PST　女儿
ot　al-ma-a　var-sa,　bu　muŋqusqara　ir　a,　bu　muŋqusqara
火　取–ADVL-ALL　去–COND　这　蟒恶斯哈尔　是–INF　MOOD　这　蟒恶斯哈尔
ir　a,　muŋqusqara　vo-ʁan-ə-nə　bu　ana-sə　bil
是–INF　MOOD　蟒恶斯哈尔　成为–ADJL-3sg.POS-ACC　这　女儿–3sg.POS　知道
joχ　a.
没–INF　MOOD

大女儿到外面看一片森林中冒着烟，就去那里取火。去那里取火时，正碰上蟒恶斯哈尔。它是蟒恶斯哈尔，这件事这个女儿不知道。

hɛ,　indʒi　u　muŋqusqara　sor-miʃ.　“sɛn　ɢa-da　otur-bər?　kim-nəŋ
嗯　然后　那　蟒恶斯哈尔　问–PST　你　哪儿–LOC　住–PROG　谁–GEN
bala-sə-dər?”　hɛ,　dɛ　bu-nəŋ-dən　beligi　sor-miʃ.　sor-sa　bu　anatʃyk
孩子–3sg.POS-COP　嗯　就　这个–GEN-ELA　这样　问–PST　问–COND　这　姑娘
dʒiŋdʒyg-i-ni　jeʃa-miʃ.　ɢa-da　ɢa-da　var,　beligi　beligi　i-dir.
真正的–3sg.POS-ACC　说–PST　哪儿–LOC　哪儿–LOC　有　这样　这样　是–COP.
ama-m-ɢa　tʃel-din　jan　gɛ-sɛ,　nitʃik　nitʃikli　jɛʃ-sɛ,　piser
妈妈–1sg.POS1-ALL　农田–ELA　回　来–COND　什么　什么　说–COND　我们
qo-nə　aʃ　be-bər,　ɛ　de-mi-sɛ　aʃ　joχ-tur　de.　jogonə　aʃkira
门–ACC　开　AUX-PRES　嗯　说–NEG-COND　开　不–COP　说　一切　清楚
jeʃ-a　be-miʃ　moŋqusqar-a.
说–ADVL　给–PST　蟒恶斯哈尔–ALL

然后，这个蟒恶斯哈尔问：“你住在哪儿，是谁的孩子？”就这么问她。问了之后这位姑娘把真实情况都说了：在哪里有什么，什么是什么样的，妈妈从农田回来时怎么说的，我们才给她开门。如果不那样说，我们不开门。她把这一切都清楚地告诉了蟒恶斯哈尔。

indʒi　moŋqusqara　oht-ə　ve-miʃ.　tʃoʁ-u-na　ɢormuʃ　ve-miʃ.
然后　蟒恶斯哈尔　火–ACC　给–PST　勺子–3sg.POS-ALL　炒麦　给–PST
tʃoʁu-na　dʒyj-i-ni　gødyr　gøz　tiʃ-miʃ.　bu　ana-tʃyk
勺子–3sg.POS-ALL　底–3sg.POS-ACC　一点儿　眼　凿–PST　这　姑娘–DIM

bil-me-j, indʒɛ ɑn-dən doʁri yj-i-ne jɑn ge-miʃ.
知道-NEG-ADVL 然后 那-ELA 直 家-3sg-ALL 回 来-PST

然后，蟒恶斯哈尔给了她火，又给了她一炒勺炒麦，在炒勺的底部凿了个小眼儿。这姑娘全然不知就直接回家了。

jɑn ge-miʃ-tɛ, ɑmɑ-sə-lɑr-ə ge-gyntʃyk ot-ni dɛʃtir-e leme-ni
回 来-PST-LOC 妈妈-3sg-PL-3sg 来-ADVL 火-ACC 点燃-ADVL 饭-ACC

ɢɑjnɑt-e ɑmɑ-sə-lɑr-ə iʃ-miʃ. hɛ, ɑrdʒi gyn-lir-i
烧-ADVL 妈妈-3sg-PL-3sg.POS 喝-PST 嗯 以后 日子-PL-3sg.POS

ɑmɑ-sə-lɑr-ə jɛnɛ jirɑq-qɑ iʃli-mɛ vɑ-ʁɑn-dɑ.
妈妈-3sg.POS-PL-3sg.POS 又 远-ALL 干活-ADVL 去-ADJL-LOC

她回家以后，她们的母亲一回来就点火煮饭。她们和母亲一起吃了饭。以后的日子她们父母又去远方干活了。

bu ɛnχov-ni jogu muŋqusqɑrɑ ɑnɑ-sə jeʃ-ip be-gen
这 暗号-ACC 全部 蟒恶斯哈尔 女孩-3sg.POS 说-CONV AUX-ADJL

gɑhtʃɑ-ʁɑ, eri-dʒɑnnə moŋqusqɑrɑ ɢormuʃ jɑz-əl-ʁɑn jol jyr-i doʁri
话-ALL 跟随-ADVL 蟒恶斯哈尔 炒麦 洒-PASS-ADJL 路 走-ADVL 直

ɑn-iŋ øj-i-nɛ ge-miʃ-tɛ.
它-GEN 家-3sg.POS-ALL 来-PST-LOC

这个时候，蟒恶斯哈尔按照女孩讲的所有暗号，沿着撒落炒麦的路走，一直走到她的家。

indʒi ozɑʁə gɑhtʃɑ kɑmɑ “ɑnɑ ɢo-nə ɑʃ-ø ɑmɑ gɛl-dʒi. mørɛn
然后 之前 话 一样 女孩 门-ACC 开-IMP.2sg 妈妈 来-PST 大河

su-nə tʃym-e gɛl-dʒi. øzɛn su-nə geʃ-e gɛl-dʒi, ɑrəχ su-nə
水-ALL 游泳-ADVL 来-PST 小河 水-ALL 淌-ADVL 来-PST 水渠 水-ALL

ɑhtlɑ-ɑ gɛl-dʒi, ɢo-nə ɑʃ, ɢo-nə ɑʃ-ø.” ɛ dɛ jeʃi-ʁɑnə bu indʒe
跨-ADVL 来-PST 门-ACC 开 门-ACC 开-IMP 嗯 就 说-ADVL 这 然后

ɑmɑ-sə-nəŋ jeʃi-ʁɑn ɛnχov-lɑ bir ge-miʃ, ɢon-ə ɑʃ be-miʃ.
妈妈-3sg.POS-GEN 说-ADJL 暗号-INSTR 一 来-PST 门-ACC 开 AUX-PST

然后，就像之前说的那样：“女儿开门，妈妈来了。我从大河里游过来了，我从小河里蹚过来了，我从水渠跨过来了，开门！开门！”就这样说了以后，它说的和她们母亲说的暗号一样，孩子们就给它开门了。

ɢon-ə aʃ be-miʃ-tɛ indʒi, “bu ana baʃ-əŋ-da pitla-miʃ.
门-ACC 开 AUX-PST-LOC 以后 这 姑娘 头-2sg.POS-LOC 长虱子-PST

mɛn pit-iŋ-ni vaχ be-gi”, ɛ dɛ bir ana-nə
我 虱子-3sg.POS-ACC 看 AUX-IMP.1sg 这样 说 一 姑娘-ACC

palan-dər-ə pit, vaχ-bur da a-nəŋ ɢan-ə-nə ʃymyr-myʃ.
趴-CAUS-ADVL 虱子 看-PROG CONJ 她-GEN 血-3sg.POS-ACC 吸-PST

ɢan-ə-nə ʃymyr-myʃ-tɛ indʒi, bu-niŋ ama-sə ge-gɛn jaχən.
血-3sg.POS-ACC 吸-PST-LOC 以后 它-GEN 妈妈-3sg.POS 来-ADJL 近

bu muŋqusqara jɛnɛ jan ba-miʃ.
这 蟒恶斯哈尔 又 回 去-PST

门开了以后，它就说：“姑娘你头上长虱子了，我帮你捉虱子。”这样说着，让一个姑娘趴着，给她捉虱子，就吮吸了她的血（，死了），到她们的母亲快来的时候这蟒恶斯哈尔又回去了。

hɛ indʒi jidʑə beligi et-e, døt ana-sə-nəŋ ɢan-ə-nə
嗯 以后 一直 这样 做-ADVL 四 女儿-3sg.POS-GEN 血-3sg.POS-ACC

ʃymyr-e yl-dyr-miʃ, yl-miʃ. ardʒi iʃki ana-sə ɢal-məʃ. iʃki
吸-ADVL 死-PASS-PST, 死-PST 然后 两个 女儿-3sg.POS 剩下-PST 两个

ana-sə ɢal-ʁu bu gatʃa-nə ama-sə-ʁa jeʃa-miʃ. ɛ beligi beligi
女儿-3sg.POS 剩-FUT 这 话-ACC 妈妈-3sg.POS-ALL 说-PST 嗯 这么 这么

beligi beligi χuŋna-ø gel-er dɛ-e jeʃa-miʃ jeʃ-sa bu-nə
这么 这么 哄骗-ADVL 来-PRES 说-ADVL 说-PST 说-COND 这-ACC

ama-sə-lar-ə iluχ bil-bu-ʁən a bu muŋqusqara
妈妈-3pl.POS-PL-3sg.POS 早 知道-PERF-ADJL-INF MOOD 这个 蟒恶斯哈尔

ir a de a-nə døt ana-sə-nə dʒylan ba-miʃ. indʒi mun-din
COP-INF MOOD 说 她-ACC 四 女儿-POS.3sg-ACC 聚 AUX-PST 然后 这-ELA

ardʒi piser iʃli-mɛ var-sa kim kim gɛ-sɛ dɛ ɢo-nə aʃ
以后 我们 干活-ADVL 去-COND 谁 谁 来-COND 无论…都 门-ACC 开

be-ɢuma. dɛ-ø kola-miʃ. an-dən ardʒi ɢal-ʁan iʃki ana-sə
AUX-IMP.NEG.2sg 说-ADVL 嘱托-PST 那-ELA 以后 留-ADJL 两个 女儿-3sg.POS

ɢo-nə da aʃ be-ma-miʃ.
门-ACC 也 开 AUX-NEG-PST

后来就一直这么做，又吸干了另外四个姑娘的血，杀死了，死了。然后剩下了两个女

儿。剩下的两个女儿后来把这个话告诉自己的母亲，讲述了（吸血者）怎么样哄骗（她们）的经过。说着说着，她们的妈妈就已经知道了，这个是蟒恶斯哈尔。于是她把四个女儿埋了，然后对其余的女儿们说：从今以后我们去干活的话，无论谁来都不要开门。这样，从那以后剩下的两个女儿再也没有给别人开过门。

fu-nuŋ vilɛn tygɛ-ptu.(维吾尔语) ɑ-lɑ dos-miʃ.

这–GEN POST 结束–LAT.PST 那–INSTR 结束–LAT.PST

就这样，（故事）到此就（讲）完了。

（阿布都·木沙讲述，2015年）

四 讲述

1．当地情况

ʃindʒɑŋ-dɑʁə salar jogosə bɛʃ məŋ-dən artuχ ɑ də-ba. bɛʃ

新疆–LQ 撒拉族 全部 五 千–ELA 多–INF MOOD 说–PROG 五

məŋ-den ɑtuχ vo-sadɑ pise-nigi bu ɑʁəl-dɑʁə-sə iʃki məŋ bɛʃ jyz-dən

千–ELA 多 COP-CON 我们–GEN 这 村–LQ-3sg.POS 两 千 五 百–ELA

ɑrtuχ-tur, jɑrəm-əsə bɑʃqɑ jɛr-digi jogu dɑʁal-ə otur-bɑ. pise-nigi

多–COP 半–3sg.POS 其他 地方–LQ 全都 散开–ADVL 住–PRES 我们–GEN

bu ɑʁəl-dɑʁə-sə iʃki məŋ bɛʃ jyz-dən ɑrtuχ-tur, pise-niŋgi mun-dɑʁə

这 村–LQ-3sg.POS 两 千 五 百–ELA 多–COP 我们–GEN 这里–LQ

bir-dɛn bir høkymɛt dɑnəʁudʒi, tɑmʁɑ vuʁudʒi, høkymɛt dɑnəʁudʒi orn-ə

一–ELA 一 政府 认定的 章子 盖的 政府 认定的 地方–3sg.POS

i-dir.

是–COP

新疆的撒拉族人口有5000多。5000多人里我们村占2500多，其他全部散居在他处。我们村有2500多人，我们村是唯一一个政府认定的撒拉族村。

pise-nəŋ bu ɑʁəl-dɑ sɛkis millɛt vɑr. indʒi, pise-nigi bu nɑŋsə bu

我们–GEN 这 村–LOC 八 民族 有 那么 我们–GEN 这 什么 这

iχtisadi iʃ vosa, jogosə dʒøŋgili iʃ-dir. dʒøŋgi ex- ɛr. mun-dɑn ile buʁdə,

经济的 活动 就是 全部是 农业–COP 庄稼 种–PRES 这–ELA 前 麦子

ɢonɑχ, gentɑ, mɑʁlɑ, jɑʁur, putʃɑχ belisi ɛk-sɛdɛ, tʃuχur jogo-sə indʒɛ

玉米 高粱 大豆 芝麻 豆子 这些 种–CONJ 现在 都–3sg.POS 就

bu bormi ɛk-ba, bormi ɢonaχ ɛk-ba.
这 玉米 种-PROG 玉米 种-PROG

我们村有8个民族。经济上主要搞农业、种庄稼。以前这里种麦子、玉米、高粱、大豆、芝麻、豆子等各种作物。现在只种玉米。

ɢonaχ-nigi nɛgɛ ɑ-ni ɛk-bar ti-sɛ ɑ-nigi bidʒɛ
玉米-GEN 为什么 那个-ACC 种-PRES 说-COND 那个-GEN 一点
geliʃ-i bidʒe artuχ-tur, iʃ-i dɛ artuχ-tur mani gel-iʃ-i
收入-3sg.POS 一点 多-COP 事-3sg.POS CONJ 多-COP 钱 来-VBN-3sg.POS
artuχ-tur, øjlɛ ɛt-kɛnigi. jogosə ɑ-nə ek-bɑ hɛ indʒi baʃqa-lar-ə
多-COP 这样 做-ADVL 全都 那个-ACC 种-PRES 哎 现在 其他-PL-ACC
beligi beligi ɛ-sɛ piser-ni jeʃə-sa piser-nəŋ bidʒe ɑʃəχ-tər. indʒi
这样 这样 做-COND 我们-GEN 说-COND 我们-GEN 一点儿 低-COP 现在
ez-imiz-nigi mun-dan iligi-ne øʃyr-sɛ jaχʃilan-ʁan atuχ ɑ
自己-1pl.POS-GEN 这-ELA 以前的-ALL 看-COND 变好-ADJL 多-INF MOOD
hɛ jaχʃilan-ʁan atuχ-tur.
嗯 变好-ADJL 多-COP

为什么要种玉米呢？这可能是因为种玉米收入高一些。活儿也多，钱来得也多，因此所有人都种玉米。别人的情况是这样的。比起他们，我们的收入低一点儿。但和我们自己以前的情况相比，还是改善了很多。

indʒɛ baʃqə-lar-ʁɑ esasen bidʒe jaχʃilan-sa di-gini. bu bahar
现在 其他-PL-ALL 根据 一点儿 改善-COND 说-NOML 这 春天
vo-ʁan vaχən-da døtindʒi aj bɛʃindʒi aj vo-ʁan-da dɛjkuɛn al-ba,
成-ADJL 时候-LOC 第四 月 第五 月 成-ADJL-LOC 贷款 借-PROG
gyz-yn-dɛ jandər-ba.
秋天-3sg.POS-LOC 还-PROG

我们的情况和以前相比大大改善。春天四五月借贷款，秋天还贷款。

jandərʁudʒi var ɑ, helli bidʒe ɢaldurʁudʒi-lar da var ɑ.
还的人 有-INF MOOD 钱 一点儿 留下的人-PL 也 有-INF MOOD
bir-i-si indʒi daʃə-na kiʃi vaʁudʒi-lar daʃə-na helli dʒəŋnə-ma
一-3sg.POS-3sg.POS 就 外面-ALL 人 去的人-PL 外-ALL 钱 挣-VBN
mamuχ tadə-ma, ɑ-ŋɑ muŋ-ɑ iʃ ɛt-mɛ va-ba. eligi et-kenige
棉花 摘-VBN 那里-ALL 这里-ALL 事 做-VBN 去-PROG 这样 做-因为

ohol-daʁə-na vaqqana helli bidʒe dʒəŋne-ba, bu sarəsə jaχʃi-dir.
以前-LQ-ALL POST 钱 一点儿 挣-PROG, 这 方面 好-COP

有些人还贷款，身边还剩余一些钱。还有些人出去挣钱，摘棉花，到各地去打工。所以和以前相比，收入增加了。

hɛ indʒi pise mun-da iligi zawut bu tʂaŋzi vo-mə-ʁanigi hɛ
嗯 就是 我们 这-LOC 过去 工厂 这 厂子 有-NEG-ADVL 哎
bəre-ler-de loχti-la vilɛn iʃ ɛt-kysi az-dər, joʁ joʁ a de-se
一些-PL-LOC 点-PL POST 工作-ADJL 少-COP 没有 没有 MOOD 说-COND
vol-ur. jɛni birsi mən-dan ili pise-nigi øre va-ʁusə enʃi va-ʁusə
可以-FUT 还有 一点 这-ELA 以前 我们-GEN 上 去-ADJL 下 去-ADJL
ɢalə var-sa-da va-ʁusə bu iʃ jogo-su jol-lar-əməz toraχ
到哪里 去-尽管 去-ADJL 这 事 都-3sg.POS 路-PL-1pl.POS 土
jol-dur ma. tʃukur jugu semonet jol-la-nə χətə anə ɢalə
路-COP-INF MOOD 现在 都是 水泥 路-PL-ACC 硬 那个 往哪儿
var-sa tez ver-əl-ba. geʃaŋ-a var-sa geʃaŋ vilɛn piser-nəŋ
去-COND 快 去-ABIL-PROG. 县-ALL 去-COND 县 POST 我们-GEN
aʁəl-ə sə sɛksɛn kilometir i-dir, baʂi gunli. tʃuχur ɛtise var-sa saat
村-ALL 是 八十 公里 是-COP 八十 公里 现在 早上 去-COND 点钟
on-lar-da iliʁa jet-ba. iʃ-la-ni, dos-tur-ə jena jan ge-ba.
十-PL-LOC 之前 到-PROG. 事-PL-ACC 完成-CAUS-CONV 再 回 来-PROG
bu dʒotuŋ bu qatniʃ-i faŋbiɛn bu sarə-sən-dan jeʃə-sa jogo
这 交通 这 交通-3sg.POS 方便 这 方面-3sg.POS-ELA 说-COND 都
jaχʃilan-dʒi, ohol-daʁə mə at vilɛn va-ʁusu eʃik vilɛn jeʃə-sa va-ʁusu
改善-PST 以前-LQ MOOD 马 POST 去-ADJL 驴 POST 说-COND 去-ADJL
øjlɛ-si-lɛr-ni jogu dos-dʒi.
这样-3sg.POS-PL-ACC 都 结束-PST

因为过去我们这里没有工厂，在一些固定的地点工作打工的人很少，可以说没有。还有一点，就是过去从我们村去哪儿都走土路，但现在都是水泥路，去哪儿都很快。我们村和县城的距离是80多公里，现在早上乘车上路10点之前就到了。办完事儿，当天就可以回来，交通很方便，这方面有了很大的改善。过去那些骑马的，骑驴的全没了。

an-dən baʃqa jaχʃila-nə indʒə aʁəl-da bir beligi jeʃ-sa bɛjfən dʐi
那-ELA 其他 改善-NOML 就是 村-LOC 一 这样 说-COND 百分 之

erṣi-ʁa jɛtkyr mu elisikyr jogo tṣezi al-miʃ-lɛr. tṣezi jykyrgydʒi-lɛr
二十-ALL 达到 MOOD 大概 都 车 买-PST-3pl.POS 车 跑的人-PL
var a sɛnlin moto al-ə jygyrgytʃi-lɛr var a. ɛligynɛ helli
有-INF MOOD 三轮 摩托 买-ADVL 跑的人-PL 有-INF MOOD 这样做 钱
dʒiŋni-ba dẓəŋlə-ba. ohol-daʁə-na vaqqana u sarənə jaχʃilan-dʒə.
挣-PRES 挣-PRES 从前-LQ-ALL POST 那 POST 变好-PST

其他的改善就是村子里20%的人都买了车。有人开汽车，也有人开摩托车跑运输挣钱。和过去相比，这方面变好了。

indʒi ʃøʃo-nigi bal-la-nigi oχut-an bu vənχua jiven-din a-sa
现在 学校-GEN 孩子-PL-GEN 教-ADJL 这 文化 语文-ELA 拿-COND
bal-la-nigi oχu-ba, ili mun-dan ili vejven oχuʁudʒi χɛnven oχuʁudʒi
孩子-PL-GEN 读-PREC 以前 这-ELA 以前 维语 上学的人 汉语 上学的人
var, tʃuχur bu χɛnven oχu-ba, χɛnzutʃi oχu-ba, jɛnɛ χɛnzutʃi
有 现在 这 汉语 学-PROG 汉语 上学-PROG 还有 汉语
oχu-ba-tʃise jene mun-da ørɛ daʃyesəŋ vol-ə daʃy-gə tʃəχbaʁudʒi
上学-PRES-ADVL 还 这-LOC 升 大学生 当-ADVL 大学-ALL 上的人
az-dər. iligi vo-ʁannege eligi vo-bar i disɛ pise-nigi u minzuʃiaŋ
少-COP. 这样 COP-ADVL 这样 COP-PRES MOOD 说 我们-GEN 那 民族乡
minzu zidẓiʃiaŋ ɛligni ɛliki ɛlisi zoraχ joχ-ma-ʁandinken ɛ indʒi pise-ni
民族 自治乡 称为 那个 那个 帽子 没有-NEG-ADVL 哎 现在 我们-GEN
jogo ʃitat ɛditʃin piser-ge naŋ gel joχ a naŋ gel
所有的 工作指标 叫作 我们-ALL 什么 来 没有 MOOD 什么 来
joχ a, pise-nigi u minzu ʃiaŋ minzu zidẓiʃiaŋ ɛlig-ni ɛliki zoraχ
没有 MOOD 我们-GEN 这 民族 乡 民族 自治乡 这样-ACC 这样 帽
joχ-ma-ʁan-dinken indʒi pise-ni eli ɛtgu kiʃi-lɛr bal-lar-ə-nə
没有-NEG-ADJL-因为 就 我们-GEN 这样 做 人-PL 孩子-PL-3sg.POS-ACC
gudur oquʃ danə-sa indʒe bal-lar-dan oqu-t-ur nitʃyk indʒi bu
一点儿 文字 认识-COND 就 孩子-PL-ELA 读-CAUS-FUT 这样 就 这
orta mɛktɛp tṣudẓun gavdẓun oχu-t-ur-tʃine indʒi ørɛ kovsi
中 学校 初中 高中 读-CAUS-PRES-ADVL 就 高 考试
ɛt-tir-mɛ jyr-i joχ a. eligi iʃ ɛt-tir-mɛ bar. eligi
做-CAUS-VBN 去-CONV 没-INF MOOD 这样 事 干活-CAUS-VBN 有 这

et-kenigi bu jaχʃi oquʁutʃi daʃyesəŋ oquʁutʃi azdər, joχa di-se jara-mas
做-因为 这 好 上学的 大学生 上学的 少 没有 说-COND 合适-NEG
dʒi, bidʒe az-dər.
就 一点 少-COP

现在学校的文化课，就如学生的语文课来说，以前有维语学校，现在主要是汉语学校。我们这里的大学生人数还是少。这是因为我们没有民族自治乡这个帽子，没有招工名额。为了让孩子们认一点儿字，人们就让孩子们上学，读到中学：初中，高中，就不让高考。让他们干活。所以，学习好的，上了大学的人少，也不能说没有，就是少。

sɛvɛbi ba, indʒi høkymɛt-tɛ pultur bu bɛʃ døt bɛʃ jil vol-dʒi piser-e
原因 有 这样 政府-LOC 去年 这 五 四 五 年 有-PST 我们-ALL
indʒi bu joərjyɛn-niŋ bal-lar jogo joərjyɛn-ni øjlelik bir neme
这样 这 幼儿园-GEN 孩子-PL 都 幼儿园-GEN 中午的 一 东西
və ba, a-nə øj-lɛr-i-ni oltu-ʁan jɛr-lɛr-i-ni
有-INF MOOD 那-GEN 房子-PL-3sg.POS-ACC 住-ADJL 地方-PL-3sg.POS-ACC
jogo-sə-nə jaχʃi jasa-dʒi. a-nə gollaʁudʒi, oχuturʁudʒi nahajti bol-du.
都-3sg.POS-ACC 好 建-PST 那-ACC 管理人员 老师 很 可以-PRES.
u joərjyɛn-dɛ piser-ni aʁəl-da indʒi bir jyz, jyz-dɛn artuχ bal-lar
那 幼儿园-LOC 我们-GEN 村-LOC 就 一 百 百-ELA 多 孩子-PL
var a, tort jyz bɛʃ jyz bala var a. bu-nigi χɛnzutʃi oχu-ba
有-INF MOOD 四 百 五 百 孩子 有-INF MOOD 这-GEN 汉语 上课-PROG
eligi ɛt-ba beligi mu-nu ɛt-ba. indʒi bu sarəsə-da ohol-daʁə-na
那样 做-PROG 这样 这-ACC 做-PROG 就 这 方面-LOC 以前-LQ-ALL
vaqqanda jaχʃii-dir.
POST 好-COP

这是有原因的，近四五年政府建了好多幼儿园，有午饭。幼儿园的校舍建得都很好，有管理人员，有老师。有一百多个孩子入园。小学有四五百个学生，用汉语上课。这方面，比过去好。

mun-dan ili naŋ oχu-ʁə var-sa jiraq-qa var-ər, tʃuqur aʁəl-da-tʃyk
这-ELA 前 什么 上学-ALL 去-COND 远-ALL 去-现在 现在 村-LOC-就
oχu-ba, indʒe ʃoʃø-ni aʁəl-da dʐuŋʃø-ni ottura mɛktɛp-ni guŋʂə-ʁa,
上学-PROG 就 小学-ACC 村-LOC 中学-ACC 中 学校-ACC 公社-ALL
ʃaŋ-ʁa bar-əp oχu-ba. oχu-ba indʒi ør-ɛ bar-əp oχuʁutʃi
乡-ALL 去-ADVL 上学-PROG 学习-PROG 这样 高-ALL 去-ADVL 学生

az a.
少-INF MOOD

过去上学要到很远的地方去。现在村子里就有学校。小学在村子里上，中学到公社去，到乡（镇）里去上。到外面去上学的少。

indʒi beligi ge-ba. indʒi aʁəl-əm-nə pise-nə aʁəl ʃɛrəq-tən
就 这样 来-PROG 现在 村-1sg.POS-ACC 我们-GEN 村 东-ELA
ʁɛrəp-ə var-a iʃki kilometir liaŋ guŋli var. bu naŋ ma bu ʃimal
西-ALL 去-ADVL 两 公里 两 公里 有 这 什么 MOOD 这 北
mə dʒɛnup sarə-sə ji gunli bɛn qamasər var, ili mørɛn
POST 南 方向-3sg.POS 一 公里 半 好像 有 伊犁 河
ɢərʁən-da-dər bu dʒɛnubi sarə-sən-da mørɛn var, bu ʃimali
岸-LOC-COP 这 南 方向-3sg.POS-LOC 河 有 这 北
sarə-sən-da aʃləχ var indʒi beli-de otur-bar.
方向-3sg.POS-LOC 粮食 有 就 这样的-LOC 住-PROG

我们村从东往西有2公里，南北约1.5公里。南部有河，在伊犁河边，北部有粮食作物。

indʒi samijyzi-ge vaqqana pise-nigi mun-da-sə bidʒe suχ
这样 萨木于孜-ALL POST 我们-GEN 这里-LOC-3sg.POS 稍 冷
vo-sa da bɛʃ kyn ilin-dɛ vol-ar, əssə vol-sa da bɛʃ kyn ili.
是-COND 也 五 天 早-LOC 是-PRES 热 是-COND 也 五 天 早
negə nege di-se, mørɛn ɢərʁən-da, bu bahar vaχənda bu døtindʒi aj
为什么 这么 说-COND 河 岸-LOC 这 春天 POST 这 第四 月
gel-ɛn-dɛ samijyz-daʁə u sarəsən-da ʃaŋ-daʁə an-da ɢar-lar,
到-ADJL-LOC 萨木于孜-LQ 那 边-LOC 乡-LQ 那里-LOC 雪-PL
eri-mi-sɛ, piser-nigi ɢar-lar er-ir, ɢar ir-e vol-ar, nege
融化-NEG-COND 我们-GEN 雪-PL 融化-PRES 雪 融化-PERF-PRES 为什么
di-gɛni mørɛn ɢərʁə vo-ʁandiki bidʒe jɛl artuχ vo-ʁandiki, iligi-dir mu
说-因为 河 边 是-因为 一点儿 风 多 是-因为 这样-COP 也
eligi andʒɛ jaχʃi-dir. eligi ɛti jaʁmur ɛligyr artuχ jaʁ-mas, negɛ di-se
这样 比较 好-COP 这样 做 雨水 那样 多 下-NEG 为什么 说-COND
bu iʃki daʁ-nə otur-ən-da bu jaʁmur gɛ-sɛ birɛ bire ja bu
这 两 山-GEN 中间-3sg.POS-LOC 这 雨 来-COND 有时 或 这

dʒɛnub saran-a daʁ-qa øty-p bar-ər, jaki vo-mə-sa bu ʃimali
南 方向–ALL 山–ALL 过–CONV 去–PRES 或 是–NEG-COND 这 北
sarə-na daʁ-qa abral sarə-na øt bar-ər.
方向–ALL 山–ALL 阿吾热勒 方向–ALL 过 去–PRES

我们村比萨木于孜稍冷一点。入冬、入春都比萨木于孜早约5天。为什么这么说呢，在河边，春天4月份萨木于孜那边，就是在乡里雪还没有化，我们这里的雪就化了。这是因为在河边，风多一点，雨水不多。因为我们的村子在两座山之间，雨被直接吹到南部的山上，或者被吹到北部的阿吾热勒山上。

piser-nəŋ-a eligyr jaʁ-maz. pise-ni indʒi tʃuχur-ʁə jɛk-gyr
我们–GEN-ALL 这样 下–NEG. 我们–GEN 这样 现在–ALL 到–FUT
piser-n aʁəl-da bu naŋ et-i jaʁmur vur-ʁan-na jaʁmur vur-u
我们–GEN 村–LOC 这 什么 做–ADVL 雨 打–ADJL-LOC 雨 打–ADVL
bu bindɛn muz vur-u ɛlitin artəχ indʒi var-tʃi eligyr atuχ ɛmɛs-tər
这 冰雹 冰 打–ADVL 这样 多 就 有–因为 这样 多 不是–COP
baʃqa jɛr-ɛ vaqqanda eligyr atuχ ɛmɛs-tər.
别的 地方–ALL POST 那么 多 不是–COP.

因此我们村的雨量不大。和别的地方相比，我们村下大雨、下冰雹的时候不多见。

indʒe mun-dan ili χɛntɛn bejnɛm ek-ɛr tʃuχur bejnɛm ekin-ni jogo
那么 这–ELA 之前 旱田 荒地 种–PRES 现在 荒地 种–宾 全
su-da ɛk-ba. su itʃ-i-nɛ su bu aruχ-nigi su-sə χarʃ
水–LOC 种–PROG 水 里–3sg.POS-ALL 水 这 渠–GEN 水–3sg.POS 喀什
øzɛn-nigi su-sə-nə kola-dʒila a-nəŋ vilɛ indʒi ohol-daʁə-na
河–GEN 水–3sg.POS-ACC 挖–ADVL 那–GEN POST 就 以前–LQ-ALL
vaqqanda høkymɛt-nigi jardɛm øʃyr-ø ʃyr-gen-dən jaχʃ a.
POST 政府–GEN 援助 看–ADVL 助–ADJL-ELA 好–INF MOOD

以前开垦的地是旱田，现在开垦的地全是水田。这些水是从喀什渠引来的。这样比等着政府的援助要好。

bal-lar da təŋnan-ba bir-isi daʃə-na helli-ni tap-ma va-ba
孩子–PL MOOD 努力–PROG 一–3sg.POS 外–3sg.POS-ALL 钱–ACC 挣–ADVL -PROG
daguŋ ɛt-mɛ va-ba mamuχ derə-ma va-ba, ɢalʁudʒi dʒɛŋgy øʃyr-ba.
打工 做–ADVL 去–PROG 棉花 捡–ADVL 去–PROG 留下来的 庄稼 照看–PROG
øz-i naŋ-əsə-nə øʃyr-ba. indʒi salar kiʃi-nigi vosa mun-da
自己–3sg.POS 什么–3sg.POS-ACC 看–PROG 现在 撒拉 人–GEN MOOD 这–LOC

pise-ni aʁəl-da sɛkis millɛt var-a. beligisi bu doj ɛli et-se mɛnsə jugo
我们-GEN 村-LOC 八 民族 有-COP 这样 这 婚礼 那样 做-COND 都是 全部
ɢarəʃ bɛn-dʒɛ jyɛn mun-dan ili naŋ doj-da fentaŋ dʐuafɛn ji-ba ohol-lar-da,
混合 办-ADVL 原 这-ELA 以前 什么 婚礼-LOC 粉汤 抓饭 吃-PROG 过去-PL-LOC
tʃuχur sɛj be-ba sɛkis-ma doqus-ma on-ma eli et-i doj-ni eligi
现在 菜 给-PROG 八-CONJ 九-CONJ 十-CONJ 那样 做-ADVL 婚礼-ACC 那样
øtyr-ba. hɛm jaχʃi indʒi gudur mun-da ornaʃ-ma-ʁan-e gøŋn-ym-ɛ
举办-PROG 也 好 就是 一点儿 这-LOC 合适-NEG-ADJL-ACC 心-1sg.POS-ALL
ɛn-mɛ-gɛn jɛr i-sɛ bu tʃuχurʁu bu ʃeŋχo turmuʃ bidʒe jaχʃilan-ʁanəʁ-ə
中意-NEG-ADJL 地方 COP-COND 这 现在的 这 生活 生活 一些 变好-VBN-3sg.POS
dur mu doj-a bidʒe dʒarə-ʁədʒə helli bidʒe artuχ-a hɛ ɢajsə nese hɛ liu vɛn tʃi
COP MOOD 婚礼-ALL 一些 花费-ADJL 钱 一些 多-INF 哎 哪个 做什么 嗯 六 万 七
vɛn ba vɛn, hɛ eligi sej al-ba jeŋkinagu øj-e ɛki-ba eligi vo-sa
万 八 万 哎 那样彩礼买-PROG 新娘 家-ALL 带来-PROG 那样 COP-COND
bidʒe helli dap-al-ma-ʁudʒi bidʒe ɛŋgɛk vo-ba. indʒi mu-nəŋ-dan arda arda
一点儿 钱 挣-ABIL-NEG-ADJL 有点儿 难 COP-PROG 然后 这-GEN-ELA 以后 以后
jaχʃilan-ar de sumurla-ba indʒi jaχʃilan-ʁanəʁ-a a-nigə øzi-nige helli da bir
变好-NPST 说 想-PROG 现在 变好-VBN-ALL 他-GEN 自己-GEN 钱 也 一
jaχʃilan-ʁan-a indʒi bu sarə-sən-dan bidʒe bir jol ɛŋgɛ-nɛ mɛn jilə-r øjlɛ
变好-ADJL-ALL 现在 这 方面-3sg.POS-ELA 一些 一 路子 出现-ALL 我 相信-NPST 那样
bol-ar dɛ-p jilə-bar.
COP-NPST 说-ADVL 相信-PROG

孩子们努力外出挣钱，去打工，捡棉花。留下的人照看庄稼，看自己，看自己的情况。我们村现在有撒拉人在内的八个民族。全部都举办的是各样的混合式婚礼。以前婚礼就是吃粉汤和抓饭，现在举办婚礼要上八九道、十道菜。也好。这一点很合我心意，就是现在的生活变好一些了。婚礼花费的钱多一些，差不多六七万、八万，送这么多的彩礼带到新娘家。这样，对挣不到钱的人来说，有些困难。我想，往后这种情况会慢慢变好的。现在情况变好了，收入也多了，我相信将会有更多致富路子，我对这些确信不疑。

men-iŋ søz-ym bu-dər.
我-GEN 话-1sg.POS 这-COP
我的话，就是这些。

（阿不都卡德尔·力夫讲述，2015年）

2．风俗习惯

salar kiʃi bu az sanlə millɛt-lɛ-niŋ iʃ-in-dɛ hɛm az-dər.
撒拉尔 人 这 少 数的 民族−PL-GEN 里−3sg.POS-LOC 也 少−COP
bu-lar ohol-dan øj itʃ-i kuli-dɛn gɛl-sɛdɛ, mun-da otur-sada bu
这−PL 过去−ELA 家 里−3sg.POS 口里−ELA 来−CONJ 这−LOC 住−CONJ 这
islam din-i-nɛ eriʃ-kɛn-nigi eriʃ-ba. u-nəŋ itʃ-in-dɛ
伊斯兰 宗教−3sg.POS-ALL 跟随−ADJL-以后 跟随−PROG 那−GEN 里−3sg.POS-LOC
hɛnɛfi mɛzhɛb-i, dajimam mɛzhɛb-idɛ ba, ɛle di-ba. a-nigi
哈乃菲 派−3sg.POS，大伊玛目 派−3sg.POS 有 那样 说−PROG 他−GEN
jol-ən-ə tut-ba, eli et-i mu-ŋə gɛl-dʒinɛ bu-nəŋ
道路−3sg-ACC 沿用−PROG 这样 做−ADVL 这−ALL 来−ADVL 这−GEN
itʃ-in-dɛ tʃuχurən jet-kur iʃki ajət, ɢurbam ajt, rozə ajət-nə
里−3sg.POS-LOC 现在 到来−ADJL 二 节 古尔邦 节 肉孜节−ACC
øtyr-ər. ɢurban ajət-nə øtyr-sɛ jogu dʒalaχ dʒar-ə. bir kaŋ
过−PRES. 古尔邦节−ACC 过−COND 都 牲（羊） 宰−ADVL 一 缸
iʃ-in-ɛ bir dʒavur gaŋzə iʃ-in-ɛ jigirme otusmu eligi edisɛ
里−3sg.POS-ALL 一 盆子 缸 里−3sg.POS-ALL 二十 三十 这样说
ylyʃ et-i ylyʃ-ni miʒit-ɛ apar-ə jogo-sə-nə bir
份子 做−ADVL-3sg.POS 份子−ACC 清真寺−ALL 送−ADVL 都−3sg.POS-ACC 一
je-ge ɢoj-dʒina, gosgortʃyk otur-a. jogo-sə-nə vaχtənə aχunbo-ʁa
地−ALL 放−ADVL 圆圆地 坐−PRES 所有的−3sg.POS-ALL 时候 阿訇−ALL
ulə udʒa-sə-ne daʁat-ba. ɢalʁan-ə-nə beligi ejlan-dər-ə
大 羊背肉−3sg.POS-ACC 发给−PROG 剩下−3sg.POS-ACC 这样的 轮流−CAUS-ADVL
beligi ɢurban ajət-i-ni eligi øtyr-yr.
这样的 古尔邦节−3sg.POS-ACC 这样 过−PRES

撒拉族在少数民族中，属于人口少的民族。前辈们过去从内地迁来，在这里定居，信仰伊斯兰教。据说其中有哈乃菲派、大伊玛目派。我们继承了前辈们的信仰和风俗。其中有古尔邦节、肉孜节。过古尔邦节的时候大家都宰羊，一个缸或大盆里放大概二三十份肉，这样分好的肉份子送到清真寺。然后把所有的肉摆上来，围坐成一圈，先把大块羊背肉赠给阿訇，然后其余的逐个给其他人。古尔邦节是这样过的。

andən baʃqa anə itʃ-in-dɛn indʒi mallə tʃala-ʁur, nɛzir ɛt-kyr
然后 其他 这 里−3sg.POS-ELA 于是 毛拉 请−FUT 乃孜尔 做−FUT

dij-gydʒi vo-sa baʃqa-nə ajt-ər. indʒe rozə ajət vo-sa, otus kyn
说-ADJL 有-COND 其他-ACC 说-PRES. 于是 肉孜节 是-COND 30 日
rozə tut-ba. rozə tut-u vol-a aʃ-qan vaχ-ən-da indʒi
肉孜 抓-PROG 肉孜 抓-ADVL 是-ADVL 开-ADJL 时间-3sg.POS-LOC 就
aʁəl-da jogo-su bir øj ɢal-mə ulu-sə-lar bir, aχunbo-lar, indʒi
村子-LOC 都-3sg.POS 一 家 留下-NEG 大人-3sg.POS-PL 一 阿訇-PL 就
jaʃ ʒigit-lɛr bir, bal-lar bir, yʃχur χoban vol-u ejlan-ə
年轻 小伙子-PL 一 孩子-PL 一 三组 伙伴 是-ADVL 轮着-ADVL
jogo-sə bir øj ɢal-mə, yʃ gyn døt gyn rozə ajət-nə ejlan-ə
都-3sg.POS 一 家 留下-NEG 三 日 四 日 肉孜节-ACC 轮着-ADVL
ajətla-r.
拜节-PRES

有人要请毛拉，做乃孜尔，也可以那么做。肉孜节，首先封斋30天，开斋那一天开始，老人和阿訇一起一拨儿，小伙子们一拨儿，小孩子们一拨儿在村子里挨个儿拜节，要进行三四天。

døtyndʒi gyn-y-sə, sepəl, qaraʁaʃ, aralda-ʁə, oturʁutʃi-lar daʁə
第四 日-3sg.POS-3sg.POS 赛皮勒 噶热噶西 阿热勒-LQ 坐着的人-PL 也
daʁal-ə. oturʁutʃi-lar-nə øj-i-nɛ var-ə gɛl-ir, eli de
分散-ADVL 坐着的人-PL-GEN 家-3sg.POS-ALL 去-ADVL 来-PRES 那样 也
øt-yr var. indʒi bu a-nə øtyr-gɛn-dən baʃqa tʃuquru baʃqa
过-CAUS 有. 于是 这 那个-ACC 过-ADJL-ELA 以外 现在 其他
øtyr-mar-dʒi.
过-NEG-PST.

第四天到散居在赛皮勒（城墙）、噶热噶西（榆树）、阿热勒的撒拉人家里拜节。此外现在还有别的节日。

salar-nigi majsə bu tyrkij millɛt tyrkolog-ni iʃ-in-dɛ voʁanigi,
撒拉尔-GEN 本来 这 突厥语 民族 突厥-GEN 里-3sg.POS-LOC 因为
indʒi bu baʃqa millɛt-lɛr dɛ, bu jaχən jil-dan χasa-nigi ohul-dan
就 这 其他 民族-PL 也 这 近 年-ELA 哈萨克-GEN 很久-ELA
var a ohul-lar-dan bir jɛr-din øt-yr-mɛ-sɛdɛ godʒ-i
有-INF MOOD 很久-PL-ELA 一 地方-ELA 过-CAUS-NEG-CONJ 流传-ADVL
godʒ-i bir tʃimsaŋ-dan bir tʃimsaŋ-dan eligi nɛvruz de-miʃ-tɛ
流传-ADVL 一 户-ELA 一 户-ELA 这样 纳乌茹孜 叫-PST-LOC

øtyr-bɑ. vejven-lɑ-niki dɛ ohol-dɑ vɑr-ɑtʃi øtyr-mɛ bir on nɛtʃtʃɛ
过-PROG 维吾尔族-PL-GEN 也 很久以前-LOC 有-PST 过-VBN 一 十 几
jil-din ili bu ɑndɑ-sɑrdɑ si øtyr-bɑ. piser de puldur piser noruz
年-ELA 前 这 偶尔 才 过-PROG 我们 也 去年 我们 纳乌茹孜
øtyr-dʒi.
过-PST

本来撒拉族也是说突厥语族语言的民族，其他民族在近几年才开始过纳乌茹孜的节，哈萨克族很久以来一直就有这个节日，尽管大家没有聚在一起过，但各家各户自己过这个节日。维吾尔族也是过去有过，十几年前才开始断断续续地过这个节，去年我们也过了纳乌茹孜节。

jogo-sə noruz-nigi godʒɑ-sə ɢɑjnɑ-t-ə ɑʁəl-ɑ gegudʒi
都-3sg.POS 纳乌茹孜-GEN 粥-3sg.POS 煮-CAUS-ADVL 村子-ALL 来的人
jiʁəlʁudʒi-lɑr-nə jogo-sə-nɑ, iʃki zɛnzi-dɛn yʃ zɛnzi-din itʃ-ir-i
集合的人-PL-ACC 都-3sg.POS-ALL 二 碗-ELA 三 碗-ELA 喝-PRES-ADVL
jogo-sə qɑrəʃ-bər jɑχʃi iʃ ɑ. jɑχʃi iʃ vo-miʃ, mun-dɑn
都-3sg.POS 混合-PROG 好 事-INF MOOD 好 事 是-PST 这-ELA
ɑrtə-dɑ øtyr-ɑlə dɛ ɑŋ-ɑ belige et-ir ɛt-dʒi.
以后-LOC 过-IMP.1PL 说 那个-ALL 这样 做-PRES 做-PST

大家一起做纳乌茹孜粥。来过节的所有人都吃两三碗。大家都说，这样过节真好，以后咱们还要过这个节日。

ɑndən bɑʃqɑ doj təry-dɛ, mun-dɑn iliɛ ɑnɑ-lɑr, ɑvul-lɑr øzi-lɛr beligi
然后 其他 婚礼-LOC 这-ELA 前 姑娘-PL 男孩-PL 自己-PL 这样
jeʃɑʃ-mɑs. indʒi bu kemir-nigi ɑnɑ-sə vɑr ɑ, ɑnə iʃlɛt-kyr
生活-NEG 于是 这 谁-GEN 姑娘-3sg.POS 有-INF MOOD，姑娘 使用-FUT
de-sɛ, ɑbɑ idʒɑ-sə dɑ jeʃɑ-bir i sodʒi jyr-ɛ. sodʒi jyr-i
说-COND 父母-3sg.POS 也 说-PROG MOOD 媒人 走-PRES 媒人 走-PRES
ohol-dɑ døt boboz-dɑ bɑ. døt bolɑχ ɑpɑr-ə ɑ-nə ɑl-sɑ, indʒi
以前-LOC 四 包包-CONJ 有 四 包 送-PRES 那个-ACC 收-COND 于是
ɑ-nigi erɑ di-gini er ɑ. døt bolɑχ-ni ɑl-mə-sɑ, u-nə ɛməsɑ
那-GEN 同意-NOML 是-INF MOOD 四 包-ACC 收-NEG-COND 那-ACC 不
di-gini er ɑ.
说-NOML 是-INF MOOD

此外，还有婚礼。过去姑娘们、小伙子们不能自己谈婚论嫁，看中某人家的姑娘就跟父母说，然后家人找媒人说媒。过去给女方家送4包礼物。如果接受了，就表示同意；不接受，就表示不同意。

døt bolaχ-ni ɑl-ʁu-dɑli, ɑrdisi tʃɑj itʃ-ir-gɛn u tʃəχurʁu tʃɑj
四 包-ACC 拿-VBN-ADVL 然后 茶 喝-CAUS-ADJL 那个 现在的 茶

itʃ-ir-bɑ di-gɛn qɑmə ɑ-nə dinni ɛt-kɛn ɑn-ə bire qoj-ʁɑnə-digin
喝-CAUS-PROG 说-ADJL 好像 那-ACC 确定-ADJL 那-ACC 确定-ADJL-以后

ʃoli-si øtyr-bɑ. ʃoli-si øtyr vol-i.
小礼-3sg 办-PROG 小礼-3sg 办 AUX-ADVL

接受了4包礼物以后就办订婚礼。过去这叫小礼。

ɑrədɑ dɑli-sə-ni øtyr-gɛn vɑχ-ən-dɑ, ɢɑjsə gyn-i, ɢɑjsə ɑj, ɢɑjsə
然后 大礼-3sg-ACC 办-ADJL 时间-3sg-LOC 哪个 日子-3sg 哪个 月 哪个

vɑχt-ə-dɑ doj ɛt-kysi ɑ-nə birɛgij-bɑ. birɛ gil-i, birɛ gɛl-dʒinɛ indʒe
时候-3sg-LOC 婚礼 做-FUT 那-ACC 确定-PROG 确定-ADVL 确定-ADVL 然后

dɛn vu jil-ise doj ɛt-ɛl-mə-sɑ ɛ bu jeʃɑʃ-qɑn doj
一旦 那 年-3sg.POS 办婚礼-ABIL-NEG-COND 哎 这 商量-ADJL 婚礼

ɛt-ɛl-mə-sɛ rozə ɑjət, ɢorbɑn ɑjət-tɑ bu gyjoʁul u ɑnɑ-nəŋ
办-ABIL-NEG-COND 肉孜 节 古尔邦 节-LOC 这 女婿 那个 姑娘-GEN

yj-i-nɛ ɛ døt bolɑq indʒe helli bidʒɛ, eli eti ulɑ-nə ɑqəs
家-3sg.POS-ALL 哎 四 礼包 还有 钱 一些 就 这样 他们-ACC 斋戒期

ɑʃtər-mɑ ulɑ-nə munɑ hɑl sor-mɑ vɑr-ər, mu-nə ɛt-mə-sɛ
探望-ADVL 他们-ACC 这样 看望-ADVL 去-PRES 这-ACC 做-NEG-COND

jɑrɑ-mɑs, mu-nə it-i kɛl-ir. dɛn vu jili doj ɛt-sɛ ɛ
行-NEG.PRES 这-ACC 做-ADVL 必须-PRES 一旦 那 年 婚礼 办-COND 哎

vu-lɑ-nə ɛt-ky dɛ kɛlɛ-mɛs, indʒi eli et-ər.
这-PL-ACC 做-VBN CONJ 需要-NEG.PRES 就 这样 做-PRES

然后，再办大礼，商定婚礼的时间。订完婚以后举行不了婚礼。在肉孜节、古尔邦节的时候，准女婿带着4个包的礼物，带一些钱到姑娘家，斋戒期探望。不这样做是不行的，这一礼节是必须要做的。如果当年举行婚礼，这些礼节就不需要。

indʒi doj-dɑ hɛ sɛnzə ɛmɛk piʃir-bɑ, jɑʁɛmɛk piʃir-bɑ, χoʁunɛmɛk
然后 婚礼-LOC 哎 馓子 饼 做-PRES 油饼 做-PRES 薄饼

piʃir-bɑ, nɑŋgeri dyrli-dyrli ɛmɛk-lɛ-ni piʃir-bɑ. hɛ indʒi elieti ɑjtlə-bɑ ɑjt
做-PRES 之类 各种各样的 饼-PL-ACC 做-PRES 哎 就 这样 节-PRES 节日

dʒiŋ u tʃaʁ-lar-da gɛz-gɛn vaχət-lar-ən-da ɢadən kiʃ-lɛr
正式 那个 时候–PL-LOC 拜节–ADJL 时候–PL-3sg.POS-LOC 女 人–PL
gɛz-gɛli joχ-are, ɛr kiʃi-lɛr u-nu dos-qu-dali, ɢadən kiʃi indʒi bir
拜节–ADVL 没有–COP 男 人–PL 那–ACC 完–CAUS-ADVL 女 人 就 一
aj qamasər indʒi a-nə tʃala-ʁu mu-nə tʃala-ʁu et-i hɛ ajət-ni
月 POST 就 那–ACC 邀请–FUT 这–ACC 请–FUT 做–ADVL 哎 节–ACC
øtyr-ba. hɛ elieti bu ara-sən-da malla tʃalaʁudʒi-lər da var.
过–PRES 哎 就这样 这 期间–3sg.POS-LOC 毛拉 请的人–PL CONJ 有
øz-lɛr-i-niŋ aba-sə-nəgi ama-sə-nigi guŋn-i-ni
自己–PL-3sg.POS-GEN 爸爸–3sg.POS-GEN 妈妈–3sg.POS-GEN 心意–3sg.POS-ACC
øtyr-gydʒi dɛ var. baʃqa izi-ni bu hɛ baʃqa malla tʃala-ʁan iʃ-lar
过–的人 CONJ 有 其他 自己–GEN 这 哎 其他 毛拉 请–ADJL 事–PL
da var, elieti bir bir-si-ni aŋnaʃ-ə, bir bir sini
CONJ 有 就这样 一 一–3sg.POS-ACC 问候–ADVL 一 一–3sg.POS-ACC
sorə-ʃ-i səχ amu səχ aməs a χarə kiʃi-lɛ-ni
问安–RECIP-ADVL 健康 MOOD 健康 NEG.PRES MOOD 老 人–PL-ACC
aŋnaʃ-ə eli et-ken ʃiguan elisi iʃ var.
问候–ADVL 这样 做–ADJL 习惯 这样 事 有

婚礼上（应该是过节）要做馓子及油饼、薄饼等各种饼。然后就开始拜节，男人们拜完以后，女人们开始相互拜节，将近一个月。也有请毛拉的，也有请自己的父母，表示心意的。就这样相互探望，相互问候身体是否健康，还要看望老人，有这样的习惯。

indʒi doj tørø de vo-sa mun-dan ili indʒi bu χasa-nigi dər-mu,
然后 婚礼 还 有–COND 这–ELA 前 就 这 哈萨克族–GEN COP-Q
vejzu-nigi dir-mu, χadi-nigi dir-mu, anə-la-ni ɛkɛ-gɛn
维吾尔族–GEN COP-Q 回族–GEN COP-Q 姑娘–PL-ACC 接来–ADJL
vaχt-ən-da ili-ni tos-sə indʒi helli kele-ba. ohol-da helli
时候–3sg.POS-LOC 前–ACC 挡–ADVL 就 钱 要–PRES 过去–LOC 钱
bidʒe ver-se indʒi iligi naŋ øt-ba, arda-arda bu ɛŋgɛk vol-u
一点儿 给–COND 就 那样 什么 过–PRES 往后–往后 这 难 COP-ADVL
bu iʃki jil u ɢal-miʃ, jiʃaʃ-qan vaχ-ən-da hɛ jaχʃi
这 二 年 那个 流失–PST 商量–ADJL 时候–3sg.POS-LOC 哎 好的
jigit-lɛ-nigi helli-si elitʃine eli jogo-sə naŋ at-ba, tʃuqur hɛ
小伙子–PL-GEN 钱–3sg.POS 这样 一来 全都–3sg.POS 那么 做–PRES 现在 哎

birsi bolaχ al-ʁutʃi var ɑ. birsi beligi øz-i-nigi helli netʃe
一个人 礼包 拿-ADJL 有 MOOD 一个人 这样 自己-3sg.POS-GEN 钱 多少
bojqoraχ netʃe, tʃuqurʁu altun netʃe, netʃe eku-gusu ɑ-nə jogo vaχ-ənə
衣服 多少 现在的 金子 多少 多少 拿来-ADJL 那个-ACC 全都 看-ADVL
jeʃɑ-dʒənɑ ɑrədɑ u doj tørø-dɛ elisi-belisi iʃ tʃəq-ma-ʁusə-dɑ bire gil-i
说-ADVL 然后 那 婚礼-LOC 这样-那样的 事 出-NEG-ADJL-LOC 确定-ADVL
ɑrədɑ doj-ni et-bɑ. indʒi eli et-i øj-i indʒi øj vo-lə
然后 婚礼-ACC 办-PRES 于是 这样 做-ADVL 家-3sg.POS 就 家 成-ADVL
otur-bɑ. tʃuχur indʒi ɑ-nəŋ-dɑn nɑŋɑtnətʃyk jugu ɑnə-lɑr øz-lɛr-i
AUX-PRES 现在 就 那-GEN-ELA 就这样地 全都 姑娘-PL 自己-PL-3sg.POS
dɑʃ-ən-dɑ iʃ ɛt-iʃ-bɑ, dɑʃ-ən-dɑ iʃ vu hɛ gøryʃ-kɛn
外-3sg.POS-LOC 事 做-RECIP-PRES 外-3sg.POS-LOC 事 那个 哎 见面-ADJL
helli dʒiɛmiɛnli de-miʃ ti vu bɛj kuɛj, ji tʃiɛn kuɛj helli ve-bɑ.
钱 见面礼 说-PST MOOD 五 百 块 一 千 块 钱 给-PRES

然后，在婚礼上接新娘的时候，哈萨克族、维吾尔族、回族，还有我们，都有挡住新娘要钱的习俗。过去给一点儿钱就可以放过。往后慢慢的这个习俗也没有了。在婚礼上男方给新娘的礼物，多少衣服、多少金首饰、多少钱，都要一个一个拿出来看。后来姑娘们自己看看就可以了。然后，没有什么问题的话，就确定日期，举办婚礼，成家过日子。现在女孩子们都在外面工作，在外面见面的时候，送见面礼就送一些钱，有送500元的，有送1000元的。

indʒi piser-dɛ indʒi mu jeʃɑ-sɑ biri jer-i veijzu-nige,
现在 我们-LOC 就 这 说-COND 一 地方-3sg.POS 维吾尔族-GEN
ujʁur-lɑ-niŋ qɑmɑʁə idir. bir jer-i doj tyry dɛ χɑsɑ-lɑ-niki
维吾尔族-PL-GEN 像 COP 一 地方-3sg.POS 婚礼 CONJ 哈萨克-PL-GEN
qɑmɑ idir. bir jer-i χɑdə-lɑ-niki qɑmɑʁə idir, χujzu-lɑ-niki qɑmɑʁə,
像 COP 一 地方-3sg.POS 回族-PL-GEN 像 COP 回族-PL-GEN 像
piser mundɑ χɛnzu-nə χɛnzu tʃɑlɑ-r, χujzu-ni χɑdə tʃɑl-ɑr. eligi
我们 这里-LOC 汉族-ACC 汉族 叫-PRES 回族-ACC 哈德 叫-PRES 这样
et-kenige bu χɑdə-lɑr-nə jɑnɑ dorɑ-ʃ-qɑn dɑ vɑr ɑ,
做-ADVL 这 回族-PL-ACC CONJ 模仿-RECIP-ADJL CONJ 有 MOOD
χɑdə-lɑr-ʁɑ dorɑʃ-qɑn-ə sɛvɛb-i ɑ-nige u dinij sɑrəsən-dɑn bidʒe
回族-PL-ALL 模仿-ADJL-GEN 原因-3sg.POS 那-GEN 那 宗教 方面-ELA 一点

oχʃɑ-ʁɑn jir-i vo-ʁɑndigi ɑ ɢɑrʃi u di-mi-sɛ ulɑ-nə
像-ADJL 地方-3sg.POS 有-ADVL 啊 信仰 那 说-NEG-COND 他们-GEN
gɑtʃɑ-sə χɛnzu gɑtʃɑ-dər, ijipiser-ni gɑtʃɑ-məz tyrkij gɑtʃɑ-dər. lekin
话-3sg.POS 汉族 话-COP 我们-GEN 话-1pl.POS 突厥语族 语言-COP 但
oχʃɑ-mə-ʁɑn jer-i beligi vɑr, jinɛ ɑ-nə bil-mi-gytʃi dɛ
像-NEG-ADJL 地方-3sg.POS 这样 有 CONJ 那-ACC 知道-NEG-ADJL CONJ
vɑr ɑ, ulɑr øzi-nigi iʃ ɑ bil-mi-gytʃi bil-mi-gɑ mun-dɑn iligi
有 MOOD 他们 自-GEN 事 MOOD 会-NEG-ADJL 会-NEG-FUT 这-ELA 以前的
oχu-mɑ-miʃ, soruʃ-mɑ-miʃ hɛ ɑŋlə-mɑ-miʃ, eligi et-kenigi ɢɑjsə millɛt-ni
读-NEG-PST 问-NEG-PST 哎 听-NEG-PST 这样 做-ADVJ 哪个 民族-GEN
itʃin-den gɛ-gɛn-i bil-dʒɑli joχ-ɑ.
里-ELA 来-ADJL-ACC 知道-ADVL 没有-MOOD

在我们这里，(婚礼)有的像维吾尔族的，(有的)像哈萨克族的，(有的)像汉族的，(有的)像回族的。在我们这里，把汉族叫“汉族”，把回族叫“哈德”。跟着回族学的也有，跟着汉族学的也有。这是因为，他们除了宗教信仰不同以外，语言都是汉语。我们的语言是突厥语族语言，这是我们和他们的不同点。有些人不了解这些，这些都是和他们自己有关的事，他们却不知道。关于过去的情况，他们不问、不听、也不读书。他们不知道自己是什么民族。

elieti tʃuχur sɑlur godʒiɑ-nige, høkymɛt-nigi piser-ɛ øʃyr-iʃ-i bir
这样 现在 撒拉 国家-GEN 政府-GEN 我们-ALL 照顾-VBN-3sg.POS 一
bɛʃ ɑltə jil vol-dʒi hɛ jɑχʃi, ɑʁəl-əməz-dɑ nɑŋkerɛgi-ni jɑsɑ-dʒi,
五 六 年 COP-PST 哎 好 村-1pl.POS-ALL 各种东西-ACC 修缮-PST
jɑsɑ-dʒə, jol-lɑ-nə øj-lɛ-ni jɑŋəlɑ bɛr-dʒi, bɑlə-lɑr-ə hɛm
修-PST 路-PL-ACC 房子-PL-ACC 返修 AUX-PST 孩子-PL-ACC CONJ
oχu-tu-bɑ jogo-nə ɑt-ə ɑz sɑnlə millɛt irɑ ri ɛdi-tʃinɛ
上学-CAUS-PRES 全部-GEN 名称-3sg.POS 少 数的 民族 是 MOOD 说-ADVL
øʃør-bɑ, piser de mu-ŋɑ gɑlə-bɑr, mun-dɑn ɑrdə øz-imiz-nigi
照顾-PRES 我们 CONJ 这-ALL 高兴-PRES 这-ELA POST 自己-1pl.POS-GEN
turmuʃ, ʃeŋχo vosə vɑq-qur øzi-ni bɑl-lɑ-nigi oqu-ʁusə vosɑ
生活 生活 MOOD 照顾-FUT 自己-GEN 孩子-PL-GEN 上学-ADJL MOOD
vɑq-qu, venχuɑ sɑrəsə-nɑ vɑq-qur, nɛŋkerɛk sɑrəsən-dɑn høkymɛt-nəŋ
照顾-FUT 文化 方面-ALL 照顾-FUT 各个 方面-ELA 政府-GEN

gatʃa-sən-daki-ni　faly-ʁa　høkymɛt-nigi　bu　qanun-ʁa　eriʃ-i　indʒi
话-3sg.POS-LQ-ACC　法律-ALL　政府-GEN　这　法律-ALL　遵守-ADVL　然后
jaχʃi　iʃ　ɛt-kysi-ne,　kiʃi-lɛr-ɛ　savapləʁ　iʃ　ɛt-kysi-ne　bal-lar-ʁa
好　事　做-VBN-ACC　人-PL-ALL　行善的　事　做-VBN-ACC　孩子-PL-ALL
jeʃ-a　mun-dan　ardʒi　jaχʃi　voʁ-u　kelɛr　ɛdɛ-tʃanə　tɛrbij　dʒiavjy
说-ADVL　这-ELA　POST　好　COP-VBN　应该　说-ADVL　教育　教育
ɛt-bar.　piser　a-ŋa　mun-dan　ardʒi　jaχʃi　vo-ʁusə-nə　tʃin
进行-PRES　我们　那-ALL　这-ELA　POST　好　COP-VBN-ACC　真
goŋ-nəməz-den　piser　gala-bar　hɛm　jile-bar.
心-1pl.POS-ELA　我们　高兴-PRES　CONJ　相信-PRES

现在国家、政府对我们撒拉族很照顾。在村子里修路，给我们盖房子，翻修房子，让孩子们上学。因为我们是人口少的少数民族，所以我们的政府在生活方面、在孩子们上学方面、在文化方面这样照顾我们，我们为此由衷地感到高兴。今后我们应该教育下一代要遵守政府的法律，与人为善。我们相信我们的生活会更好。

（阿不都卡德尔·力夫讲述，2015年）

3. 个人经历（一）

men-iŋ　ad-əm　abduqadir　lef　galəman,　bir　miŋ　doqus　jyz
我-GEN　名字-1sg.POS　阿布都卡德尔　来福　尕拉曼　一　千　九　百
otus　bɛʃ-intʃi　jil　onin-dʒi　aj-nəŋ　on　bɛʃ-indʒi　kyn-i　χotɛn　vɛlajiti-nigi
三十　五-第　年　十-第　月-GEN　十　五-第　日-3sg.POS　和田　地区-GEN
lop　nahiji-si　dol　de-gɛn　jer-in-dɛ　doʁul-miʃ,　a-ndan　ardi
洛浦　县-3sg.POS　朵鲁　说-ADJL　地方-3sg.POS-LOC　出生-PST　那-ELA　后
aba-m-nə　lianzə-ʁa　abər-dʒi　dɛ　ama-m-lar　ɛli　beli　naŋ
爸爸-1sg.POS-ACC　兵-ALL　带走-PST　CONJ　妈妈-1sg.POS-PL　那样　这样　什么
ət-ip　bir　jarəm　jaʃ　vo-ʁur-dan-da　a-nda-lar　jogu　jan-ʁan-da,
做-ADVL　一　半　岁　成-FUT-ELA-LOC　那-LOC-PL　全都　回-ADVL-LOC
mu-ŋa　jan-ø　gɛl-dʒi,　jan-ø　gɛl-dʒinɛ　gøløk　vaχ-ə,　qoj
这-ALL　回-ADVL　来-PST　回-ADVL　来-ADVL　牛　放牧-ADVL　羊
vaχ-ə　ɛt-mi-gɛn　iʃ-ni　jogo　ɛt-dʒi.
放牧-ADVL　做-NEG-ADJL　事-ACC　全都　做-PST

我的名字叫阿布都卡德尔·来福·尕拉曼。1935年10月15日我出生在和田地区洛浦县的朵鲁村。后来爸爸被抓去当兵，妈妈千辛万苦把我们拉扯大。我一岁半的时候，那里的所有人都回来时，我才回到了这里。回来以后放牛、放羊，什么活我都干过。

bir miŋ doqus jyz ɢərəχ ytʃ-yndʒi jil-i-ge ɢərəχ alti-ndʒi
一 千 九 百 四十 三-第 年-3sg.POS-ALL 四十 六-第

jil-i gɛ-gɛn-dɛ altə oʁrə tʃiχ-miʃ di-tʃinɛ, hɛ indʒɛ eli
年-3sg.POS 来-ADJL-LOC 六 贼 出-PST 说-ADVL 哎 就 那样

qaʃ-i beli qaʃ-i u vaχ-ta u oʁri u alti oʁri si niʃixli sir
逃-ADVL 这样 逃-ADVL 那 时-LOC 那 贼 那 六 贼 是 怎么样 是

ɢa-dan gi-gisi iʃ a, a-nə ardə niʃixli vo-ʁa u-la-ni
哪里-ELA 来-ADJL 事 MOOD 那-GEN 后 怎么样 COP-FUT 那-PL-ACC

bil-mi-ga, hɛ eli et-i. naŋ ɛt-i mal vaχ-ənə jyr-dʒinɛ,
知道-NEG-FUT 哎 那样 做-ADVL 什么 做-ADVL 牲畜 放牧-ADVL AUX-ADVL

ardʒi bir miŋ toqus jyz ɛllik iʃki-ndʒi jil ɛllig altin-dʒi jil-i ɛ
后来 一 千 九 百 五十 二-第 年 五十 六-第 年-3sg.POS 哎

ɛllig alti-ndʒi jil-i ge-gɛn vaχ-ən-da mɛn ɛ liaŋzə-ʁa
五十 六-第 年-3sg.POS 来-ADJL 时-3sg.POS-LOC 我 哎 兵-ALL

var-dʒi. liaŋzə-ʁa var-ə an-da sɛkis doqus jil qamasər liaŋzə-da
去-PST 兵-ALL 去-ADVL 那里-ALL 八 九 年 大概 军队-LOC

otur-miʃ. otur-ʁan jer-im ili-nigi qorʁas nahijɛ-sin-dɛ otur-dʒi,
坐-PST 坐-ADJL 地方-1sg.POS 伊犁-GEN 霍尔果斯 县-3sg.POS-LOC 坐-PST

ili-diki vaχt-ən-da suliɛn-nigi konsul linʂiguɛn var a a-nə
伊犁-LQ 时-3sg.POS-LOC 苏联-GEN 领事馆 领事馆 有 MOOD 那-GEN

iʃin-dɛ otur-dʒi, dʐou guŋɛndʒy-dɛ otur-dʒi. a-nə vilɛn eli et-i
里-LOC 坐-PST 州 公安局-LOC 坐-PST 那-GEN POST 那样 做-ADVL

atmiʃ bir miŋ doqus jyz atmiʃ alti-ntʃi jil-i atmiʃ iʃki-ndʒi jil-i
六十 一 千 九 百 六十 六-第 年-3sg.POS 六十 二-第 年-3sg.POS

ɛ mɛn tʃiχ gɛl-dʒi.
哎 我 出 来-PST

1943到1946年，六个匪徒出现的时候，我们东躲西藏。关于六个匪徒都干什么，关于这些事儿的来龙去脉，我们什么都不知道。后来我们放牧，就这样，一直到（1952）1956年，我参军了。参军以后在部队服役了大概八九年时间，我随部队到伊犁的霍尔果斯县。在伊犁的时候我主要在苏联驻当地的领事馆里，在州公安局等地方。就这样到（1966）1962年，我退伍了。

tʃiχ gɛl-dʒinɛ bu jaŋə latin zimu-nigi bu vejven ʃinvenzi tʃiχ-qan
出 来-ADVL 这 新 拉丁 字母-GEN 这 维文 新文字 出-ADJL
vaχ-ən-da a-nə bir gyn ørgøn-y andən ʃɛn-ɛ var-se
时-3sg.POS-LOC 那-ACC 一 天 学习-ADVL 然后 县-ALL 去-COND
kosi et-i imtiham al-i sɛksɛn jedi nomur al-ə an-ə vilɛn losə
考试-ADVL 考试-ADVL 八十 七 分 得-ADVL 那-GEN POST 老师
daŋna-dʒi, losə daŋna-dʒana jigirmi bɛʃ jil vej ujʁur bal-la-nə salar
当-PST 老师 当COP-ADVL 二十 五 年 维 维吾尔 孩子-PL-ACC 撒拉
bal-lar-ni oqut-ur-dʒi. an-dən ardə daʁ-qə va-ʁə e-ti daʁ-da alti
孩子-PL-ACC 教-CAUS-PST 那-ELA 以后 山-ALL 去-IMP 这样说 山-LOC 六
jil χasa val-lar-ni χasa oχuʃ-lar-ni oχut-ur-dʒi.
年 哈萨克 孩子-PL-ACC 哈萨克 文-PL-ACC 教-CAUS-PST

这时，以拉丁字母为基础的维吾尔新文字刚刚出台。我学习了一天，然后到县里参加考试，得了87分，于是当了老师。当老师以后我教维吾尔族学生和撒拉族学生，教了25年。然后被派到哈萨克山区给哈萨克族学生教哈萨克文。

hɛ eli et-i bir dɛn kyn-ge naŋ-ə a-nə oqu-ʁu u-nə
哎 那样 做-ADVL 一 天-ALL 什么-ACC 那-ACC 读-VBN 这-ACC
oqu-ʁu eti ørgɛn-i eli ɛt-dʒinɛ ez-im-niŋki kyn-din kyn-ɛ
读-FUT 这样说 学习-ADVL 那样 做-ADVL 自己-1sg.POS-GEN 天-ELA 天-ALL
nahajti bu ara-sən-da ɛ øj-dɛki-lɛr vutʂaŋ vol-dʒi, eli et-i,
非常 这 期间-3sg.POS-LOC 哎 家-LQ-PL 去世-PST 这样 做-ADVL
aba-m da ili vutʂeŋ vol-dʒi. u ʃiaodyj-de iʃ et-i ɛ bir jil
爸爸-1sg.POS CONJ 早 去世-PST 那 小队-LOC 工作-ADVL 哎 一 年
kodʒi daŋna-miʃ. an-dan naŋ ɛt-dʒinɛ bir miŋ doqus jyz sɛksɛn sɛkis-intʃi
会计 当-PST 那-ELA 什么 做-ADVL 一 千 就 百 八十 八-第
jil-i mɛn tyiʃiu vol-dʒi.
年-3sg.POS 我 退休-PST

就这样，我学这学那，每天都学习。在这期间我的家人（妻子）去世了，然后我爸爸也去世了。我就在队里（村里）工作，当了一年会计，1988年就退休了。

an-dan ardʒi tʃuχur øj-dɛ otur-bar, øj-dɛ otur-bardʒi. bu
那-ELA 以后 现在 家-LOC 坐-PRES 家-LOC 坐-PRES 这
ara-sən-da hɛ indʒi bu ørɛ-dɛn ɛ bu naŋ-dan bu aptunum
期间-3sg.POS-LOC 哎 就 这 上面-ELA 哎 这 什么-ELA 这 自治

rajun-dan ɛ bejdʒin-dɛn ɛ ʂaŋχɛj-dɛn, sitʂyɛn-dɛn, germanijɛ-dɛn, emiriki-dɛn kiʃi
区-ELA 哎 北京-ELA 哎 上海-ELA 四川-ELA 德国-ELA 美国-ELA 人
kɛl-dʒi bu salar-nigi oχuʃ-i, salar-nigi venχua-sə, salar-nigi ʃiguɛn,
来-PST 这 撒拉-GEN 文字-3sg.POS 撒拉-GEN 文化-3sg.POS 撒拉-GEN 习惯
salar-niŋgi adɛt-lar-ə, lɛmi-si, bojqəraʁ-ə u-lar men-i
撒拉-GEN 习俗-PL-3sg.POS 饭菜-3sg.POS 服饰-3sg.POS 他们-PL 我-ACC
iʃtɛ-də tʃuχurʁu-nə jogo sorə-ø gi-bar. mɛn ezə-m-nigi
找-ADVL 现在的-ACC 全都 问-ADVL 来-PRES 我 自己-3sg.POS
bil-gɛn-dʒɛ tʃyk ula-nə bil-gɛn-i-ni jiʃ be-bir.
知道-ADJL-EQUI MOOD 他们-ACC 知道-ADJL-3sg.POS-ACC 讲述 AUX-PRES

从此，我待在家里。在这期间，从上面，也就是从自治区、北京、上海、四川，甚至从德国、美国来了一些人，他们调查了解撒拉族的文字、撒拉族的文化、撒拉族的习惯、撒拉族的风俗、撒拉族的饮食、撒拉族的服饰。他们来找我，询问以上各方面的所有情况。我尽可能地把我所知道的都讲给他们听。

eli et-i ɛ bir miŋ doqus jyz otus ɛ toχsan iʃki-ndʒi
这样 做-ADVL 哎 一 千 九 百 三十 哎 九十 二-第
jil-i gɛ-gɛn vaχ-ən-da mɛn kujli-ʁə var-ə bu oχuʃ-ni
年-3sg.POS 来-ADJL 时-3sg.POS-LOC 我 内地-ALL 去-ADVL 这 文字-ACC
nɛ qil-di bu oχuʃ-ni ɛlipbɛ-ni tʃiqar-dʒi.
什么 做-PST 这 文字-ACC 字母表-ACC 创制出-PST 字母表-ACC

就这样到了（一九三几年）1992年的时候，我到口里（内地），我搞这种文字符号，创制出了撒拉文字母表。

jan gɛl-dʒinɛ tʃuχur øj-dɛ otur-bar, øj-dɛ otur-u ezə-nigi
回 来-ADVL 现在 家-LOC 坐-PRES 家-LOC 坐-ADVL 自己-GEN
ez-i χarə-miʃ ez-əm baʃqa iʃ tɛ et-ɛl-mi-ʁa eli
自己-3sg.POS 老-PST 自己-1sg.POS 别的 事 CONJ 做-ABIL-NEG-FUT 这样
et indʒi bu salar-nigi oquʃ-lir-i-ni iʃ ɛt-kysi venχua-ni niʃli
做 就 这 撒拉-GEN 文字-PL-3sg.POS-ACC 事 做-ADJL 文化-ACC 怎么样
ɛt-kysi, ʃigyɛn-ni niʃli ɛt-kyse bu sarə-sən-dan ez-im-nige
做-ADJL 习惯-ACC 怎么样 做-ADJL 这 方面-3sg.POS-ELA 自己-1sg.POS-GEN
hal-im jɛt-kur iʃ et-bar. mi-nigi naŋ sə bu tʃo-sə-dər.
力-1sg.POS 够-FUT 事 做-PRES 我-GEN 什么 是 这 几个-3sg.POS-COP

回来以后在家里待着。在家待着以后我自己也老了。别的事我也做不了，我想在撒拉族文字方面做一些工作，在文化方面、在风俗习惯方面做出一些力所能及的事情。我要讲的就是这些。

（阿不都卡德尔·力夫讲述，2015年）

4. 个人经历（二）

eli ɛt-i pisɛr dɛ indʒi ele ʃykur-i qur-sə vu-ʁɑ,
那样 做-ADVL 我们-CONJ 现在 那样 奔波 建-COND 可以-FUT
dɛ-p mɛn indʒe bu ili χɑsɑ zidzi̧dzo̧v-ʁɑ ʃykyr-dʒi.
说-ADVL 我 现在 这 伊犁 哈萨克 自治州-ALL 奔波-PST

于是我想我们也可以争取建立（民族乡），我就去伊犁哈萨克自治州，为此事奔波。

ɛli et-gini si bir gatʃɑ dinlɛ-me vɑr-sɑ, ardi ili χɑsɑ
这样 做-ADVL 是 一 话 听-ADVL 去-CONJ 然后 伊犁 哈萨克
zidzi̧dzo̧v-niŋgi χɛn zudʒɑŋ degydʒe-r gej-miʃ tɛ bajinbulɑχ-nigi
自治州-GEN 韩 组长 叫作-INDF 来- MOOD 巴音布鲁克-GEN
izi-lɛ-nigi moŋʁul-lɑr zɑŋzu-lɑr-ə ɑl-bɑ anə-lɑr-ni muŋʁul-lɑr
自己-PL-GEN 蒙古族-PL 藏族-PL-3sg.POS 娶-PROG 姑娘-PL-ACC 蒙古族-PL
ulɑr izi-lɛ-n ɑnɑ-sə-ni ipsɛr-e olɑr vɛr joχ-ɑ ɛli
他们 自己-PL-GEN 女孩-3sg.POS-ACC 我们-ALL 他们 给 没有-INF.MOO 那样
ɛt-kydɛne vɛr-mɛ-sɛ bu iʃ-n i bir jɑnə ɛt-mɛ-sɛ pisɛr-ni
做-ADVL 给-NEG-COND 这 事-ACC 一 边 做-NEG-COND 我们-GEN
jogo-su mɑl-lɑr-əməz-nə ʃizɑŋ-ʁɑ dʒilɑ kɛl-ir dɛ nɑŋ-ɑ
都-3sg.POS 牲畜-PL-1pl.POS-ACC 西藏-ALL 迁 须-PRES 说 什么-ALL
nɑŋ-ə nabəm vɑr gɛl-dʒi. sele-nigi nɑŋ-niki bu minzu zidzi̧ʃiɑŋ-ɑ
什么-ALL 那边 去 AUX-PST 你们-GEN 什么-GEN 这 民族 自治乡-ALL
tʃodʒɑn ʃɛrt-iŋlɑr dol-mɑ-ʁɑ, kiʃi ɑz-ɑ, jɑ minzu ʃiɑŋ-ɑ dol-ʁɑ
条件 条件-2 pl.POS 够-NEG-FUT 人 少-FUT 或 民族 乡-ALL 够-FUT
ɑʃɑʁ-ən-dɑʁə ʃəsɑχu-nə ɢoʃ-qur mu jɑ ørɛ-si-nɛ
下面-3sg.POS-LQ 十三户-ACC 合并-FUT MOOD 要么 上面-3sg.POS-ALL
sepil-ni ɢoʃ-sɑ vu-ʁɑ ɛdi-dʒi.
赛皮尔-ACC 合并-COND 可以-FUT 这样说-PST

我就找人打听情况，然后伊犁哈萨克自治州有个叫韩组长的人来了。他说：巴音布鲁克的藏族人把他们的女儿嫁给蒙古族，但蒙古族不把自己的女儿嫁给藏族。如果这样下去的话，这个问题不解决的话，藏族人要带着自己的牛羊搬迁到西藏去。为这个事我到那儿去了一趟。你们要是成立民族乡，或者把十三户村合并进来，或者让赛皮尔村合并进来。

ardə niʃli vol-dʒc ʃiaŋ-dan onu-ma-dʒi mu baʃqalar bidʒɛ

之后 怎么样–PST 乡–ELA 同意–NEG-PST MOOD 别人 一点

tus-dʒi mu a-nə vilɛn bu iʃ ɢal-dʒi, ɛndi tʃuχur tatarla-nigi

阻止–PST MOOD 那–GEN POST 这 事 留下–PST 现在 塔塔尔人–GEN

si gotʃuŋzə-niŋ ajaʁ-ən-da vula-nigi tatar-lar an-daʁə tatar-lar

是 古城子–GEN 下面–3sg.POS-LOC 他们–GEN 塔塔尔–PL 那里-LQ 塔塔尔–PL

bɛjfendʐi sɛnʂi ir a.

百分之 三十 COP-INF MOOD

后来，不知道是因为乡里没同意，还是有人阻止了这件事，这个事就搁下了。现在塔塔尔人在古城（地名：奇台）那边有一个民族乡，那里的塔塔尔人占总人口的30%。

pisir-nigi mun-da salar ezə bagə minzu sɛkis millɛt vo-sada, liuʂi

我们–GEN 这里–LOC 撒拉尔 自己 八个 民族 八个 民族 有–CONJ 六十

dʒi atmiʃ nɛtʃtʃi atmiʃ nɛtʃtʃɛ pirsɛn vo-bar.

几 六十 几 六十 几 百分之 有–PROG

我们这里的撒拉村有8个民族，撒拉人口占总人口的60%多。

de-gɛn-i mɛn bu salar-nige elipba-si-n tʃiqar-ʁur

说–ADJL-3sg.POS 我 这 撒拉尔–GEN 字母表–3sg.POS-ACC 拿出–FUT

dɛ-tʃinɛ mɛn dɛ-ba ɛnɛt-dʒim. elipbɛ-si-n tʃiqar-ʁur et-ip,

说–ADVL 我 说–ADVL 这样做–PST. 字母表–3sg.POS-ACC 创–FUT 做–ADVL

arədən bu-nə ez-əm eli sumurla beli sumurla naŋ et indʒi. bu

之后 这–ACC 自己–1sg.POS 那样 思考 这样 思考 怎么 做 就 这

mu-nige oquʃ-nige ʃɛkil-i-ni jaŋzə-si-nə mu-ni niʃli

这–GEN 文字–GEN 形式–3sg.POS-ACC 样子–3sg.POS-ACC 这–ACC 怎么

gɛl-dir. gɛliga dɛ-p nahajti beligi sumurla-sa bir jil qamasər eligi

应该–COP 需要 说–CONV 非常 这样 思考–COND 一 年 好像 那样

eligi va-ʁu ge-gu maŋ-a bu eligi ed-ə bir kiʃi dɛ maŋ-a,

那样 去–VBN 来–VBN 我–ALL 这 这样 做–ADVL 一 人 也 我–ALL

jardɛm ɛtkydʒi øʃyrgydʒi kiʃ joχ a.

帮助的人 关注的人 人 没有–INF MOOD

于是我打算创制撒拉字母。我就想该怎么创制文字，用什么样的形式，很多问题，我就在这一两年的时间里一边思考，一边还到外地考察，来回跑了好几趟，没有一个人帮我，没有人关注。

arəda mɛn ezi-m bilge sumurla-sa bu ʃɛrqi asja-nige oχuʃe bir
后来 我 自己-1sg.POS 这样 思考-ADVL 这 东 亚洲-GEN 文字 一
guruppa er a tʂavʃiɛn-nige, riben-nige, bu zaŋzu-nige, bu muŋʁul-nige,
组 是-INF MOOD 朝鲜-GEN 日本-GEN 这 藏族-GEN 这 蒙古-GEN
bu χɛnzu-nige bu-lar ʃu bir guruppa ir a. bir oχuʃ bir oχuʃ bir
这 汉族-GEN 这-PL 那 一 组 是-INF MOOD. 一 文字 一 文字 一
gatʃa bir oχuʃ ir a, jɛnɛ bir-si bu ovdʐov javrupa
话 一 文字 是-INF MOOD 还有 一个-3sg.POS 这 欧洲 欧洲
sarə-sə-nige səlavjan-nige, spanijɛ-nige, bu eŋgilis-la-nige bir birsi-nɛ jaŋsə
方-3sg.POS-GEN 斯拉夫-GEN 西班牙-GEN 这 英国人-PL-GEN 互相-ALL 样子
oχʃa-səda bu-la-niŋ søzi baʃqa er a. jɛni bu bir gurubu jɛni
相似-尽管 他-PL-GEN 话语 不同 COP-INF MOOD 还有 这 一 组 还有
birsi bu arabi-nigi arabi-nigi ezi ez junla-ba. fars-lar junla-ba,
一个 这 阿拉伯-GEN 阿拉伯-GEN 自己 自己 用-PROG 波斯人-PL 用-PROG
ordu-nigi junla-ba, ujʁur-niŋ junla-ba χadi-la-niŋ ʃodʒin junla-ba. bu
乌尔都-GEN 用-PROG 维吾尔-GEN 用-PROG 回族-PL-GEN 小经 用-PROG 这
mu-ŋa kɛ-gɛn-dɛ me-niŋ køŋl-ym køj-dʒi. bu-lar era ba pisɛr-nige
这-ALL 来-ADJL-LOC 我-GEN 心-1sg.POS 燃-PST 这-PL 是 吧 我们-GEN
jarə-mi-ʁar e eli et-dʒinɛ mɛn bu oχuʃ-ne ɛlipɛ-ne
合适-NEG-FUT MOOD 这样 做-CONV 我 这 文字-ACC 字母表-ACC
tʃiqar-ʁan-ə diriʃ-dʒi. eli et-i ujʁurtʃɛ oquʃ-ni ɛli getʃ-i
创-ADJL-ALL 努力-PST 这样 做-CONV 维吾尔 文字-ACC 这样 搬-ADVL
al-sa, a-nə itʃin-dɛ yklɛ, yxrɛ, bijike yxyt de-gɛn gatʃa-nə
拿-COND 那-GEN 里-LOC yklɛ ykrɛ 一些 ykyt 叫作-ADJL 词语-ACC
pit-al-mə-ʁa. ara-dən eligi ɛtʃyk al-sa, aŋa, muŋa, anigi, minigi,
写-ABIL-NEG-FUT 其中-ELA 那样 借 拿-ADVL aŋa muŋa aniɣi miniɣi
ɛ de-gɛn gatʃi-ni pit-al-mə-ʁa. eli et-i bu nɛŋ-ni bu
这么 说-ADJL 词语-ACC 写-ABIL-NEG-FUT 这样 做-ADVL 这 什么-ACC 这
arɛp ɛlpɛ-gɛ tart-ip naŋ-əsən-da oquʃ-un-dan dɛnzir
阿拉伯 字母表-ALL 拉-CONV 什么-3sg.POS-LOC 文字-3sg.POS-ELA 单字

itʃin-dɛ χ harəp-lar-ə-nə, ɢ harəb-ə-nə, eligi et-ir ʁ
里-LOC χ 字母-PL-3sg.POS-ACC ɢ 字母-3sg.POS-ACC 这样 做-PRES ʁ
hɛrip-lɛr-i-ni ɑl-ə bu elipbɛ-ni piti-r.
字母-PL-3sg.POS-ACC 取-ADVL 这 字母表-ACC 写-PRES

后来我想东亚这一带的语言属于一个组，包括朝鲜、日本、藏族、蒙古、汉族，他们的文字属于一个系统，但每一种语言用的是不同的文字。还有一个是欧洲的，斯拉夫的、西班牙的，他们的文字相近却语言不同。还有一个是阿拉伯字母。阿拉伯字母除他们自己用以外，波斯人也采用，乌尔都语也采用，维吾尔、回族的小经文也采用。然后，我想他们采用阿拉伯字母为什么我们不使用呢。后来我就努力创制这个（撒拉文）文字。直接用维吾尔文字的话，如yxrɛ、bixi、yxyt之类的有些词写不出来，于是我从阿拉伯文中借用了一些字母用来表示撒拉语中的“χ、G、ʁ”等语音，我自己进行改良，创制了撒拉文。

men-igi bu piti-gɛn elipbɛ-daʁə oʁuʃ, si χɛt piti-gili vol-ar. χatiri
我-GEN 这 写-ADJL 字母表-LQ 文字 是 信 写-ADVL 可以-FUT 日记
piti-gili vol-ar, dombaχ piti-gili vol-ar. bu eli et-tʃinɛ bu-ni
写-VBN 能-PRES 故事 写-ADVL 能-PRES 这 这么 做-ADVL 这-ACC
ɑl-dʒinɛ, mɛn u vaχt-ən-da bu toχsənəntʃi jil-i me-nigi
拿-ADVL 我 那 时候-3sg.POS-LOC 这 第九十 年-3sg.POS 我-GEN
øj-diki-lɛr vutʂeŋ vol-ə, mɛn u oχuʃ-ni ɑl-dʒine bu naŋ-a ʃynχua-ʁa
家-LQ-PL 去世-ADVL 我 那 文字-ACC 拿-ADVL 这 什么-ALL 循化-ALL
var-dʒi.
去-PST

我创制的这个字母表可以写信、写日记、写故事。九十年代我家人去世后，我带着这个文字去了循化县。

u vaχənda yrymtʃi-din lɛndʐu-ʁa. u naŋ-a tʃiŋχɛj-ʁa var-sa
那 时候 乌鲁木齐-ELA 兰州-ALL 那个 什么-ALL 青海-ALL 去-COND
bir jyz ɛllik som bilɛn va-ba, bir jyz ɛllik som bilɛn gi-ba. alti
一 百 五十 元 POST 去-PRES 一 百 五十 元 POST 来-PRES 六
jarəm gyn-dɛ jɛt-ba. u vaχ-ta alti jarəm beligi gij-ba. tʃuχur alti jyz
半 天-LOC 到-PRES 那 时-LOC 六 半 这样 来-PRES 现在 六 百
som alti jyz jyɛn hɛlli va-ba. alti jyz helli vilɛn jan gi-si
元 六 百 元 钱 去-PRES 六 百 钱 POST 回 来-COND
vo-ba yʃ kyn-di jet ba-ʁa.
可以-PROG 三 天-LOC 到-FUT

那个时候从乌鲁木齐去兰州，去青海，花150块钱去，花150块钱回。六天半才能到，回来又要六天半时间。现在去要花600块钱，回来要600块钱，三天时间就可以到。

ardi　u-lar　yʃa-sə　eli　et-e　eli　et-e　u-nə　at-ə
然后　他-PL　看-COND　这样　做-ADVL　那样　做-ADVL　那-GEN　名-3sg.POS
mun-da　bu　bir　piti-gɛn-lɛr-ni　mi-nigi　u　iʃ-im　piti-gɛn　ʃiɛr-lɛr
这-LOC　这　一　写-ADJL-PL-ACC　我-GEN　那　事-1sg.POS　写-ADJL　诗歌-PL
an-daʁi　dos-lar　u-la-nigi　iʃ-lɛr.　aχun　mollar-ni　iʃ-lar　u-lar-ni
那里-LQ　朋友-PL　他-PL-GEN　做-FUT　阿訇　毛拉-ACC　事-PL　他-PL-ACC
jur-un-ur　mi-nigi　bu　pitig　oquʃ gelɛ-r.　editʃinɛ　bu　nɛŋ-lɛ-ni
走-CAUS-FUT　我-GEN　这　文字　需要-FUT　就这样　这　东西-PL-ACC
piti-gɛn-dir.
写-ADJL-COP

后来他们看了我用这个文字写的一些诗歌，那边一个当阿訇的朋友需要用我这个文字写东西，就拿去用了。

eli　et-i　bu-la-nigi　ʃynχua　salar　millij　muχtarijat　nahiji-si
这样　做-CONV　这-PL-GEN　循化　撒拉族　民族　自治　县-3sg.POS
qur-ul-ʁan-iŋgi　ɛllig　jilliʁ-ə-ni　indʒɛ　piser-ni　tʃaliʃtir-i
建立-PASS-ADJL-GEN　五十　周年的-3sg.POS-ACC　就　我们-ACC　邀请-ADVL
døt　kiʃi　var-dʒi.　u-lar　hɛm　pisi-ni　jaχʃi　vaχ-dʒi　jaχʃi　kyt-dʒi.
四　人　去-PST　他-PL　及　我们-ACC　好　照顾-PST　好　招待-PST

前几年他们举办循化撒拉族自治县成立50周年活动，我们四个人去参加了。我们去了后他们很热情地招待我们。

artʃina　pisɛr　nitʃli　vo-mə-sa　ili-ʁa　bir　va-ʁə　kɛliga　dɛ-p
之后　我们　无论　成-NEG-COND　伊犁-ALL　一　去-FUT　应该　说-ADVL
arədə　a-nə　χɛjduŋ-ə　χɛjduŋ　dʐu-ʁa　dʒila-miʃ.　anigi　fu ʃɛndʒaŋ　vo-ʁan
然后　那个-ACC　海东-ALL 海东　州-ALL　寄给-PST　后来　副县长　当-ADJL
χɛn　juŋdeŋ　indʒi　ʃɛndʒaŋ　vol-ə　otus　kiʃi　gɛl-dʒi.　muŋ-a　gel-ip
韩　应东　还有　县长　有-ADVL　30　人　来-PST　这-ALL　来-ADVL
pise-nigi　gør-y　bu　mun-daʁə　belig　a,　nɛŋ　ɛt-kɛn-iŋ　bu
我们-GEN　看见-ADVL　这　这里-LQ　这样-INF　MOOD　什么　干-ADJL-GEN　这
salar-niŋgi　søz-y　an-daʁə-na　vaqqana　mun-da　atuχ　a.
撒拉族-GEN　词-3sg.POS　那里-LQ-ALL　POST　这里-LOC　多-INF　MOOD

dɛ-p eli dɛ-r tʃuχur vu-la-niŋge ezi-lɛr-niŋ jut-i-ni
说-ADVL 那样 说-PRES 现在 他-PL-GEN 自己-PL-GEN 家乡-3sg.POS-ACC
tap-al-ma-ʁudʒi aba-idʒa-si-ni bil-mɛ-gydʒi azɛ-lɛr-in bil-mɛ-gydʒi
找-ABIL-NEG-ADJL 父母-3sg.POS-ACC 知-NEG-ADJL 姐姐-PL-ACC 知道-NEG-ADJL
ez-in loʃiaŋ-lar-ə-n bil-mɛ-gydʒi jogo bir biri-ni danəʃ ɛt-ba.
自己-GEN 老乡-PL-3sg.POS-ACC 知-NEG-ADJL 都 相互-ACC 认识-PROG

后来我们给海东州发了邀请函，请他们来一趟伊犁。他们的县长带领30个人考察了我们的撒拉村。他们来了后，看到我们就说，新疆的撒拉语的词汇比我们还多啊。现在青海和新疆的撒拉人民交往较频繁，以前分居两地的父子、母女、姐妹们（可以）相认相聚了。

bu mi-nigi indʒi bu tʃiŋχɛj vilɛn bu tɛklimakan ʃamo-niŋ, mɛn
这 我-GEN 现在 这 青海 CONJ 这 塔克拉玛干 沙漠-GEN 我
tɛklimakan kømy tʃø-my kømyr tʃø-my gɛl-dʒi di-sɛ, kyl-yʃ-ba.
塔克拉玛干 桥 建-VBN 桥 建-VBN 来-PST 说-COND 笑-RECIP-PROG
beligi jeʃ-sa ujʁurtʃɛ jeʃ-sa, nemigi kɛl-deŋ? ʃindʒaŋ køtʃ di-sɛ,
这样 说-COND 维吾尔语 说-COND 为何 来-PST.2sg 新疆 迁 说-COND
tɛklimakan qumluʁ-u køvryk sal-imɛn dɛ-p kɛl-dim. ɛŋgi
塔克拉玛干 沙漠-3sg.POS 桥 建-PRES.1sg 说-ADVL 来-PST.1sg 于是
køryk-ni dɛ sal-dim beli et-i bu-lar jogo ge-gy et-dʒi, va-ʁu
桥-ACC 也 建-PST.1sg 这样 做-ADVL 这-PL 都 来-VBN 做-PST 去-VBN
ɛt-dʒi ʃuŋa gi-bar. eli et-i.
做-PST 所以 来-PROG 这样 做-ADVL

我去的时候他们问我：“你为什么来了？”我回答说“我是来为青海和塔克拉玛干之间搭建桥梁来了。”他们听了后都笑了。现在这个桥梁我搭好了，现在这两地来往也加强了。

bu tʃiŋχɛj minzu ʃyejɛn-diki-lɛr iʃki ytʃ gɛz gɛl-dʒi. a-nəŋ vilɛn indʒi
这 青海 民族 学院-LQ-PL 两 三 次 来-PST 那-GEN CONJ 现在
bøjlɛ jogo, mi-nigi sørɛt-im mejguo-ʁa da va-miʃ a, germanijɛ-ʁə
这样 都 我-GEN 照片-1sg.POS 美国-ALL 也 去-PST-INF MOOD 德国-ALL
da var-dʒi, ʃindʒaŋ-nigi dzuŋgu-nigi, hɛmmɛ jɛr-i-nɛ va-bar. ɛli
也 去-PST 新疆-GEN 中国-GEN 所有 地方-3sg.POS-ALL 去-PROG 这样
ɛt-dʒi.
做-PST

青海民族学院的人也来了两三趟。听说我的照片都到美国、德国了，还跑遍了全中国。

munɛvɛr ɛpɛndim bilɛn minɛvɛr dʒiavʃov vilɛn bu gezi bir ytʃyndʒi gɛz
米娜瓦尔 先生 CONJ 米娜瓦尔 教授 CONJ 这 次 一 第三 次
gøryʃ-bar. muŋ-a hɛm men-i søj-yn-bar, me-nigi ømr-ym-dɛ
见面-PROG 这-ALL 也 我-ACC 高兴-CAUS-PROG 我-GEN 生命-1sg.POS-LOC
jaχʃi vol-dʒi.
好 成为-PST

跟米娜瓦尔教授这是第三次见面，这让我很高兴。这些都是我生活中非常好的事情。

ɛdigin bir-si pisir-niŋ høkymɛt-daʁə danə-bar jardɛm ɛt-dʒi tʃuχu
然后 一-3sg.POS 我们-GEN 政府-LQ 认识-PROG 帮助-PST 现在
pisi-nigi dady-ne pisi-nigi venχua mɛdinijɛt venχua øj-i-ne,
我们-GEN 大队-ALL 我们-GEN 文化 文化 文化 屋-3sg.POS-ACC
jol-lar-imiz-ne jogo-sə-nə jasa vɛr-dʒi jaχʃi et-ba. øʃør-ba mɛn
路-PL-1pl.POS-ACC 都-3sg.POS-ACC 建给-PST 好 做-PROG 看-PROG 我
muŋ-a bir galə-bar.
这-ALL 一 高兴-PROG

我一生中遇到的好事之一就是政府很扶持我们，给我们修建了文化屋，修通了村路，做了很多好事。这个让我很高兴。

jɛnɛ bir gala-ʁanə ohol-dan indʒi u nɛŋ-dɛn kyjli-din gɛ-sɛ,
另 一 高兴-VBN 以前-ELA 就 那 什么-ELA 口里-ELA 来-COND
ʃiŋʃiŋʃia-din on kiʃi øt-sɛ a-nigi bir-i ɢal-ar. on
星星峡-ELA 十 人 过-COND 其中-GEN 一-3sg.POS 剩下-PRES 其中
doqus-ə ɢal-al-mas ot-al-mas ɛdiba indʒi tʃuχur doqus ɛmɛs on jogo
九-3sg.POS 留-ABIL-NEG 过-ABIL-NEG 于是 就 现在 九 不是 十 都
va-ʁusə on jogo ge-gysi eligɛ mun-dan va, ezi-lɛr-niŋ uruχ tuqqan-lar-ə
去-FUT 十 都 来-FUT 这样 这-ELA 去 自己-PL-GEN 亲戚-PL-3sg.POS
izi-din jut aʁəl-ni juʁu dap-tʃa mu-ŋa gali-bar.
自己-ELA 故乡 村-ACC 全都 找-ADVL 这-ALL 高兴-PROG

另一个高兴的事是，以前从内地来这边十个人有八九个撑不到星星峡。现在到这边很方便，并且都找到了自己的故乡和亲戚。这也让我高兴。

jɛni bir-si mi-ni kiʃ-la, salar kiʃ-e kyʃ tʃiq-ar-ba.
还 一-3sg.POS 我-ACC 人-PL 撒拉尔 人-ALL 力 出-CAUS-PROG
dɛ-p jogo bil-iʃ-ba. mu-ŋa da galə-bar mun-dan ardə
说-ADVL 都 知道-RECIP-PROG 这-ALL 也 高兴-PROG 这-ELA 以后

salar-niŋ iʃ-i millɛt-niŋ iʃ-e iji-nigi dʐuŋgo-nigi iʃ-i jogo-si
撒拉尔-GEN 事-3sg.POS 民族-GEN 事情-ALL 自己-GEN 中国-GEN 事业-3sg.POS
χola-ʁa, jaχʃi vo-ʁa dɛ-p mɛn mu-ni ymyt it-bar. min-iŋ
变好-FUT 好 变成-FUT 说-ADVL 我 这-ACC 希望-PROG 我-GEN
baʃqa indʒi ʃivaŋ joχ-tur baʃqa ymit joχ-tur. mi-niŋ gatʃa-m mun-da
其他 就 希望 没有-COP 另外 希望 没有-COP 我-GEN 话-1sg.POS 这-LOC
diŋ-dʒi.
停-PST

另外一个是，大家都认为我为撒拉民族做了贡献。这点也很让我欣慰。我希望以后撒拉族的未来，中华民族的未来都会越来越美好！我的话就到此为止。

（阿不都卡德尔·力夫讲述，2015年）

5．工作情况

mɛn mun-dən ili bir dʒøŋgy kiʃ i-dir. ɑn-dən ardʒi bu dady-din
我 这-ELA 前 一 庄稼 人 是-COP 那-ELA 以后 这 大队-ELA
men-i daŋna-miʃ-ta nuŋdʒi ʃøʃiav-ʁa, liudʒi niɛn ʃøʃio-ʁa jyr-myʃ. liudʒi
我-ACC 选-PST-LOC 农机 学校-ALL 六儿 年 学校-ALL 走-PST 六儿
niɛn ʃøʃiav-ʁa var-ə, døt jil kamasər ørgen-i gɛl-dʒi. ørgen-i
年 学校-ALL 走-ADVL 四 年 好像 学习-ADVL 来-PST 学习-ADVL
ʃyeʃidʐəŋ-ni ɛkil-i jangɛ-sɛ, ɛt-kusə guŋzo joχ. indʒi jidʐi ʃiodyj-de
学习证-ACC 拿-ADVL 回来-COND 做-ADJL 工作 没有 于是 一直 小队-LOC
iʃli-dʒi.
干活-PST

以前我是个农民，后来大队选派我到农机学校学习，六儿年我去学了将近四年。可拿着学习证回来却没有工作可做。一直在小队里干活。

pise-nə ɑ-də luŋkovdyj degɛn kamasə var, ɑ-nə pise-nə
我们-GEN 那-LOC 农科队 叫作 好像 有 那-GEN 里-3sg.POS-ALL
iʃ-i-nə ɢoj-ə ɑ-də iʃlɛ-ɛ. tʃivu niɛn kamasə-da pise-nəŋ
事-3sg.POS-ACC 安排-ADVL 那-LOC 做-ADVL 七五 年 好像-LOC 我们-GEN
dadyj-ʁa toladʒi ɑke-miʃ. toladʒi-ni kejla χovdʒi niɛn kɛjla-miʃ.
大队-ALL 拖拉机 买来-PST 拖拉机-ACC 开 好几 年 开-PST

那时候我们这儿有一个叫“农科队”的单位，就把我安排在那里工作。1975年我们的大队有了拖拉机，然后我就开了好几年的拖拉机。

a-nəŋ-da pisər-gɛ seŋχuofij bir jil-də, jitʃiɛn-dən atuʁ-raχ helli
这–GEN-LOC 我们–ALL 生活费 一 年–LOC 一千–ELA 多–DIM 钱
ba a-nə dʒar-ə bal-lar-ʁa gij-dər-e, bal-lar-ʁa
有 那些–ACC 花–ADVL 孩子–PL-ALL 穿–CAUS-ADVL 孩子–PL-ALL
je-dər-e, χarə kiʃi-lɛr-ni gez-dər-e jidẓi elige iʃ et-ə
吃–CAUS-ADVL 老 人–PL-ACC 出游–CAUS-ADVL 一直 这样 事 做–ADVL
basɛn niɛn vo-muʃ.
八三 年 是–PST

我们的生活费一年一千多，这些钱花在孩子们的吃穿及带老人出游方面。就这样到了1983年。

basɛn niɛn-dɛ tudi-ni jogosə sərən-a ølyʃ-yp ber-i mɛ
八三 年–LOC 土地–ACC 全部 私人–ALL 分–ADVL 给–ADVL 我
øj-ym-ɛ onbɛʃ mo jɛr dɛg-miʃ. vu onbɛʃ mo jɛr-la mɛn-dɛ bɛʃ
家–1sg.POS-ALL 十五 亩 地 分–PST 这 十五 亩 地–INSTR 我–LOC 五
ana var, bɛʃ ana-nə je-dər-e, oχu-t-ə, jogosə-nə kiʃ
女儿 有 五 女儿–ACC 吃–CAUS-ADVL 上学–CAUS-ADVL 都–ACC 人
tʃaŋna-t-ə kiʃ-niŋ øjdʒi-ne ɢoj ber-i, men-əŋ zeren dos-dʒi.
成长–CAUS-ADVL 人–GEN 家–ALL 嫁 给–ADVL 我–GEN 责任 完成–PST

1983年土地分给个人，给我分了十五亩地。靠这十五亩地，我供五个女儿吃、穿、上学，直到长大成人，然后把她们嫁出去，交到她们各自的丈夫手里，责任就完成了。

an-dən ardʒi, dʒiutʃi niɛn kamasər-da, mɛn bir tṣer al-dʒi. guntʃɛndaŋ-nə
那–ELA 后 九七 年 好像–LOC 我 一 车 买–PST 共产党–GEN
dẓənsə jaχʃi er a eliko beliko kiʃ-ke ʒuʁ daŋna-ʁu, gudər helli
政策 好 是–INF MOOD 那么做 这么做 人–ALL 货 扛–VBN 一点儿 钱
daŋna tʃitṣe al-ə, tʃitṣe-lar-nə satəχ ɛ̱t-dʒi. aʁəl-ʁa gømyr daʃə-dʒi,
挣 汽车 买–ADVL 汽车–PL-ACC 买卖 做–PST 村子–ALL 煤 拉–PST
jiraχ jɛr-ɛ bogu daʃə-dʒi. zuj jiraχ jɛr-ɛ va-ʁan χami.
远 地方–ALL 玉米 拉–PST 最 远 地方–ALL 去–ADJL 哈密

后来，大概是1997年我买了一辆车。共产党的政策好啊，可以用车拉一些货挣一些钱，往村子里拉煤，往远的地方运玉米，最远拉玉米去过哈密。

χami-ʁa bir bogu har-dʒi bogu ha-ʁan vaχt-ə-da, jol jyr-e
哈密–ALL 一 玉米 送–PST 玉米 送–ADJL 时–3sg.POS-LOC 路 走–ADVL

gulu pada, χojensɛn di-gɛn jɛr-dɛ var-ə gulu pada. gulu joχa-də
车胎 爆 火焰山 叫-ADJL 地方-LOC 去-ADVL 车胎 爆 车胎 没有-LOC

yʃ døt kyn jat-ə, døt bɛʃ kyn di-gɛn-dɛ χami ʂə-ʁə var-ə,
三 四 天 躺-ADVL 四 五 天 说-ADJL-LOC 哈密 市-ALL 去-ADVL

adə tʃal-an kiʃ-i-ni øj-i-nə var-ə bogu-nə sat-dʒi.
然后 请-ADJL 人-3sg.POS-GEN 家-3sg.POS-ALL 去-ADVL 玉米-ACC 卖-PST

sat-qan bogu-nə helli-si jol-da kɛjzi ɛt-kɛn helli-ge de
卖-ADJL 玉米-ACC 钱-3sg.POS 路-LOC 开支 做-ADJL 钱-ALL 也

jɛt-ma-dʒi. beli χo joχ ɢuru jan gɛl-dʒi.
够-NEG-PST 这样 货 没有 空 回 来-PST

去哈密的路上，在叫火焰山的那个地方，我的车胎爆了，没有轮子，在那里待了三四天。过了四五天以后，去了哈密市，到请我去的那个人家里把玉米卖了，卖玉米的钱还不够我路上的开销。没有货，开着空车回来了。

eligi eligi iʃlɛ, iʃki məŋ on iʃki məŋ on døtindʒi jil-i bu
这样 这样 工作 二 千 十 二 千 十 第四 年-3sg.POS 这

tʂe-nə sat-dʒi. imdi χarə-miʃ, andən øj-ym-ɛ ølyʃ-yp bɛ-gɛn on
车-ACC 卖-PST 现在 老-PST 然后 家-1sg.POS-ALL 分-ADVL 给-ADJL 十

bɛʃ mo jɛr-ni iʃlɛ-ɛ a-nə jij-i bohol-ʁətʃi je-bər. indʒi
五 亩 土地-ACC 干活-ADVL 那个-ACC 吃-ADVL 目前-LMT 吃-PROG 那么

tʃuχur-da χarə-miʃ, indʒi baʃqa iʃ-ta ɛt joχ-tər. øj-de gølɛk gøjdyr
现在-LOC 老-PST 现在 别的 事-LOC 做 没有-COP 家-LOC 牛 一些

asra-bər a-nəŋ-dən baʃqa guntʂendaŋ-nə dʐense jaχʃi e ra. χarə
养-PROG 那-GEN-ELA 别的 共产党-GEN 政策 好 是-INF MOOD 老

kiʃ-kɛ jaŋlo tʃiɛn dɛ jibɛj ərʂi kuji ba. a-nə al-ə, dʒar-ə,
人-ALL 养老 钱 也 一百 二十 块 有 那个-ACC 拿-ADVL 花-ADVL

jij-i, jat-bər.
吃-ADVL 躺-PROG

就这样，到了2012，2014年我把那辆车卖了。现在我老了，在分给我的十五亩地里种一些东西谋生。现在老了也没有干别的什么事，在家里养一些牛。共产党的政策好，老人有一百二十块的养老金，花着这些钱过日子。

（阿布都·木沙讲述，2015年）

参考文献

阿不都热西提·亚库甫 1997 新疆撒拉语特点试析,《新疆大学学报》(哲学、人文社会科学版)第1期。

埃·捷尼舍夫 1966 撒拉语初探——论汉语对撒拉语的影响,《语言学问题》。

埃·捷尼舍夫著,陈 鹏译 1981《突厥语言研究导论》,北京:中国社会科学出版社。

埃·捷尼舍夫著,白 萍译 2014《撒拉语结构》,北京:民族出版社。

陈宗振 2004《西部裕固语研究》,北京:中国民族摄影艺术出版社。

陈宗振 2009 中国现代突厥语族语言研究概况,《语言与翻译》(汉文版)第3期。

杜安霓、马 伟、赵其娟 2003 撒拉语和土库曼等语的关系,《青海民族研究》(社会科学版)第4期。

范俊军、张 帆 2011 面向少数民族濒危语言的语档语言学,《西北民族大学学报》(哲学社会科学版)第6期。

哈米提·铁木尔 1987《现代维吾尔语语法(形态学)》(维吾尔文),北京:民族出版社。

海 媛 2013 新疆伊宁县撒拉族语言使用现状调查研究,中央民族大学硕士学位论文。

韩建业 1982 谈撒拉语的新词术语,《青海民族学院学报》(社会科学版)第1期。

韩建业 1983 撒拉语句子分类及成分,《青海民族学院学报》(社会科学版)第1期。

韩建业 1989a 从文献资料看撒拉语的发展变化,《西北民族研究》(社会科学版)第2期。

韩建业 1989b 撒拉语词法概述,《青海民族研究》(社会科学版)第1期。

韩建业 1990a 撒拉语词组和句子的结构方式,《青海民族研究》(社会科学版)第2期。

韩建业 1990b 撒拉语动词简述，《青海民族研究》（社会科学版）第1期。

韩建业 1990c 撒拉语与汉语语法结构特点之比较，《青海民族学院学报》（社会科学版）第1期。

韩建业 1993《土尔克杂学》词汇选释，《青海民族研究》（社会科学版）第4期。

韩建业 1995 从外来词透视撒拉族文化，《青海民族研究》（社会科学版）第1期。

韩建业 2004《撒拉族语言文化论》，西宁：青海人民出版社。

韩建业 2010《韩建业民族语言文化研究文集》，北京：民族出版社。

韩建业、马成俊 2010《撒维汉词典》，北京：民族出版社。

胡振华 1986《柯尔克孜语简志》，北京：民族出版社。

黄成龙、李云兵、王 锋 2011 纪录语言学：一门新兴交叉学科，《语言科学》第3期。

克里木 1996 撒拉语谚语简析，《语言与翻译》（汉文版）第4期。

孔江平 2013 语言文化数字化传承的理论与方法，《北京大学学报》（哲学社会科学版）第3期。

李 森 1999《突厥语言研究文集》，北京：中央民族大学出版社。

李宇明 2010 论中国语言资源有声数据库的建设，《中国语文》第4期。

李增祥 2011《突厥语言学基础》，北京：中央民族大学出版社。

力提甫·托乎提 2002《阿尔泰语言学导论》，太原：山西教育出版社。

联合国教科文组织濒危语言问题特别专家组、范俊军、宫 齐、胡鸿雁译 2006 语言活力与语言濒危，《民族语文》第3期。

林莲云 1979 撒拉语裕固语分类问题质疑，《民族语文》第3期。

林莲云 1985《撒拉语简志》，北京：民族出版社。

林莲云 1986a 撒拉语话语材料，《民族语文》第4期。

林莲云 1986b 撒拉语语音特点，《民族语文》第6期。

林莲云、韩建业 1962 撒拉语概况，《中国语文》第11期。

林莲云等 1992《撒拉汉-汉撒拉词汇》，成都：四川民族出版社。

刘照雄、林莲云 1980 保安语和撒拉语里的确定与非确定语气，《民族语文》第3期。

麻赫默德·喀什噶里 1981《突厥语大词典》（维吾尔文），乌鲁木齐：新疆人民出版社。

麻赫默德·喀什噶里 2002《突厥语大词典》（汉文），乌鲁木齐：新疆人民出版社。

马成俊 1986 撒拉语谚语，《青海民族学院学报》第2期。

马成俊 1990 试谈撒拉语谐音词,《语言与翻译》(汉文版)第2期。

马万翔、马全林、马志成 1993 *Salar Language Materials*(撒拉族语言材料),费城:宾夕法尼亚大学。

马　伟 1994 循化汉语的“是”与撒拉语[sa/se]语法功能比较,《青海民族研究》(社会科学版)第3期。

马　伟 1995 撒拉语的主语宾语问题,《青海民族研究》(社会科学版)第2期。

马　伟 2009a 撒拉语的濒危状况及原因分析,《青海民族研究》(社会科学版)第1期。

马　伟 2009b 语言接触与撒拉语的变化,《青海民族大学学报》(社会科学版)第3期。

马　伟 2011 新疆撒拉语的浑沌学分析,张公瑾、丁石庆主编《浑沌学与语言文化研究新探索》,北京:中央民族大学出版社。

马　伟 2012 撒拉语与土耳其语语音对比研究,《青海民族研究》(社会科学版)第1期。

马　伟 2013a 撒拉语动词传据范畴研究,《青海民族研究》(社会科学版)第2期。

马　伟 2013b 撒拉语形态研究,中央民族大学博士学位论文。

马　伟 2017 撒拉语语音的内部变化,《民族语文》第4期。

马　伟 2019《濒危语言:撒拉语研究》,上海:上海文化出版社。

米娜瓦尔·艾比布拉 1998 撒拉语研究,中央民族大学博士学位论文。

米娜瓦尔·艾比布拉 2000 撒拉语与土库曼语的关系——兼论撒拉语发展简史,《中央民族大学学报》(哲学社会科学版)第3期。

米娜瓦尔·艾比布拉 2002 撒拉语词汇探析,《民族语文》第1期。

米娜瓦尔·艾比布拉 2004《维吾尔语方言和语言调查》,北京:民族出版社。

米娜瓦尔·艾比布拉 2005 撒拉语元音的特点,《民族语文》第6期。

米娜瓦尔·艾比布拉 2008 撒拉语动词陈述式研究,《民族语文》第6期。

米娜瓦尔·艾比布拉 2009 撒拉语中保留的《突厥语大词典》古词语,《民族语文》第4期。

米娜瓦尔·艾比布拉 2010a《撒拉语话语材料集》,北京:中央民族大学出版社。

米娜瓦尔·艾比布拉 2010b 撒拉语的副动词,《民族语文》第4期。

米娜瓦尔·艾比布拉 2010c 撒拉语动词祈使式探源,《中央民族大学学报》(哲学社会科学版)第2期。

米娜瓦尔·艾比布拉 2010d 撒拉语数词的特点及功能,《暨南学报》(哲学社会科学版)

第4期。

芈一之、张 科 2014《撒拉族简史》，西宁：青海人民出版社。

苗东霞 2019《甘肃肃南西部裕固语》，北京：商务印书馆。

舍秀存 2015《撒拉语语音研究》，上海：上海大学出版社。

孙宏开 2006 少数民族语言与文化的记录和保护，《中国民族》第5期。

王远新 2009《语言学教程》(修订版)，北京：中央民族大学出版社。

许伊娜 2000《新疆-青海撒拉语维吾尔语词汇比较》，乌鲁木齐：新疆大学出版社。

许伊娜、吴宏伟 2005《新疆撒拉语》，乌鲁木齐：新疆大学出版社。

依布拉·克力木 1989 谈历史上的撒拉文——土尔克文，《语言与翻译》(汉文版)第3期。

张定京 2015《实体语法理论——哈萨克描写语法学方法论》，北京：中央民族大学出版社。

张进锋 2014《灿烂珠宝驼泉水——撒拉尔情歌集》，海东：循化撒拉族自治县文广局非遗办。

赵明鸣 2001《〈突厥语词典〉语言研究》，北京：中央民族大学出版社。

Dwyer, Arienne 2000 Direct and indirect experience in Salar.In Lars Jonhanson and Bo Utas(eds.) *Types of Evidentiality in Turkic, Irainc, and Neighbouring Languages*, Berlin: Mouton de Gruyter.

Dwyer, Arienne 2007 *Salar: A Study in Inner Asian Areal Contact Processes, Part I: Phonology*, Wiesbaden: Otto Harrassowitz.

Hahn Reinhard F. 1988. Notes on the origin and development of the Salar language. *Acta Orientalia Academiae Scientiarum Hungaricae*, 42:2–3.

Hahn, Reinhard F. 1998 *Yellow Uyghur and Salar.*In Lars Johanson and Éva Á.Castó(eds.) *The Turkic Languages,* London and New York: Routledge.

Nikolaus, P. Himmelmann 1998 *Documentary and Descriptive Linguistics*, Berlin: De Gruyter.

Poppe Nicholas.Remarks 1953 On the Salar Language.*Harvard Journal of Asiatic Studies,* Harvard-Yenching Institute.

Э.Р.Тенишев (埃·捷尼舍夫) 1976 Строй саларского языка (撒拉语结构), издателство “наука”, Москва (“科学”出版社，莫斯科) 1966.

С.Е.Малов 1912 Отчёт о путешествии к уйгурам и саларам（裕固族和撒拉族地区旅行总结), "Известия Руского комитета для изучения Средней и Восточной Азии" Серия 2, No.I, СПб（《俄罗斯中亚和东亚研究委员会通报》第二部第一期，圣彼得堡）.

调查手记

2015年本课题组有幸承担了“中国语言资源保护工程”专项任务“北方民族语言调查·撒拉语新疆方言”项目，并于该年夏天前往新疆伊宁县萨木于孜镇撒拉村进行田野调查。八月的撒拉村瓜果飘香、树下阴凉，和同时间的北京比起来简直就是避暑胜地。加之当地丰富多彩的民族文化和热情质朴的民风，尤其是当地政府和撒拉族朋友对本课题组的全力支持、对自己民族语言的热爱与保护之心，让初来乍到的我印象深刻，进一步坚定了我心中为保护和传承伊宁撒拉语尽绵薄之力的想法，并在随后将之转化为一股强大的力量和高度的责任感。

“根在青海”的新疆撒拉族

新疆撒拉族分布范围较大，但撒拉村是全疆撒拉族最为集中的一个地方，也是全疆唯一的以撒拉族为主要构成民族的村庄。据发音人阿不都卡德尔·力夫先生的讲述，撒拉族到达伊犁的历史至少有140—150年。这些人先在伊犁县城南边居住，后到了现在的伊宁县喀什镇一带，最后才迁居至现在的萨木于孜镇撒拉村。

撒拉村中心是著名的撒拉大寺，大寺对面的撒拉族民俗文化展厅，除了展示撒拉族的民族历史、生产工具、饮食、服饰等，展厅大院里还有一头白驼雕塑，雕塑下部有“骆驼泉”的题字，到达撒拉村的第二天，村书记瓦喀斯就带着我们进行了参观。撒拉村撒拉人仍然念念不忘他们心中的那只白骆驼，以此来证明撒拉人的来历。村里上了年岁的撒拉老人都期待有一天能回到祖辈们生活的青海，亲眼看一看骆驼泉以及街子清真大寺。街子，撒拉语称“阿勒提欧里”，意为“祖茔之地”。而放置在撒拉村撒拉族民俗文化馆里的一把铜壶，已有150年的历史，更是撒拉村对于“根在青海”的不灭记忆。

撒拉族院子　撒拉村 /2015.8/ 米娜瓦尔·艾比布拉 摄

紧张充实的田调工作

2015年8月初，课题组落脚调查地后的第一件事就是寻找合适的摄录场地，几经周折，最终选在相对噪音较小的宾馆内进行。炎炎夏日，打开窗有外面的环境噪音干扰，打开空调又有空调的噪音干扰，发音人和课题组只得都闷在密闭的房间里进行摄录工作，期间所有人大气不敢出，更不敢咳嗽或者发出一星半点儿声音。

场地解决后就是筛选发音人的问题。在承担该课题前，笔者2007年在青海省循化撒拉族自治县调查撒拉语时，循化的撒拉族就曾向笔者谈及并推荐了对撒拉语有一定研究并自创了撒拉文字的阿不都卡德尔·力夫先生。后来为进行本课题的研究，笔者于2014年前往新疆伊宁县与阿不都卡德尔·力夫先生进行了首次会面并做了预调研。因此，此次田野调查就不用再费心费力找寻合适的发音人了，阿不都卡德尔·力夫先生就是伊宁撒拉语的最佳传承者和保护者，是我们课题发音人的不二人选。另外，经撒拉村领导和村民推荐，我又找到了母语保持得非常好的阿布都·木沙先生（见下文图片）。

接下来就是紧张而又充实的田调工作。总体上要做好三件事。第一是做好现场记录，包括保质保量地完成好录音录像工作和田野调查笔记等。在这一过程中除了要克服外在摄录环境简陋的问题，还要做到不急不躁，随时与发音人沟通互动，保持良好的调研氛围；同时要平等地看待每一个信息点和细节，不遗巨细地快速记录下来，发现不足及时补充。第二是做好角色转换。在发音人面前、在撒拉族人面前我是一个虚心求教的学生，要撇开已有的成见虚心接受发音人的意见和建议，要做到调查者不可先入为主，要多听、多看、多观察，不可强迫发音人接受自己的观点。第三是认真努力做好每天摄录工作的检查和第二天的准备，不管一天下来多么辛苦，都要在开始新一天的工作前对前一天出现的问题进行总结整理，以便日后集中补录。此外发现问题后要及时调整，多多请教发音人，并在完成检查后做好新一天的准备工作。

在新疆撒拉族聚居的伊宁县萨木于孜镇，撒拉语只在家庭、亲朋范围内使用。由于撒拉族与维吾尔族、哈萨克族等其他少数民族在经济、文化和生活方面多有接触和交往，撒拉语在语音、语法方面，尤其在词汇方面受到了上述民族语言的较大影响，吸收了较多的维吾尔语、汉语、俄语借词及少量的哈萨克语借词，形成了与青海撒拉语大体相一致，又有诸多差异的方言特点。这里既是研究伊宁撒拉语的语言宝库，也存在许许多多因语言接触而带来的语言间相互影响的典型案例，还是进行古今撒拉语和古代突厥语族语言研究的大型语料库。这里有着丰富的语言资源，值得我们去发掘。尤其是我作为一名学习和研究撒拉族语言文化的学者，在已经对循化撒拉语进行过调查研究后，有幸承担本课题，全面参与到伊宁撒拉语的调查研究行列中来，跨越时间和空间的鸿沟进一步感受撒拉语的魅力与神奇，这是我的荣幸，也是我坚定自身事业发展方向的动力。

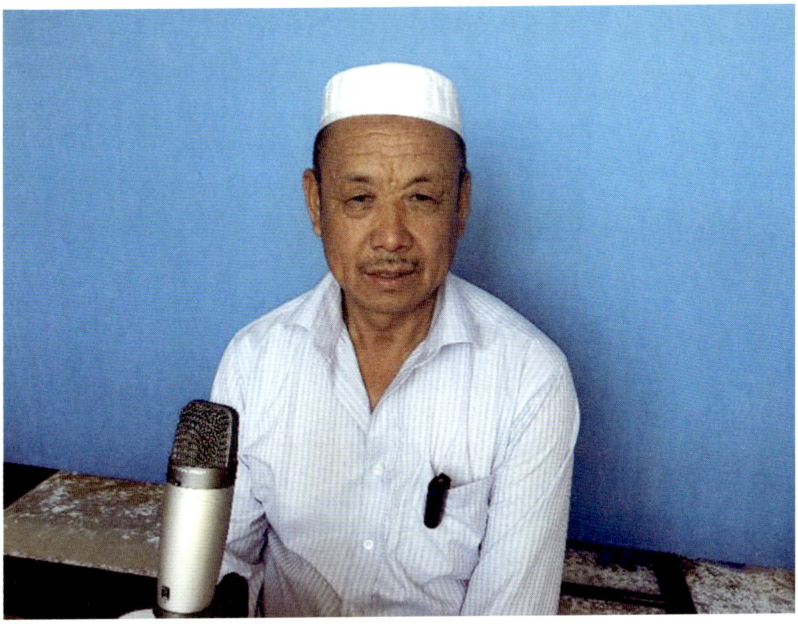

发音人阿不都·木沙先生　撒拉村 /2015.8/ 米娜瓦尔·艾比布拉 摄

后　记

从收集整理到撰写修改，跨时八年，数易文稿，《新疆伊宁撒拉语》一书终于撰写完成。本书是教育部、国家语委项目“中国语言资源保护工程·濒危语言调查”子项目“民族语言调查·新疆伊宁撒拉语”的最终成果。回想自己读博时第一次调查撒拉语，到后来为了这个课题和本书的撰写数次往返调查地已过去多年。如今，书稿完成之时，我为自己做了一件实事而倍感欣慰。

2019年，即将退休的我接到本书的编写邀请，彼时距离新疆伊宁撒拉语语保项目的课题结项已经过去三年了。我的内心激动又高兴。“中国濒危语言志”出版定位标准非常高，从书稿内容、体例到格式都由专人负责修改、层层把关，我为自己能够参加这样一个重大项目而感到荣幸，同时也感受到肩上沉甸甸的责任。但我们依然砥砺前行、锲而不舍，真心地希望尽自己最大的努力使本书具有一定的学术性、实用性和资料性，以期为保护和弘扬撒拉族民族语言文化贡献自己的一份微薄之力。

语言调查期间，我受到了来自各界的多方面帮助。在多次往返调查地的调研中，在语料收集、转写和整理的过程中遇到很多困难。但幸运的是，许多撒拉族朋友在得知我要撰写本书后，从各级行政部门到撒拉村村民，从撒拉村书记到已故发音人阿不都卡德尔老人，给予了我多方面的支持和帮助。同时，我的硕士研究生和博士研究生也在语料收集整理和书稿撰写过程中给予了我很多的帮助。其中，硕士生阿布都西克尔·艾尔肯、阿布都外力·卡迪尔同学主要负责采集语料、录音录像和后期制作；博士生茹黑也木·吾斯曼同学、硕士生麦合图姆罕·图尔迪同学和哈提木汗·阿不力提甫同学在调研过程中全程参与了语料采集、国际音标记音、语料整理等工作；硕士生阿米尼古丽·阿不都热依木同学、麦丽克扎提·麦麦提图尔迪同学则主要负责记录发音人信息、收集当地人文历史地理相关资料和整理音位等工作；博士生陈春荣同学从书稿撰写初期至今一直在帮助我进行书稿体例的校对和修改。在此，我无法完全用文字把我的感激之情表达出来，但这次难忘的调研回忆将伴我一生。

《新疆伊宁撒拉语》一书能够顺利撰写完成离不开社会各界人士的鼎力相助。在此，我首先要感谢信任并选择我承担该项目的孙宏开老师、黄行老师和丁石庆老师；感谢中国传媒大学的李大勤教授及其团队成员林鑫、郭彦同学，他们从书稿内容到格式诸方面都提出了宝贵的修改意见；丁石庆教授和李大勤教授先后数次通读全文，小到标点符号，大到章节内容修改建议，均面面俱到；他们帮助我解决各种疑难问题，多次与我沟通，为本书的早日出版付出了辛勤的劳动，值此谨致谢忱！

此外，我还要感谢许多前辈良师、同辈益友，他们的关心和支持给予我力量，成了我不懈努力的强大动力。这些都让我难以忘怀，在此向所有帮助我的朋友亲人致以衷心的感谢！

与撒拉族丰富灿烂的民族文化相比，我仅仅是尽了自己的一点绵薄之力。因时间和精力的限制，本书难免会有疏漏之处，在此表示歉意，并敬请广大读者批评指正。

米娜瓦尔·艾比布拉
2022年4月20日
于中央民族大学中国少数民族语言文学学院